KB122123

동물과 함께하는 삶

동물과 함께하는 ＿＿삶

아이샤 아크타르 지음 | 김아림 옮김

KINDS
BOOK

우리는 생명을 외치고 힐링과 치유를 갈구한다. 하지만 공허와 번민과 고독
은 쉽게 가시지 않는다. 그런 우리를 조용히 지켜보는 맑은 눈망울이 있다.
바로 동물이다. 저자의 말처럼, 동물은 우리를 바라보며 딱 한 가지만을 판
단한다. 친절한 존재인가? 그리고 최소한의 친절만 베풀어도 그들은 영혼의
위로로 화답한다. 《동물과 함께하는 삶》이 선사하는 감동처럼.

– 김산하 | 야생 영장류학자, 생명다양성재단 사무국장

인간은 취약한 존재고 사회는 불안정한 상태다. 이런 삶이 자아내는 고통에
못 이겨 인간은 신을 찾고 돈을 모으고 예술에 기댄다. 이 책은 '동물'이 구원
의 돌파구가 된 사례를 충실하게 제시한다. 왜 동물인가? 동물은 사람을 과
거, 소유물, 겉모습으로 판단하지 않으며, 무슨 일이 있어도 우리를 위해 그
자리에 있고, 안전한 신체적 접촉을 제공하기에 그렇다. 이것은 인간이 인
간답게 살기 위해 꼭 필요한 요소들과 일치한다. 《동물과 함께하는 삶》은
귀엽고 다정한 반려동물 에세이가 아니다. 동물을 중심으로 인간 세상에 만
연한 폭력, 가난의 실상을 드러내고 더불어 인간다움, 연대, 공존을 성찰하
게 하는 인문서다. 나다움을 회복하는 일은 ○○과 함께할 때만 가능한데,
동물이 멋진 선택이 될 수 있다는 사실에 마음이 환해진다.

– 은유 | 작가, 《다가오는 말들》 저자

현대인의 가슴에 뻥 뚫린 외로움이라는 우물. 그 깊은 우물을 채우기 위해 우리는 많은 것들을 찾아 헤매지만 결국 채워지지 않는다. 이 책은 동물이 인간에게 얼마나 큰 치유자가 될 수 있는지를 수많은 사례와 과학적인 최신 연구를 기반으로 증명한다. 가정폭력, 재난 현장, 외상 후 스트레스 증후군(PTSD), 정신과 육체의 질병 등 극한의 고통에 빠진 사람들이 다정한 동물들의 도움으로 다시 일어서고 살아갈 힘을 얻은 사례들은 대단히 감동적이며, 동물과의 유대가 우리 취약한 인간들의 삶에 얼마나 중요한지를 깨닫게 한다. 동물과의 유대란 외로움을 달랠 수단으로 동물을 소유하는 것을 의미하지 않는다. 그들의 한없이 착한 눈동자를 바라보며 인간처럼 감정과 영혼을 가진 존재임을 인식하고 그리하여 그들에 대한 폭력을 멈추고 동반자로 바라볼 때, 그때 마침내 현대인은 외로움에서 구원될 것이다. 근본적인 치유가 필요한 우린 사회의 필독서. 많은 사람들이 이 책을 읽으면 좋겠다.

— 황윤 | 영화감독, 《사랑할까, 먹을까》 저자

이 책은 아름다우며 연민과 동정이 담긴 중요한 저서다. 아크타르 박사는 개인적인 경험담과 전문지식을 솜씨 좋게 엮어 인간이 어떻게 동물과 유대를 맺도록 설계되었는지에 대한 과학적인 이야기를 들려준다. 그리고 그 유대를 깼을 때 우리와 나머지 다른 동물들이 지불해야 하는 비용에 대해서도 알려 준다. 이 놀라운 책은 사적인 동시에 포괄적이며 그 메시지는 몹시 중요하다. 동물 친구들과의 공감은 인간과 비인간의 건강 둘 다에게 필수적이라는 것이다.

— 사이 몽고메리 Sy Montgomery | 《좋은 생명체로 살아간다는 것은》 저자

아이샤 아크타르는 이 책에서 감동적이면서도 괄목할 만한 설명을 통해 동물이 우리 인간들의 삶을 더 낫게 만드는 여러 사례를 보여 준다. 동물들은 어떤 상황에 놓였든 아무런 판단 없이 우리 곁에 머무르며, 과학적으로 이제 막 설명이 가능해진 엄청난 치유력을 가졌다.

— 프란스 드 발Frans de Waal | 《동물의 감정에 관한 생각》 저자

무척 뛰어나면서도 매혹적인 책이다. 저자 아이샤 아크타르는 개인의 체험담과 탐사보도, 과학을 결합해 골칫거리이자 계속 진화해 가는 인간과 동물의 관계에 대해 훌륭하게 살핀다. 취약성과 불의, 구원, 사랑이라는 테마를 엮은 감동적인 이야기가 내 마음을 끌어당겼고, 나는 탐욕스럽게 책장을 넘길 수밖에 없었다.

— 조너선 밸컴Jonathan Balcombe | 《물고기는 알고 있다》 저자

무척 개인적인 경험담이 담겼으며 가독성이 높은 책으로, 어떤 독자에게든 확실히 감동을 줄 만한 이야기가 가득하다. 아이샤 아크타르는 유머와 감동적인 순간을 매끄럽게 엮어 낸다. 동물과 인간의 관계에 대한 최신 연구 역시 수록되어 있다. 저자는 우리가 다른 동물과 신뢰와 존중, 연민, 공감, 사랑이 가득한 밀접한 관계를 쌓아 가는 것이 상호 이득을 주며 모두에게 윈윈인 이유를 보여 준다. 더 많은 독자들에게 널리 읽히기를 바란다.

— 마크 베코프Marc Bekoff | 《개와 사람의 행복한 동행을 위한 한 뼘 더 깊은 지식》 저자

"중요한 내용을 다루면서도 쉽게 이해되는 책"

— 〈북리스트〉

"모든 생물 종에 대한 연민과 동정이 필요하다는 진심 어린 호소"

– 〈커커스 리뷰〉

"체험담이자 정보가 풍부하게 담긴 책이며, 우리가 동물과 삶을 공유하면서 느끼는 기쁨에 대한 찬가다."

– 〈북리포터〉

"아크타르는 어린 시절의 개인적인 트라우마를 활용해 인간이 동물에 대해 갖는 공감의 범위와 한계에 대한 사려 깊은 논의를 시작한다. 아크타르의 책은 동물들의 삶을 개선하기 위해 지금껏 어떤 일이 행해졌고 어떤 일이 앞으로 남아 있는지에 대해 정신이 번쩍 들게 하면서도 희망 섞인 그림을 그린다."

– 〈퍼블리셔스 위클리〉

"동물이 우리를 얼마나 도울 수 있는지, 그리고 그 보답으로 우리가 동물을 얼마나 잘 대접해야 하는지에 대해 알려 주는 시의적절하고 꼭 필요한 책이다. 깊은 연민을 일으키는 내용을 통해 동물이 인간의 건강과 행복에 얼마나 중요한지를 드러낸다."

– 〈셀프 어웨어니스〉

"이 책을 읽고, 나는 여러분이 약간의 시간을 들여 아크타르의 어린 시절 친구인 실베스터 같은 사랑스러운 개와 친밀한 대화를 나누기를 바란다. 여러분과 개 모두에게 도움이 될 것이다."

– 〈워싱턴 인디펜던트 북 리뷰〉

오늘도 동 트기 한 시간 전인 새벽 다섯 시에 여느 때처럼 나의 개들이 침대로 뛰어오른다. 개들은 우리 발밑에 웅크렸고 다들 잠깐 줄지만 마침내 아내가 "좋은 아침!"이라고 말한다. 하루의 첫 인사이자 핥기를 시작하라는 신호다. 이제 하루를 시작할 때다. 늦게까지 일했거나 밖에 나와 있는 경우가 아니면 새벽은 언제나 내가 가장 좋아하는 시간이다. 그래서 나는 우리를 깨운 개들에게 고마워한다.

아래층에 내려가면 개들은 흩어지고 나는 커피를 끓인다. 내가 먹이를 주면 개들은 먹고 나서 감사하는 것처럼 보이고, 내가 새 모이 통을 채우고 구조된 앵무새에게 먹이를 주는 동안 가만히 쉰다. 그런 다음 우리는 보통 아침을 해 먹는데, 종종 개들에게 조금 나눠 주거나 남은 음식을 핥아먹게 한다. 이제 닭들을 풀어 줄 시간이다. 닭들은 새벽부터 모험을 떠나려고 서두르지 않는다. 새벽에는 매가 사냥을 하고 여우가 느지막이 잠에 들 시간이기 때문이다. 닭들이 안에서 기다리는 동안 나는 닭장을 열고, 암탉들이 뒤쪽 현관 계단으로 총총대며 나가면 개들이 지켜보는 가운데 닭들에게 먹이를 준다. 몇 년 동안 우리에게는 해야 할 일이 늘었다. 어미가 없는 다람쥐나 너구리, 떨어져서 거의 죽을 뻔한 올빼미 새끼를 보살피고 치유해 안전하고 편안히 지내게 해주는 일이다. 이것은 큰 특권이자 매일 교훈을 준다.

우리가 살아 있다는 사실을 깨닫게 하는 것이 그 교훈이다. 동물들은 내가 현재 이 순간에 살고 우리에게 닥칠 일을 감사해야 한다고 알려 준다. 또한 우리가 스스로 만들어 내는 상처와 슬픔, 우울함 그리고 실망과 환멸에서 벗어나게 한다. 동물들에게 친절하게 대하면, 이들은 이렇게나 순수하고 순진한 생명체가 함께할 수 있다는 사실을 상기시키며 우리에게 보답한다.

다들 먹이를 먹으면 우리는 일하러 나가기 전에 개들을 해변으로 데려간다. 개들은 무척 좋아하고 나 역시 좋다. 개들이 달리고, 쫓고, 헤엄치고, 젖고, 모래투성이가 되는 모습을 보면서 나는 이 동물들이 우리 삶의 어느 일부보다 우리를 더 웃게 만든다는 사실을 새삼 깨닫는다. 동물들은 엉망진창이 된 채 우리를 축복한다. 나는 친구이자 영웅인 피터 매티슨Peter Matthiessen이 《눈 표범The Snow Leopard》에서 썼던 문장을 종종 떠올린다.

"그리고 어쩌면 그것만이, 과거와 미래의 대부분을 뒷다리로 방황하며 길고 유령 같은 삶을 낭비하는 이 겁에 질린 동물에게 깊은 위로가 되었을 것이다. 동료들의 시선을 통해 자기가 죽을 수밖에 없다는 사실을 깨달은 동물에게 말이다."

내가 내 동료들이 아닌 동물들의 눈에서 보는 것은 다음과 같다. 살자, 그저 살아가자. 상처를 주는 세계에서 공감과 연민을 느끼는 것은 인간이 얻을 수 있는 가장 큰 선물이다.

나 역시 과학자지만 많은 과학자들은 오랫동안 인간만이 의식이 있고 무언가를 느낄 수 있다고 잘못 믿어 왔다. 그 믿음은 과학적이지 않다. 또한 그 믿음은 우리 가운데 인간이 아닌 존재를 학대하는 구실이 되었다. 동물들은 '야수' '야만적인 짐승'으로 여겨진다. 하지만 허먼 멜빌Herman Melville이 위대한 심리학적 고전인《모비딕Moby-Dick》에서 지적했듯이 "인간의 광기가 결코 지구상 짐승들의 어리석음보다 뒤지지 않는다." 동물학대는 사람에 대한 학대 행위로 이어지는 경우가 많다. 동물을 부드럽게 대하는 법을 배우면 다른 사람에게도 친절하게 대할 수 있다. 인간다움은 인간과 전체 인류에게 바람직하다.

생물학의 조직 원리는 모든 생명은 서로 혈족이고 친척이며, 수십억 년에 걸쳐 조상과 살아 있는 후손을 잇는 끊이지 않는 사슬을 통해 유전적으로 연결되어 있다는 것이다. 우리 유전자 가운데 상당수가 수억 년 넘게 지구에 존재해 왔다. 눈, 귀, 골격, 기관, 심장박동 같은 신체적 측면부터 뇌와 그 기능까지 우리는 다른 종과 유사하다. 그리고 행동의 논리에서 정신의 기능을 파악할 수 있으며, 행동신경과학은 그동안 엄청나게 발전했다. 이 분야의 연구자들은 MRI 기기를 비롯한 다른 현대적 기술을 통해 뇌가 기능하는 모습을 관찰해 왔다. 예컨대 개에게 자기가 알고 있는 사람이나 개의 사진을 보여 주면 뇌의 특정 부위가 밝아진다는 사실을 알아냈고, 자면서 꿈꾸는 쥐의 뇌를 관찰했다. 신체와 마찬가지로 동물의 마음이 우리의 마음과 대체로 비슷하다는 사실은 의문의 여지 없이 확실하고 증거도 풍부하다. 새로 얻은 여러 증거에 비추어 볼 때, 많은 과학자들은 생명계의 모든 것들이 연속선상에 있으며, 그에 따라 다양한 생물들의 신경계뿐 아니라 정신적 기능과 정서적 기능 역시 유사하다는 사실에 동의한다.

사랑하는 사람이나 반려동물을 잃었을 때 우리는 슬퍼한다. 감정적인 유대를 느끼는 일부 동물들도 슬픔을 느낀다. 슬픔은 단지 삶과 죽음에 따르는 것이 아니라 대부분 우정과 존재의 상실 때문에 온다. 작가 바버라 J. 킹 Barbara J. King은 둘 이상의 동물이 삶을 공유했을 때 "애정을 상실한 데 따른 슬픔을 느낀다"고 말한다.

우리는 우리 인간이 인생과 애정을 즐기고 동료를 그리워한다는 사실을 안다. 남은 문제는 우리가 다른 종 역시 그렇게 할 수 있다는 생각을 부정하거나 불신하는 경향이 있다는 것이다.

앨버트 아인슈타인은 "살아 있는 모든 생물과 자연 전체를 그 아름다움 속에서 아우르는 동정과 연민의 원을 만드는 것"이 우리의 임무라고 말했다. 필요가 통일되면 목적 또한 통일된다. 재난을 모면하기 위해서는 다음 단계로 나아가야 한다.

찰스 다윈 역시 다음과 같은 사실을 알아차렸다. "개인은 가장 단순한 이유에 따라 사회적 본능과 공감을 모든 국가와 민족으로 확장시켜야 한다. … 우리의 공감은 지각 있는 모든 존재에 이르기까지 더욱 민감해지고 널리 확산될 것이다."

여기에는 비종교인들에게도 느껴질 만큼 영적인 요소가 있다. 타인과 더불어 느끼는 능력은 종교성의 최소 조건이며, 전 수녀이자 작가인 카렌 암스트롱Karen Armstrong에 따르면 "연민을 통해 우리는 자기가 세계의 중심이라는 권좌에서 내려온다."

점점 확대되는 공감의 원은 인간을 진보시키는 기하학적 원리다. 코페르니쿠스, 다윈, 아인슈타인 같은 사람들이 우주의 중심, 시간의 중심, 창조의 정점으로부터 우리를 더 멀리 이동시키고 원의 가장자리를 넓힐 때마다 우리는 스스로 어떤 존재인지에 대해 더욱 바람직하고 현실적인 관점을 갖게 되었다. 우리는 우리가 혼자가 아니며 동료가 있다는 사실을 조금 더 잘 이해하게 되었다. 하지만 우리 각자는 이 점을 스스로 깨우쳐야 하기에 진보의 속도는 느리다.

이처럼 확장된 관점은 우리를 더욱 문명화시킨다. 하지만 문명은 단지 우리를 지금의 위치에 오게 했을 뿐이다. 이제 남은 과제는 우리가 더욱 인간화되는 것이다. 그리고 역설적이지만 다른 동물들을 돌보는 일은 우리 스스로를 인간화시키는 데 도움이 된다. 공감능력을 가진 인간이 동정과 연민에서 비롯한 행동을 하는 것은 그 자신의 잠재력을 충족시킨다. 우리가 얻어야 할 가장 큰 깨달음은 모든 생명이 하나라는 사실이다.

이 책에서 저자 아이샤 아크타르는 이 위대한 잠재력을 확장시키고 자세히 설명한다. 배려와 학대, 슬픔에 대한 이야기를 통해 그 내용을 조명한다. 하지만 무엇보다도 그녀의 이야기는 회복과 갱생, 희망에 대한 것이다. 이 이야기를 통해 우리는 마음을 달래고 운명과 치유를 공유한다. 여기서 여러분은 타인을 치료하는 방법을 찾을 수 있다. 이런 식으로 우리는 한 번에 하나의 생명씩, 세상을 치유할 것이다.

칼 사피나Carl Safina
생태학자이며 환경운동가, 《소리와 몸짓》의 저자

실베스터에게

목차

들어가는 글

"보여줄 게 있어."

내가 런던 북부의 한 연립주택 화장실에서 나오자마자 탈룹 삼촌이 다가왔다. 나는 곰 인형과 소녀가 나오는 텔레비전 방송을 보면서 오후를 보내는 중이었다. 두 여동생은 낮잠을 잤고 오빠는 매치박스 장난감 자동차를 갖고 놀며 동네를 돌아다녔다. 탈룹 삼촌은 부모님이 퇴근해서 집에 오실 때까지 우리를 종종 돌봤다. 비록 진짜 삼촌이 아니라 가족끼리 아는 지인이기는 했지만, 파키스탄 사람들은 모든 어른을 존경의 표시로 이모나 삼촌이라고 불렀다.

탈룹 삼촌은 내 손을 잡고 어둡고 좁은 계단을 올랐다. 어쩌면 나에게 보여 줄 새로운 게임이 있었을 것이다. 하지만 대신에 우리는 내가 평소에 동생들과 함께 놀던 침실을 지나 부모님 침실로 들어갔다. 탈룹 삼촌은 문을 닫고 우리는 더블베드의 가장자리에 앉았다. 나는 노란색과 갈색 줄무늬가 있는 커튼 가장자리로 삐져나와 천정 높이의 거울로 튕겨진 선명한 태양빛에 눈이 부셔 얼굴을 찡그렸다. 나는 종종 이 거울 앞에 서서 나를 쳐다보는 여자아이가 사는 세상은 내가 사는 세상과 다른지 묻곤 했다. 하지만 이날 거울에는 상상 속의 친구가 나타나지 않았다. 뭔가 잘못됐다.

"여길 봐." 탈룹 삼촌이 말했다. 나는 삼촌의 시선을 따라 헐렁한 흰색의 카미즈 바지를 바라보았다.

탈룹 삼촌이 나를 처음 성추행했을 때 나는 막 다섯 살이었다. 삼촌은 그로부터 5년 더 성적 학대를 계속했고 그 행위는 두 대륙을 가로질러 이어졌다. 런던에 있는 가족들의 집 근처에 살 때도, 우리 가족이 미국으로 이주한 뒤에도 1년에 네다섯 번 우리를 방문하면서 마치 우리가 헤어졌던 적이 없는 것처럼 학대를 계속했다. 그 세월 동안 나는 심지어 부모님에게도 탈룹 삼촌이 나에게 무슨 짓을 했는지 말하지 않았다. 내가 그 규칙을 따를 것이라는 사실을 삼촌은 잘 알았다. 나는 순종적인 소녀였다.

비록 당시 나는 스스로의 생각을 표현하기에는 너무 어렸지만 자신에 대한 여러 의문을 갖고 있었다. 규칙을 따르는 착한 파키스탄 소녀로서의 역할, 어른에 대한 나의 의무가 의문의 대상이었다. 나는 두렵고 당황스럽고 외로운 가운데 그 질문들에 대한 답을 찾았다.

그리고 어느 날 밤, 겨우 아홉 살의 나이에 나는 질문에 대한 명료한 답을 찾았다. 정보의 흐름이 엄청나게 밀려들어 잠재의식에 통찰이 스미기보다는 질문에 대한 대답이 급류처럼 달려들었다. 그리고 일단 답을 얻자 그것은 너무나 명백했다.

내가 얻은 대답은 실베스터라는 이름의 개였다.

내가 가진 실베스터의 사진은 한 장뿐이다. 11월 하순의 화창한 날이었다. 우리는 숲 속에서 금과 은 반짝이를 뿌려 겨울 선물을 만들 솔방울을 따다가 막 돌아온 참이었다. 사진 속에서 실베스터는 내가 볼 수 없는 정원 문 너머의 무언가를 보고 있다. 갈색 털과 갈색 눈동자를 가진 실베스터의 목에 빨간색과 하얀색이 섞인 반다나가 둘러져 있다. 실베스터는 험상궂지만 동시에 잘생기고 귀여워 보인다.

실베스터는 내가 아홉 살 때부터 나와 함께했다. 할머니와 데이브 외삼촌은 내 부모님을 따라 런던에서 버지니아로 온 뒤에, 원하지 않게 태어난 강아지들 가운데서 실베스터를 입양했다. 실베스터는 얼굴이 벨벳 같고 가슴에는 흰 털 뭉치를 두른 저먼 셰퍼드였다. 나와 우리들 각자가 그렇듯이 실베스터도 나름의 이야기를 갖고 있었다.

내 어린 시절의 상당한 시간은 실베스터와 깊숙이 얽혀 있어서 도저히 빼낼 수가 없다. 나는 동물을 기르는 것이 처음이었지만 즉시 실베스터와 유대를 맺었다. 버지니아에서 조부모님은 우리 가족이 사는 아파트에서 50미터도 떨어지지 않은 건물에 살고 계셨다. 내 기억 속에서 실베스터는 언제나 나와 함께였다. 우리는 강한 우정과 친밀감, 애정을 나누었다. 그뿐만 아니라 우리는 한 가지를 더 공유했다. 우리 둘 다 학대를 당했던 것이다.

나는 내가 잘 알고 있는 남성이 실베스터를 벽에 던지는 모습을 처음 마주치고는 실베스터뿐만 아니라 나에게 가해지는 학대를 끝마칠 용기를 찾았다. 실베스터는 앞으로 내가 알게 될 수많은 동물들 가운데 첫 번째 동물이었다. 나는 실베스터를 통해 주변에 있는 다른 동물들의 세계를 더 잘 알게 되었고 그들과 큰 친밀감을 쌓았다.

어렸을 때 나는 부모를 잃은 새들을 구하고 살려 냈다. 나는 책을 읽고 아기 새들에게 핀셋으로 으깬 삶은 달걀을 먹이는 방법을 배웠다(비록 지금은 적절하지 않다는 사실을 알았지만). 그뿐만 아니라 나는 구두 상자로 만든 따뜻한 둥지에서 새를 키우는 법, 바위 밑에서 벌레를 찾는 법, 새들이 준비가 되었을 때 놓아주는 법을 배웠다. 다친 토끼와 다람쥐, 생쥐를 구출하고 어머니가 운전하는 뷰익 스테이션왜건의 조수석에 초조하게 앉아 급히 지역 수의사에게 달려가기도 했다.

동물을 통해 나는 누군가를 치유하고 싶다는 욕망을 키웠다. 동물을 돌보며 얻은 기술을 사람에게 적용하기는 어렵지 않았다. 내 어머니는 간호사여서 인간이든 동물이든 그들을 돌보는 데 적용되는 일반 원칙은 같다고 가르쳐 주셨다. 어머니 말씀에 따르면 훌륭한 치료사가 되려면 다른 이들이 얼마나 상처를 받고 있는지 알고 그들을 돕고 싶어 해야 했다. 나는 여동생이나 남동생이 아플 때마다 어머니 옆에서 '어린 간호보조원' 역할을 할 때가 많았고, 그래서 우리 가족은 내가 자라서 어떤 사람이 될지 잘 알았다.

"아이샤는 의사가 될 거야."

나는 의학을 공부하면서도 반려동물을 계속 키웠다. 그러다가 버지니아 주 윌리엄스버그의 동부 주립 정신병원에서 3년차 의대생으로 회진을 하던 중, 내가 키우던 고양이 아슬란(내가 어린 시절에 읽었던 가장 좋아하는 책에 나오던 이름)이 갑자기 병에 걸려 쓰러졌다는 사실을 알게 되었다. 의과대학 시절 아슬란은 길고 추운 밤에 해부학, 생리학, 분자생물학 책을 들이파던 내 어깨에 변함없이 앉아 있어 준 동반자였다. 나와 함께 4년을 보낸 아슬란은 내가 길거리에서 구조하기 전에 걸렸던 전염성 질환인 고양이 백혈병에 쓰러졌다.

목요일 밤, 나는 세 시간 반을 운전해 아슬란을 동물병원에 데려다 주었다. 하지만 아슬란을 구할 수 있는 방법은 전혀 없었고 그대로 심장이 멎고 말았다. 아슬란의 폐에는 액체가 가득 찼고 숨을 헐떡였다. 나는 아슬란의 고통을 끝내야겠다는 인도적인 결정을 내렸다. 아슬란은 내 품에서 숨을 거뒀다.

다음날인 금요일 새벽 5시에 가까워져서야 나는 동물병원을 떠났다. 나는 세 시간 뒤에 정신병원에서 근무를 시작해야 했다. 그날 아침 늦게, 나는 눈물을 흘리며 교대 근무를 담당하는 정신과 의사에게 전화를 걸었다. 나는 무슨 일이 일어났는지 설명하고 하루를 쉬며 애도할 수 있는지 물었지만 그는 안 된다고 했다. 어머니나 형제 또는 친구가 죽거나 중병에 걸렸다면 담당 의사는 적어도 하루 정도는 휴가를 주었을 것이다. 정신병원에서 내가 했던 일은 누가 봐도 중대 업무가 아니었다. 단지 의대생으로서 직원들의 심부름을 하면서 잡일을 할 뿐이었다.

나는 그 정신과 의사의 반응에 놀라면서 당황했다. 사랑하는 반려동물을 잃은 의미를 어떻게 전혀 모를 수 있을까? 적어도 이 상실이 나에게 중대하다는 사실 정도는 알아차려야 하는 게 아닐까? 나는 마음을 연구하는 의사마저 우리 생활에서 반려동물이 차지하는 중요성을 잘 모른다는 사실을 이해하기 힘들었다.

나는 순진했다. 정신과 의사라고 해서 반려동물에 대해 특별한 관점을 갖는 게 아니었다. 오히려 의사들은 동물과의 관계가 갖는 중요성을 종종 무시하곤 했다. 내가 의학적 훈련을 받는 동안 동물과의 관계에 대해 논의했던 유일한 시간은 동물이 어떻게 사람들을 다치게 하고 전염병의 근원이 되는지를 강조할 때뿐이었다. 잘못되지는 않았지만 협소한 시각이다.

나는 동물과 인간의 관계를 고려하지 않는 의학은 건강 문제에서 중요한 무언가를 빠뜨린 것이라고 느꼈다. 1946년 세계보건기구는 건강을 "육체적, 정신적, 사회적으로 완전히 양호한 상태"로 규정했다. 진정한 건강 유지와 치유를 위해서 의사들은 진단과 의료 절차, 약품들의 목록에만 처박힌 시선을 들어 올려 그 너머를 봐야 한다. 그리고 병원의 하얀 벽 너머에서 우리 삶에 영향을 주는 수많은 요인들을 고려해야 한다.

우리 삶은 마치 점을 연결해 그리는 그림과 비슷하다. 건강에 대한 올바른 그림을 그리기 위해서는 ① 우리 삶을 실제로 구성하는 점들을 포함시키고 ② 올바른 방법으로 그 점들을 연결해야 한다. 우리 삶의 각 점들은 우리의 신체적, 정신적, 사회적 행복에 영향을 준다. 우리는 이제 우리가 서로 어떻게 상호작용하고 어떻게 자원을 공유하는지, 환경과 어떤 관계를 맺고 어떻게 우리 자신을 보호하며 통제하는지, 어떻게 돈을 소비하고 먹고 일하고 즐기는지, 짧게 말해서 '어떻게 사는지'가 전부 건강에 영향을 미친다는 사실을 인식하게 되었다.

나는 내 건강에 영향을 미치는 요인이 얼마나 많은가를 직접 배웠다. 나는 탈룹 삼촌에게서 무사히 벗어나지 못했고 평생 우울증에 시달렸다. 확실히 내분비생물학이 큰 역할을 하지만 절망에 빠지기 쉬운 나의 성향은 주위 상황에 쉽게 영향 받았다. 이런 상황을 나만 겪는 것이 아니다. 지난 수십 년 동안 몇 가지 육체적인 질병은 감소했지만 우리 모두에게 영향을 미치는 질병들은 늘어났다. 이런 질병은 현대 문명을 통해 천천히 퍼져 나가고 우리가 폭력과 슬픔, 투쟁에 대한 다른 이야기들을 접할 때마다 암세포처럼 수적으로 불어난다.

우리는 집단적으로 깊은 정신적, 정서적 고통에 시달린다. 비록 스티븐 핑커가 저서《우리 본성의 선한 천사*The Better Angels of Our Nature*》에서 주장했듯이 인류가 오늘날 덜 폭력적인 것이 사실이라 해도 실제로 그렇게 느껴지지는 않는다. 폭력은 물론이고 비관주의와 침울함이 끊임없이 우리를 집중 공격한다. 총기난사 사건이나 굶주리는 아이들에 대한 소식이 또 들려올 때마다 우리는 이 병증과의 싸움에서 한 발자국 물러선다. 현대인들 가운데 셋 중 하나가 불면증을 앓고 다섯 중 한 명은 하나 이상의 정신과 약을 복용하고 있다. 우리는 슬픔과 외로움, 두려움을 덜기 위해 약을 털어 넣는다. 우리가 예전보다 더 오래 살지는 모르지만 그렇다고 더 잘 살게 된 것은 아니다.

건강은 우리 삶의 모든 측면에서 비롯한다. 우리는 사회적인 동물 종이며 상호의존적이다. 어느 때보다도 지금 더욱 그럴 것이다. 타자를 더 인식함에 따라 공감과 동정심 또한 증가한다. 우리는 공감의 범위를 조금씩 넓혀 이전에는 보지 못했던 구타당하는 여성과 정신 장애자들, 트랜스젠더 커뮤니티에 관심을 갖는다. 멀리 떨어진 이방인들의 삶과 투쟁, 즐거움은 우리 모두에게 영향을 미친다.

그렇다면 동물의 삶은 우리에게 어떤 영향을 줄까? 비록 의사들이 이전보다는 우리 삶에 더 많은 점들을 연결시키고 있지만 그럼에도 우리는 아직 인류의 시작 이후로 존재했던 동물과의 관계를 쉽게 간과하고 있다. 의사들이 동물에게 주목하는 아주 드문 경우를 제외하면 우리는 표면 너머를 거의 보지 못한다. 하지만 실베스터에 대한 경험과 나 스스로 학대받았던 경험은 나로 하여금 동물이 우리 건강에 미치는 영향에 대해 더 많은 정보를 찾아보도록 고무시켰다.

나는 의사로서 직업적 경력을 쌓는 상당한 기간 동안 동료들에게는 동물에 대한 나의 애정을 제대로 드러내지 않았다. 쑥스러웠기 때문이다. 내가 알기로 많은 의사들이 동물과 인류가 친척이라는 사실을 인정하지 않으려 하는데, 그렇게 하면 과학자나 의사로서의 전문성이 훼손된다고 여기기 때문이다. 마치 동물에 대한 공감이 잘못인 것처럼 말이다. 하지만 사실 나는 진심으로 동물을 사랑했다. 그 애정은 의사로서의 내 일에 해를 끼치기는커녕 나를 보다 나은 치유자로 만들었다.

아무리 미끈거리고 비늘이 많고 냄새가 나고 무서운 동물이라 해도 나에게는 소중하다. 이 점을 부정하면 내가 누구인지에 대한 필수적인 일부를 부정하는 셈이다. 또한 그것은 나 자신의 고통을 이해하는 능력을 흐리게 한다. 나의 고통은 다른 인간의 삶뿐만 아니라 동물들의 삶에서도 깊은 영향을 받는다. 이러한 인식을 통해 나는 탈룸 삼촌과 실베스터와의 경험을 더욱 날카로운 눈으로 볼 수 있었다. 내 인생이 가능한 어떤 길을 택했든, 실베스터와의 유대감과 공감이 그 길을 더 좋게 바꾸어 놓은 것은 분명했다. 그리고 신경과 의사로서 내가 반복해서 묻는 질문은 다음과 같다. 동물에 대한 공감은 어디에서 오는가?

생물학자인 에드워드 O. 윌슨은 그의 획기적인 저서에서 '바이오필리아biophilia'를 다음과 같이 정의했다. "살아 있는 다른 유기체에 대해 인간이 갖는 선천적인 정서적 소속감." 바이오필리아란 인간이 동물과 자연적으로 연결된 존재이며 우리의 그런 친화력은 생물학적 뿌리를 가진다는 가설이다. 가장 단순하게 정의하자면 '생명에 대한 사랑'이라 표현할 수 있다. 우리가 지구상에서 다른 동물들과 동료라는 사실은 우리의 일부다. 윌슨은 동물뿐 아니라 식물을 비롯해 다른 모든 "살아 있는 시스템(living systems)"을 언급했다. 우리는 자연을 찾아 나선다. 도시에 녹지를 갖춰야 한다는 생각, 숲속에서 하이킹을 하고 싶다는 욕구, 자연공원을 보전하려는 욕망은 전부 바이오필리아의 증거다.

윌슨이 우리 모두가 꼭 동물과 유대를 추구해야 한다고 주장한 것은 아니다. 하지만 나는 우리가 동물과 맺는 관계 속에서 바이오필리아가 분명히 드러난다고 믿는다. 서양에서 19세기와 20세기에 농촌에서 도시로 이주한 사람들을 살펴보면 반려동물의 수가 꾸준히 증가했다. 역사학자들은 도시화가 진전되면서 반려동물 사육이 증가하는 과정을 추적했다. 농촌 생활에서 벗어나면서 우리는 여러 동물과 일상적으로 접촉하지 못하게 되어 다른 방법으로 동물을 찾아 나섰다. 고양이와 개, 새, 햄스터, 토끼를 집에 들인 것이다.

우리는 동물들을 우리의 삶으로 데려오기로 선택했다. 동물들은 세상을 조금 덜 외롭게, 그리고 훨씬 더 재미있게 만든다. 동물을 집으로 데려올 수도 없을 때 우리는 동물들을 다른 곳에서 찾는다. 예컨대 야생동물 보호소를 방문하거나 새를 관찰하는 동아리에 가입하고, 동물원이나 서커스에 가고, 아프리카로 사파리 여행을 떠난다. 우리는 동물과의 유대를 추구한다. 동물과 함께하고자 하는 우리의 욕구는 무척이나 깊고 본능적으로 강하다. 그러니 우리의 생물학적 성향은 생명 애호일 뿐 아니라 동물 애호다.

미국 텔레비전 시리즈 〈엑스파일〉의 한 에피소드는 동물이 어떻게 우리의 동료가 되어 위안을 제공하는지에 대한 유머러스한 관점을 보여 준다. 괴물이 사람을 물어서 밤에 늑대인간으로 변하게 하는 흔한 늑대인간 설화를 뒤집는 에피소드에서, 주인공 멀더와 스컬리는 사람에게 물린 파충류 같은 괴물을 만난다. 평화롭고 만족스럽게 벌레를 먹고사는 파충류가 어느 날 일어나 보니 통통한 호주 사람으로 변해 있었다. 사람이 된 파충류는 사람처럼 생각하기 시작하고 사람만이 가진 걱정과 두려움, 회의감을 겪는다. 나중에 멀더에게 불평한 바처럼 괴물은 일자리가 필요하다는 사실을 깨닫고 휴대전화 판매원이 된다. 하지만 나중에 이 일이 싫어져서 그만두고 다른 일을 하고 싶지만 그럴 수가 없다. 밀린 청구서를 지불하고, 집을 담보로 대출을 받고, 은퇴할 수 있을 만큼 저축해야 하기 때문이었다. 괴물은 "지금 내가 소설을 쓰지 못하면 앞으로 결코 쓸 수 없을 거예요"라고 멀더에게 탄식하듯 불평한다.

이런 인간적인 걱정에 짓눌린 괴물은 '마녀 의사(정신과 의사)'를 찾아가지만, 의사는 괴물을 치료하기보다는 생각을 더 혼란케 하는 약을 줄 뿐이다. 우울증을 떨치려는 마지막 노력으로 이 괴물은 데이구라는 이름의 강아지를 키운다. 괴물은 데이구와 즐겁게 뒹굴고 놀면서 멀더에게 이렇게 말한다. "나는 인간이 행복해지는 유일한 방법은 인간 아닌 존재들과 친구가 되어 시간을 보내는 것이라는 사실을 금방 깨달았죠."

하지만 우리 모두가 동물과 동반자 관계를 추구하며 공감을 나누는 것은 아니다. 그런 관계가 모든 동물로 확장되지도 않는다. 인간은 오늘날 역사상 그 어느 때보다도 동물들에게 큰 고통을 주고 있다. 우리는 동물들과 무척 상반된 관계를 맺는다. 반려동물에 대한 애정이 날로 증가하는 것과 동시에 도구나 식량, 해로운 동물로 정의되는 종들과는 거리를 둔다. 하지만 나는 우리의 시야 밖에 가려져 있는 다른 동물들의 삶도 우리의 삶에 밀접하게 엮여 있다고 믿는다. 우리 대부분은 아직 그 사실을 모르지만.

이 책은 우리 건강의 본질과 그것이 동물과 함께하는 삶으로부터 어떤 영향을 받는지를 이해하기 위한 여정이다. 그렇다면 동물에 대한 우리의 공감은 구체적으로 건강에 어떤 영향을 미치는가? 이 질문에 답하기 위해 나는 우리가 동물에 대해 생각하고 관계하는 여러 방식과 동물에 대한 우리의 공감이 어떻게 진화하고 있는지 이해하려고 애썼다.

이 여정을 거치면서 나는 외상 후 스트레스 장애를 지닌 해병, 동물과의 만남 한 번으로 인생이 바뀐 불량배, 유죄 판결을 받은 연쇄 살인범, HIV(에이즈 바이러스)에 감염된 소아과 의사, 소 목장을 경영하던 주인, 산업적으로 동물을 키우는 농부를 비롯한 수많은 사람들의 삶을 접했다. 이 책은 무지와 무관심, 잔인성에 대한 이야기이며 그와 동시에 궁극적으로는 아름다움과 친절함, 치유에 대한 이야기이기도 하다.

인류학자 브라이언 페이건Brian Fagan은 저서 《친밀한 유대*The Intimate Bond*》에서 이렇게 말했다. "동물 친구들과 연결되려는 우리의 욕구는 너무나 강력하기에 그것을 거스르려면 많은 노력이 필요하다." 만약 그 욕구가 그렇게나 강력하다면 그것을 무시할 때 무언가 잃는다는 뜻일까? 우리는 스스로 무엇인가를 잃게 되는 것일까? 아마도 가장 중요한 질문은 다음과 같을 것이다. 우리가 동물에게 유대와 동질감을 느끼는 순간은 언제인가? 이때 우리는 무엇을 얻는가?

나는 내 자신이 실베스터와의 유대를 통해 무엇을 얻었는지 안다. 그리고 이 앎은 이후로 내 인생을 송두리째 바꾸었다.

PART 1

동물로
치유하다

1

집이란
어떤 장소인가?

오늘 아침 따라 알람이 울리지 않았다. 나는 시계를 보고서야 내가 출근 시간을 한참 넘겨 늦게 일어났다는 사실을 깨달았다. 나는 침대에서 뛰쳐나왔지만 따뜻하고 끈적거리는 토사물이 맨발에 밟힌다. 실로스! 이 아무 짝에도 쓸모없는 고양이가 또!

우리는 왜 이런 일을 겪을까? 어째서 우리는 바닥에 엉겨 붙은 토사물, 침대에 구르는 똥 덩어리, 옷에 달라붙은 털, 오줌에 젖은 커튼 자락, 침으로 덮인 슬리퍼, 물어뜯긴 가구, 지독한 구취, 냄새 나는 먹이, 반려동물용 변기, 무례한 킁킁거림, 반항하면서 갈기는 오줌, 끊임없는 짖는 소리, 고양이가 토한 털 뭉치, 벼룩, 진드기, 촌충, 회충 등을 감내해야 할까?

동물들은 우리를 불편하게 한다. 우리는 반려동물을 위해 일과 휴가 일정을 조정하고, 힘들게 번 돈을 의료비에 쓰며, 동물들을 만족시키기 위해 무슨 일이든 한다. 반려동물들은 우리의 한계를 시험하는 영원한 10대 청소년 같다. 무엇이든 게걸스럽게 먹거나, 까다로운 속물처럼 우리가 올린 공물 앞에서 고귀한 코를 홱 돌린다. 동물들은 살림살이를 물어뜯고 쓰레기를 흩어 버리며, 우리가 치우도록 그대로 내버려둔다. 가장 나쁜 점은 동물들은 우리가 정중히 고개를 숙이고 모든 것을 받아들이리라 기대한다는 것이다. 하지만 그들은 옳다.

반려동물과의 계약에서 우리는 자진해서 일정량의 힘든 노동을 하기로 동의한다. 코미디언 제리 사인펠트Jerry Seinfeld는 외계인이 지구를 방문해서 개들을 총총 쫓아가며 쓰레기를 치우는 인간 무리를 본다면, 개가 지구의 주인이라 생각할 것이라는 농담을 던진 적이 있다. 어떤 면에서 그 생각이 그렇게 억지스럽지는 않다. 나라면 저택의 영주와 여주인들의 목록에 고양이와 다른 반려동물들을 추가하겠지만 말이다.

인간 외의 어떤 종도 일상에서 다른 동물을 입양하지 않는다. 물론 우리 모두가 좋아하는 일화가 있다. 강아지를 키우는 소라든지, 길 잃은 올빼미와 친구가 되는 거위 이야기 등이다. 하지만 우리를 제외한 동물들은 다른 종을 자기들의 생활과 터전으로 데려오려고 굳이 애쓰지 않는다. 우리는 왜 그렇게 할까?

나는 맨해튼 어퍼이스트사이드에 있는 미국동물학대방지협회(ASPCA)의 입양센터 대기실에 앉아 이 질문에 대해 곰곰 생각했다. 토요일 오후에 입양센터는 방문객들로 붐빈다. 나이 지긋한 사람들과 부부, 자녀를 데리고 온 부부가 이곳에 와서 얌전한 강아지와 애교를 부리는 고양이를 쓰다듬고 귀여워하며 달콤한 말을 속삭인다. 방문객들이 이곳에 온 목표는 한 가지다. 집에 들일 구성원을 찾는 것이다. 테리어를 끌고 나가는 한 젊은 부부를 보고 있자니 개와 사람의 동작에서 순수한 기쁨이 배어 나온다. 모든 비용과 성가신 뒤치다꺼리를 치러야 하는데도 우리가 동물을 찾는 이유는 동물들이 우리에게 대체 불가능하고 특별한 즐거움을 가져다주기 때문이다.

동물들에게는 놀라운 무언가가 있다. 동물들은 우리가 짐작도할 수 없는 방식으로 세상을 경험하고, 우리 능력 밖의 것을 보며, 냄새를 맡고, 듣고, 느낀다. 개나 돌고래 또는 두더지가 된다는 것은 어떤 경험일까? 비록 과학이 점차 동물의 행동에 대한 연구로 방향을 틀기는 했지만 유감스럽게도 동물 각각이 지니는 독특한 세계에 대한 우리의 이해력은 제한적이다. 우리가 할 수 있는 최선은 동물의 경험이 어떨지 상상하는 것이 전부인 경우가 무척 많다. 다른 동물들의 삶을 상상할 때 우리는 종종 어린아이 같은 경외심과 동물을 모방하려는 욕망을 갖게 된다. 많은 슈퍼히어로들이 동물의 능력을 본받는 것도 당연하다. 날아다니거나 물속에서 숨을 쉬거나 엄청나게 뛰어난 청력을 지니는 것에 대해 다들 상상해 봤을 것이다. 동물은 우리를 인간 중심적인 세계관에서 벗어나게 한다. 처음에는 동물이 우리와 공통적으로 갖는 진화생물학적 특징을 찾을지도 모른다. 하지만 우리는 동물과의 차이를 보며 즐거움을 느낀다. 결국 동물들은 다른 무엇보다도 우리를 매혹시킨다.

내가 사하르 언니와 함께 아파트 거실에 앉아 있는데 현관문을 벌컥 열고 들어온 오빠가 이렇게 외쳤다. "할머니 할아버지가 개를 한 마리 데려왔어!" 나는 언니와 함께 맞추던 퍼즐을 두고 벌떡 일어났다. "개라고?" 내가 들뜬 오빠의 모습을 보며 되물었다. 이건 큰 뉴스였다! 우리 가족은 전에 개를 키운 적이 없었고, 할머니나 할아버지가 개를 키울 것이라고도 생각하지 못했다. 파키스탄인들 사이에서는 전례가 없는 일이었다. 그곳 문화에서는 개를 비롯한 거의 모든 동물은 인간으로부터 분리되어야 하는 더러운 동물로 여겨지기 때문이다. 사하르 언니와 나는 할아버지 할머니가 전통에서 벗어난 모습이 보고 싶어서 재킷을 챙겨 입고 캄란 오빠와 함께 옆 아파트로 달려갔다.

영국에서 미국으로 이주한 이후 우리 가족은 버지니아 주 앨링턴의 쌍둥이 아파트에서 살았다. 우리는 1970년대 후반에 부푼 꿈을 갖고 미국에 도착했다. 워싱턴 DC 근처의 모텔에서 3주 동안 생활한 끝에 아버지는 호텔 레스토랑에서 빈 그릇 치우는 종업원으로 고용되어 가족에게 값싼 아파트를 얻어 주셨다. 그리고 1년 뒤 고모 네 명 가운데 두 명과 막내삼촌 데이브가 런던에서 우리를 따라와 옆 건물로 이사했다.

할아버지 할머니가 들여온 개를 만나고 싶었던 사하르 언니와 캄란 오빠, 나는 두 분이 사는 아파트에 달려들었다. 할아버지와 할머니, 고모들, 데이브가 침대 주위에 모여 있고 조그만 갈색 강아지가 바쁘게 꼬리를 흔들고 있었다. 나는 내가 강아지에게 익숙하기라도 하듯 침대 한가운데로 밀고 들어가 강아지를 무릎 위에 올렸다. "이 강아지를 뭐라고 부를 거예요, 데이브?" 강아지가 내 얼굴을 코로 비비고 핥았다. 삼촌은 사람들과 잘 어울리기 위해 파키스탄 이름이 아니라 서양식 이름을 골랐다. 데이브는 나보다 고작 열 살 더 많았고 오빠에 가까웠기 때문에 '삼촌'이라고는 부르지 않았다.

"실베스터라고 부를 거야." 데이브가 말했다.

'완벽해.' 나는 생각했다. 매주 토요일 아침 언니와 오빠, 나는 루니툰즈 만화를 시청했다. 여러 캐릭터들 가운데 내가 가장 좋아한 것은 잘 까부는 실베스터였다. 사실 진짜 이름은 '고양이 실베스터'지만 말이다. 고양이는 목숨이 아홉 개라고 하니 새로 가족이 된 강아지에게 고양이 이름을 붙여 주면 행운이 따를 것 같았다. 나는 실베스터가 할아버지 할머니나 데이브의 개가 아니라 우리 개라고 여겼다. 나는 실베스터의 커다란 갈색 눈을 들여다보면서 앞으로 보여 줄 아파트 주변의 놀기 좋은 장소와 내 비밀 기지에 대해 생각했다.

나는 약 10년 전, 차를 몰고 출근하던 길에 반대쪽 차선 한가운데에서 그곳에 있으면 안 되는 무언가를 발견했다. 아침이라 붐볐고 나는 도로에 나온 다른 운전자들처럼 서둘러야 했다. 그래서 일단 무시했지만 자세히 보니 거북이였다. 옆을 지나칠 때 보니 거북이는 아직 살아 있었지만 차도 한가운데서 꼼짝도 하지 못했다. 많은 차가 달려드는 와중이라 그곳에서 피할 수가 없었다. 나는 차를 돌려 그쪽으로 갔다. 하지만 이미 다른 차가 길가에 세워진 채였다. 한 10대 청소년이 팔을 들어 다가오는 차들을 멈춘 다음 차도 한가운데로 들어섰다. 그리고 거북이를 살며시 들어 올려 안전한 장소로 옮겼다.

나는 당시 제 시간에 출근해야 한다는 생각에 마음이 바빠 소년에게 다가가 칭찬하지 못했다. 하지만 종종 소년이 바쁜 와중에 시간을 내어 아무도 돕지 않는 조그만 거북이를 도왔던 이유가 궁금했다. 그리고 그 소년이 위험에 처한 동물을 도왔던 장면을 떠올리면 얼굴에 미소가 번졌다. 비록 나를 위한 것이 아니었어도 소년이 보여 준 공감능력은 나를 행복하게 했다.

공감을 뜻하는 영어 단어 'empathy'는 1873년에 철학자 로버트 비셔Robert Vischer가 처음 만든 용어로 독일어 'Einfühlung'에서 유래한다. 이 독일어 단어는 '감정 이입'이라는 뜻이다. 이 단어가 처음 소개되었을 때에는 관찰자가 자신의 감정을 어떤 대상이나 주체에 투사해 살아 있는 것처럼 표현하는 것과 관련이 있었다. 예컨대 버드나무가 '흐느낀다'는 표현이 그런 예였다. 이 단어는 1900년대 중반에 이르러서야 다른 의미를 갖게 되었다. 심리학자들이 사회관계에 대한 과학에 관심을 가지면서 정의가 바뀐 것이다. 시간이 지나면서 공감이란 단어는 다른 사람의 감정을 이해하고 공유하는 것을 뜻하게 되었다.

우리는 종종 연민과 친절을 공감과 혼동하곤 한다. 연민이란 괴로워하는 다른 사람을 걱정하는 것이다. 하지만 때때로 연민에 빠진 사람은 다른 사람에 대해 우월감을 느끼거나 그를 하찮게 여겨 감정적인 거리를 두기도 한다. 한편 친절은 감정 이입의 연장선에 있으며, 거북이를 구한 소년에게서 목격했던 것처럼 타인을 돕는 행동으로 이어진다. 공감은 연민보다 힘이 세다.

영장류학자 프란스 드 발Frans de Waal은 공감이 인류의 진화적 역사에 뿌리를 둔다고 주장한다. 동물 행동에 대한 연구에 따르면 공감은 우리 인류가 다양한 종들과 공유하는 특성이다. 아마도 처음에는 여러 종에서 어미가 새끼를 더 잘 돌볼 수 있도록 발달했을 테지만, 어미의 보살핌을 훨씬 넘어선다. 공감은 심지어 우리가 타인의 움직임에 반응하는 방식에도 영향을 미친다.

예컨대 어떤 사람이 쓴 음식을 먹고 얼굴을 찡그리면 여러분

역시 얼굴을 찡그린다. 여러 해 동안 연구자들은 우리가 왜 타인의 움직임을 흉내 내는지 궁금해했다. 1995년에 한 신경과학자 팀은 어떤 사람이 물체를 잡는 것을 보았을 때 다른 연구 참가자들에게서 운동 유발 전위가 나타난다는 사실을 알아냈다. 이것은 그들의 근육이 곧 움직일 예정이라는 신호이며, 이 운동 전위는 참가자들이 실제로 물체를 붙잡을 때 기록되는 전위와 일치했다. 이 연구 이후로 학자들은 우리가 타인의 어떤 행동을 목격했을 때 비슷하게 행동하는 것으로 반응케 하는 거울 뉴런 체계를 가졌다는 생각을 지지했다. 이런 공감에 따른 모방의 예를 우리는 일상적으로 경험한다. 주변의 다른 사람이 하품하는 것을 보면 여러분도 하품한다. 이것은 본능적이다.

한편 감정 전염은 모방과 유사하지만 타인의 신체적 움직임을 자동적으로 따라 하기보다는 슬픔, 기쁨, 분노, 공포 같은 감정을 흡수한다. 예컨대 아기들은 다른 아기가 우는 소리를 들으면 따라서 운다. 또 여러분은 영화관에 가서 도끼를 휘두르는 광대가 그림자 속에서 튀어나와 사방에서 비명이 들린다면, 비록 광대가 나타난다는 사실을 미리 알고 있었다 해도 살짝 비명을 지를 수밖에 없을 것이다.

모방과 감정 전염은 보다 복잡한 수준의 공감을 이루는 구성 요소로 여겨진다. 오늘날 연구자들은 일반적으로 두 가지 형태의 공감을 구별한다. 먼저 '정서적 공감'은 우리가 타인의 감정에 반응해서 경험하는 감각과 감정을 가리킨다. 이를 통해 우리는 타인의 감정 상태를 공유한다. 반면에 '인지적 공감'은 타인의 정신적 관점을 받아들이는 것이다. 이를 통해 타인이 생각하고 느끼는 것을 더 잘 파악하고 이해할 수 있다. 이 공감의 두 요소는 우리가 타인의 경험과 의도, 필요를 알아차리는 데 도움을 준다. 타인에게 공감하는 능력은 우리가 그들의 느낌, 동기, 행동을 예측하고 이해하게 해준다.

독일 막스플랑크 연구소의 인간 인지 및 뇌 과학 연구실에서 일하는 신경과학자 타니아 싱어Tania Singer와 동료들은 정서적 공감의 신경학적 기반, 특히 고통을 공유한 경험에 대해 탐구했다. 우리는 단지 육체적으로 고통을 느낄 뿐 아니라 감정적으로도 그것을 경험한다. 우리가 전기충격 같은 고통스런 자극을 느꼈을 때 그 신호는 자극이 발생한 위치에서 뇌까지 이동하는데, 그곳은 고통의 중심과 감정의 중심이 서로 중첩되는 구역이다. 그 결과 고통에 대한 우리의 반응은 불안, 두려움, 슬픔과 같은 불쾌한 감정들을 동반하게 된다.

싱어의 연구 팀은 공감이 고통의 감정적 경험에 어떤 영향을 미치는지 이해하기 위해 연애 상대와 함께 있는 열여섯 명의 여성을 연구했다. 여성들은 한 상황에서 손에 부착된 전극을 통해 고통스런 충격을 받았다. 그리고 다른 상황에서는 연애 상대가 똑같은 방식으로 충격을 받는 모습을 지켜보았다. 싱어는 여성들의 뇌를 스캔해 그들이 스스로 충격을 받았을 때와 그렇지 않고 연애 상대가 충격을 받았을 때 같은 부위(소뇌와 뇌간 일부)의 활동이 활발해진다는 사실을 발견했다. 연애 상대가 충격을 받는 것을 지켜볼 때 여성의 뇌는 본인이 충격을 받았을 때와 동일한 감정의 영역이 활발해졌지만 고통을 느끼는 감각의 영역은 활발해지지 않았다. 우리는 물리적인 감각 없이도 감정적으로 고통을 느낄 수 있다. 싱어의 연구는 공감능력이 우리의 뇌 속에 심어져 있다는 증거를 더해 주었다.

우리가 동물에 대한 공감을 경험하는 방식은 타인에 대한 공감을 경험하는 방식과 그렇게 다르지 않을 것이다. 브랜다이스 대학과 펜실베이니아 주립대학 심리학과의 연구원들은 우리가 고통받는 사람과 개의 모습을 볼 때 신경 반응이 상당 부분 겹친다는 사실을 발견했다.

공감은 우리를 하나로 묶는 접착제다. 타인에 대해 공감할 때 우리는 그의 좋은 점과 나쁜 점, 기쁨과 고통에 대한 그의 경험을 공유한다. 이 능력은 인류 발전의 필수불가결한 요소이며 친절과 동정심, 도덕과 이타주의의 기초를 이룬다. 저서《공감의 시대*The Empathic Civilization*》에서 사회 사상가 제러미 리프킨은 공감에 대해 다음과 같이 기술한다. "우리가 사회적인 삶을 창조하고 문명을 발전시키도록 하는 바로 그 수단." 공감능력은 우리가 어려울 때 서로를 돌보고 자원을 공유하며 동물을 포함한 타인을 돕게 한다.

하지만 연구 결과 또 다른 사실이 밝혀졌다. 공감은 유사성, 근접성, 친숙성에 의해 야기되는 힘이라는 것이다. 우리는 '내집단'에 속한 비슷한 사람, 가까이 있는 사람, 개인적으로 아는 사람들에게 더 공감한다. 즉 '지금 여기'의 일에 더 공감한다. 그리고 핵심적인 내집단은 바로 가족이다.

그럼 거기서 시작해 보자.

2016년 6월, 사이페어 자원봉사 소방단과 경찰관 20여 명은 텍사스 주 사이프레스에 명예의 전당을 만들었다. 그리고 한 동료에게 경의를 표하며 마지막으로 작별 인사를 건넸다. 텍사스 주 깃발에 덮인 동료의 시신이 묘지로 옮겨졌다. 이들이 경례한 동료는 9.11 당시 마지막까지 살아 있던 사람을 찾아낸 수색견, 브르타뉴였다.

브르타뉴는 9.11의 잔해 속에 갇힌 사람들을 구조하는 일 외에 허리케인 카트리나와 리타가 덮쳤을 때도 생존자들을 찾았다. 그리고 아홉 살이 되어 은퇴한 이후에도 계속해서 사람들을 도왔다. 로버츠로드 초등학교 1학년 학생들과 친구가 되었고, 학생들은 이 개에게 책을 읽어 주며 조금씩 공부에 자신감을 얻었다. 사이페어 자원봉사 소방서장인 에이미 라몬은 브르타뉴의 장례식에서 이렇게 말했다. "이 개는 사이페어 소방서 소속이에요. … 꽤 고된 일을 맡았죠. 그는 우리 가족이었어요."

브르타뉴에 대한 라몬의 언급은 중요한 한 가지 질문으로 이어진다. 가족이란 무엇인가?

이 질문은 언뜻 생각하면 단순해 보인다. 메리엄 웹스터 사전에 따르면 가족의 정의 가운데 하나는 "공통 조상을 갖는 사람들의 무리"다. 그리고 또 다른 정의는 "전통적으로 자녀를 양육하는 두 부모로 이뤄진 사회의 기본 단위"다. 하지만 이런 정의는 요즘 사회에 더 이상 잘 들어맞지 않는다. 통계적으로 가족은 더 이상

어머니와 아버지, 그들의 생물학적인 자식으로만 구성되어 있다고 볼 수 없다. 가족에 대한 전통적인 견해는 퇴색하고 있다. 자녀를 둔 결혼하지 않은 커플, 아이를 입양한 게이나 레즈비언 커플, 아이를 입양한 미혼모나 미혼부, 아이를 갖지 않기로 선택한 부부 등 가족에 대한 보다 자유로운 관점이 채택되고 있다.

또한 가족은 더 이상 우리 인간 종에만 국한되지도 않는다. 적어도 2001년부터 미국 가정의 대부분은 반려동물을 기르고 있다. 오늘날 그 비율은 약 70퍼센트에 달한다. 전통적으로 동물을 가족으로 여기는 데 익숙하지 않은 나라에서도 동물을 입양하는 경향이 확산되는 중이다. 중국은 보호하는 고양이와 개의 마릿수에서 각각 미국에 이어 2위와 3위를 차지한다. 그리고 2006년에서 2014년 사이에 인도의 반려동물은 700만 마리에서 1000만 마리로 늘었다. 우리의 언어도 동물과의 정서적인 관계를 반영하도록 바뀌고 있다. 1990년대 이후 '애완동물'과 '주인'이라는 용어가 점차 '반려동물, 보호자, 엄마, 아빠'로 바뀌어 갔다. 그리고 우리의 역할이 바뀌면서 동물의 역할도 바뀌었다. 동물들은 이제 가족 안에서 사람 구성원이 맡았던 전통적인 역할을 포함해 여러 역할을 맡는다. 실베스터는 내 인생의 각기 다른 시기에 나에게 친구이자 형제, 아버지, 아이였다. 물론 대부분의 시간에는 유일무이한 실베스터 그 자체였지만 말이다.

이렇듯 오늘날에는 미국 가정의 대부분이 반려동물을 가족의 일부로 여기지만 정부에서는 오랫동안 그렇게 보지 않았다. 그러다가 정부가 이 문제에 대해 관심을 갖게 된 큰 사건이 벌어졌다.

2005년 8월 말 허리케인 카트리나가 루이지애나 주 뉴올리언스를 강타했을 때, 나는 텔레비전에서 재앙이 덮치는 장면을 무력하게 지켜볼 수밖에 없었다. 이 허리케인과 그 여파로 1800명 이상이 사망했으며 그 가운데 약 절반은 노인이었다.

재난이 닥쳤다고 해서 우리가 모르는 새로운 상황이 펼쳐지는 경우는 드물다. 대부분의 재난은 단지 도시 기반시설과 비상 계획의 시스템적 취약성을 드러낼 뿐이다. 카트리나 역시 예외가 아니었다. 하지만 이전의 재해와 비교해 도시가 광범위하고 두드러지게 황폐화된 탓에 카트리나는 우리가 얼마나 준비가 덜 되었는지를 일깨워 주었다.

카트리나 같은 대규모 재난은 장기적이고 파괴적인 결과를 초래할 수 있다. 재난에서 살아남은 사람들은 우울증과 불안증, 급성 스트레스, 외상 후 스트레스 장애(PTSD)를 앓을 확률이 높아진다. 1998년 허리케인 미치가 온두라스와 니카라과를 강타한 이후 일반 건강관리 대상이며 가장 피해를 많이 입은 지역에 거주했던 열 명 가운데 한 명이 PTSD를 겪었다. 1992년 허리케인 앤드루가 미국 플로리다 주를 덮쳤을 때도 6개월 뒤 모든 구역 주민의 5분의 1에서 3분의 1이 PTSD를 앓았다. 카트리나는 특히 큰 타격을 주었다. 질병관리본부(CDC)에 따르면 카트리나가 덮친 지 7주가 지나도 생존자의 절반 가까이는 PTSD 진단 기준을 충족했다. 특히 어린아이들은 큰 재난 후의 정신적 외상에 취약하다.

긴급 상황 중에 사랑하는 사람과 떨어지거나 위험한 곳에 그들을 남겨두어야 하는 상황은 아마 상상할 수도 없이 가장 힘든 일일 것이다. 이런 상황은 재난이 우리에게 일으키는 정신적인 스트레스를 악화시킨다. AP통신의 메리 포스터 Mary Foster는 우리가 사랑하는 동물을 떼어놓아야 하는 상황이 얼마나 고통스러운지 보여 주는, 카트리나가 일으킨 가장 인상적인 순간의 하나를 포착했다. 혼란과 공황, 공포 속에서 한 소년과 가족이 집을 떠나 뉴올리언스 슈퍼 돔으로 피난했다. 하지만 슈퍼 돔은 곧 안전하지 않은 장소가 되었고, 절박한 가족들을 다른 곳으로 데려가기 위해 버스가 도착했다. 하지만 반려견인 스노볼을 끌어안은 소년과 부모님이 휴스턴으로 향하는 버스에 오르자 경찰관이 개를 데려갔다. 소년은 "스노볼, 스노볼!"하고 울부짖을 뿐이었다.

이런 일은 여러 번 되풀이되었다. 재난 현장의 경찰과 소방관, 해군, 해경, 구조대원들은 구조 활동을 하는 대상에 동물을 포함시키지 않았다. 인간 생존자를 구하는 데도 힘에 겨웠던 데다, 동물을 구하면 이송하는 데 어려움이 따랐기 때문이다. 예컨대 대부분 사람들과 달리 동물에게는 보트나 버스에 타라고 지시할 수 없다. 게다가 동물들이 겁을 먹어 숨기라도 하면 잡으러 가야 할 수도 있다. 일부 동물은 구조대원이나 그들이 구조하고 있는 사람들의 안전을 위협한다. 그리고 작은 동물을 넣을 이동장, 중간 크기 동물을 넣을 우리, 큰 동물을 끌고 갈 목줄 등의 장비가 추가로 필요하다. 하지만 구조대원들은 준비가 되지 않았다.

구조대원들은 많은 주민들에게 반려동물을 버리라고 강요했고 때로는 그러지 않으면 체포하겠다고 위협했다. 구조대원들이 동물들을 보트, 헬리콥터, 버스를 통해 비상 대피소로 데려가지 않은 결과 수십만 마리의 동물이 죽었다. 미국의 동물보호단체인 휴메인 소사이어티의 전 회장 웨인 파셀Wayne Pacelle에 따르면, 미국 가정의 70퍼센트 정도가 반려동물을 키우고 뉴올리언스도 비슷하다고 할 때 당시 구조대원들은 세 집 가운데 두 집에서 동물을 발견했을 것이다. 그 동물들 가운데 대부분은 그대로 방치되어 목숨을 잃었다. 유독성 물이 불어나는 가운데 살아남으려고 몸부림치고, 지붕 위에서 떨며, 판자에 매달려 떠다니는 겁에 질리고 쇠약해진 동물들의 모습은 주정부와 연방기관이 미국 가정에서 동물이 차지하는 역할을 얼마나 과소평가했는지를 상징적으로 보여 주었다. 그뿐만 아니라 연방기관은 또 다른 한 가지를 간과했다. 동물을 버리면, 구조대원들이 구하려고 애썼던 그 사람들 역시 위험해진다는 사실이었다.

재난 상황에서는 인간의 가장 친한 친구인 개를 구하겠다고 도움을 받는 과정도 꽤나 힘들었다. 그렇다면 대부분의 사람들이 저녁거리로 군침을 흘리는 동물을 구하려면 어떻게 해야 충분한 공감을 얻을 수 있을까? 여러분의 가족이 130킬로그램짜리 돼지를 반려동물로 키우고 있다면 말이다.

은퇴한 학교 선생님 짐 파슨스가 그런 경우였다. 2000년대에 조성된 루이지애나 주의 가든 디스트릭트를 산책하다 보면 빅토리아 시대, 그리스 부흥기, 전쟁 전 이탈리아 양식의 대저택들이 스테인드글라스, 장식용 받침대와 기둥, 둥근 지붕이나 박공지붕으로 화려하게 장식된 모습을 볼 수 있다. 이 주택들을 둘러싼 연철 울타리 안을 살짝 들여다보면 시원하게 우거진 개인 정원이 드러날 것이다. 여기서 여러분은 주변에 비해 훨씬 소박한 인간 아빠와 아무렇지도 않은 듯 큰길을 산책하는 돼지 한 마리를 발견하고는 깜짝 놀랄지도 모른다.

마을 사람들은 짐을 '돼지 아저씨'라 부른다. 아침마다 짐과 그의 반려 돼지 루티가 한 시간 반쯤 동네를 산책하는 모습이 큰 관심을 끌었고, 루티는 거의 스타가 되었다.

짐은 나에게 이렇게 말했다. "사람들이 우리가 산책하는 모습을 보면, 멈춰서 루티에 대해 얘기를 나누고 싶어 하죠." 루티는 품위 있는 떡갈나무에서 도토리가 떨어져 쌓인 찰스 스트리트를 따라 걷는 것을 좋아했다. 짐은 이렇게 말했다. "한번은 산책 중에 루티가 나를 슬쩍 보고는 거리를 따라 달려갔죠. 한 식당 근처에 덤불이 우거진 널찍한 땅이 있는데 거기서 도토리를 찾으려 했던 거예요. 그러자 식당에 있던 사람이 루티를 발견했고 순식간에 식당 사람 절반이 돼지를 구경하러 나왔어요." 비록 시의 조례에 따르면 전통적인 농장 동물을 집에서 키우는 것이 금지되었지만 지역 경찰들은 이 쾌활한 분홍색 돼지만은 예외로 해주었다. 짐에게 소환장을 발부하는 대신 루티의 사진을 부탁하곤 했다.

짐은 루티가 새끼일 때부터 알았다. 카트리나가 강타하기 10년 전, 당시 짐의 여자 친구였고 지금 아내인 코니가 짐에게 애교를 부려 여러 마리의 새끼 돼지 가운데 루티를 입양하게 했다. 코니는 어린 시절《샬롯의 거미줄》을 읽은 이후로 돼지를 키우고 싶어 했다. 짐은 마지못해 새끼들 가운데 가장 겁이 많은 돼지를 데려왔지만 이후로는 계속해서 애정을 갖고 대했다.

새끼 돼지는 코니, 짐과 함께 새로운 삶을 살게 되었다. 짐은 루티를 쉽게 훈련시켰고, 루티는 자기가 원하는 것을 얻는 방법을 빠르게 배웠다. 언제나 호기심이 넘치는 루티는 억지로 냉장고나 옷장을 열고 뒤적거렸다. 그리고 강아지처럼 짐의 뒤를 따랐고, 발밑에서 잠을 잤으며, 저녁에는 코와 입을 비비적거렸다. 당시에는 루티에 대한 애정 때문에 언젠가 끔찍한 결정을 내리게 될 것이라고는 전혀 예측할 수 없었다.

2005년 8월 25일 목요일에 마이애미 북쪽에 상륙한 카트리나는 최고시속 75마일(약 120킬로미터)의 바람을 동반한 1급 허리케인으로 분류되었다. 다음날 카트리나는 2급 허리케인이 되었고, 일요일 오전 7시에는 최고시속 160마일(약 257킬로미터)의 바람을 동반한 5급 허리케인으로 성장했다. 8월 29일 월요일에는 허리케인이 뉴올리언스를 강타하면서 도시 전체를 정전시키고 슈퍼 돔에 구멍을 냈다.

뉴올리언스의 여러 주민들과 마찬가지로 짐과 코니는 처음에 카트리나의 위력을 과소평가했다. 지상에서 2미터 넘는 높이에 자리 잡은 100년 된 집이 폭풍우에도 안전한 장소라고 여겼던 것이다. 하지만 월요일 저녁이 되자 집은 거인이 갖고 노는 장난감처럼 점점 더 세게 떨리고 흔들렸다. 짐은 자기보다는 집에서 같이 지내는 코니와 친구 두 명, 고양이 두 마리, 그리고 루티가 걱정되었다. 루티가 불안해하자 짐은 포도주 한 사발을 먹이고는 담요를 두른 채 벽장 안에 넣어 밤을 보내게 했다.

다음날 아침, 짐이 일어나 보니 사방에서 잔해가 보였다. 전신주와 가로수가 거리를 가로막았고 앞뜰과 뒤뜰에 유리 파편이 흩어져 있었다. 집은 무사했다. 짐과 코니는 생각보다 나쁜 사건이 벌어졌다고 생각했다. 코니는 지역 병원에서 자기들처럼 운이 좋지 않은 사람들을 보살피기 위해 떠났고, 짐은 뒤에 남아 잔해를 치우면서 동물들을 돌봤다. 피해 상황을 확인하려고 집 앞으로 걸어간 짐은 거리 한가운데의 맨홀을 보고는 깜짝 놀랐다. 맨홀에서 물이 새어 나오는 중이었다. 짐은 당황한 채 우뚝 서 있었다. 물은 대체 어디서 왔을까?

물은 빨리 찼다. 짐이 서둘러 허둥지둥 뒤뜰에 가자 물은 루티의 무릎까지 올라왔다. 짐은 현관까지 이어지는 계단의 개수로 물이 얼마나 올라왔는지 측정했다. 두 시간 만에 물이 세 번째 단까지 찼고 앞마당에서 물고기가 헤엄을 쳤다. 몇 시간 뒤 물은 다섯 번째 단까지 올라왔고 해질녘에는 아홉 번째 단에 이르렀다.

비록 짐의 집은 동네에서도 높이 자리 잡은 편이지만 그래도 물에 잠길까 봐 걱정이 이만저만 아니었다. 주변에 있는 다른 집들은 전부 물에 잠겼다. 이후 며칠에 걸쳐 헬리콥터가 날아와 대부분의 주민을 대피시켰지만 동물은 예외였다. 그래서 짐은 대피하지 않았다. 동물들을 함께 데려갈 수 없다면 떠나고 싶지 않았다.

물은 계속 불어났다. 높이는 약 1.6미터로 옆집 픽업트럭의 지붕을 넘길 정도였다. 시간이 지나면서 하수조가 넘쳐 물에서 점점 더 메스꺼운 냄새가 났다. 그리고 사람들 대부분이 대피해 텅 빈 거리는 이전보다 조용했다. 어느 날 밤 짐은 이웃집에서 동물의 울음소리를 들었다. "저는 더러운 물을 헤치고 이웃집 문을 도끼로 부쉈죠. 그리고 천장을 부수자 거기에 고양이 한 마리가 있었습니다. 집주인들은 며칠이면 돌아올 수 있으리라 생각하고 약간의 물과 음식을 남긴 채였어요."

흔하게 벌어지는 상황이다. 사람들이 재난이 벌어졌을 때 동물을 남기고 떠나는 가장 큰 이유는 재난이 오래가지 않으리라 생각하기 때문이다. 아니면 재난의 심각성을 과소평가하거나 비상 계획을 잘못 세웠거나, 동물을 운반할 수 없거나 동물에 친화적인 대피소를 찾기 어렵다는 이유도 있다. 하지만 그 이유가 무엇이든 반려동물을 잃으면 대가가 따른다. 소년이 아파트에서 스노볼을 떼어놓고 떠났을 때, 그는 사랑하는 개를 잃었을 뿐 아니라 개가 제공했던 정서적 지원도 함께 잃어버렸다.

우리는 스트레스를 많이 받는 시기에 자기에게 안정감과 안심을 주는 원천에 더 집착한다. 그리고 많은 사람들에게 있어 그 안에는 동물이 포함된다. 크로아티아의 한 지역인 슬라보니아가 전쟁으로 심하게 파괴되었을 때 초등학교 학생들 가운데 반려동물을 키우는 아이들이 그렇지 않은 아이들보다 잘 견뎠다. 전자는 감정을 표현하고 사회적 지원을 구하며 문제를 해결하는 능력이 더 뛰어났다. 그 결과 반려동물을 키우는 아이들은 그렇지 않은 아이들에 비해 정서적 트라우마에 덜 시달렸다.

비슷한 결과가 다양한 인구학적 집단 전반에 걸쳐 발생한다. 당신이 젊든 늙든, 부자든 가난하든 상관없다. 동물들은 스트레스가 많은 시기에 우리의 마음을 진정시키는 데 도움을 준다. 그러니 동물들을 잃으면 트라우마가 가중될 수 있다. 저소득층 아프리카계 미국 여성 365명을 대상으로 한 연구에서, 동물을 잃은 경험은 다른 손실이나 스트레스 발생원보다 더욱 큰 고통을 안겼다. 마찬가지로 카트리나 재해 동안 동물을 잃은 경험은 집을 잃은 경우보다 정신건강에 더욱 부정적인 영향을 미쳤다. 재해 동안에 동물을 잃은 사람은 그렇지 않은 사람들과 비교해 급성 스트레스, 주변 외상성 해리(급성 외상성 경험에 따른 감정적인 단절), 우울증, PTSD로 고통 받을 가능성이 좀 더 높았다. 2008년 허리케인 아이크가 덮쳤던 텍사스 주 갤버스턴의 생존자들에게 동물을 잃었는지 여부는 정신건강 저하의 중요한 예측 변수였다. 반려동물을 잃는 경험은 다른 물질적 손실과는 비교할 수 없는 고유한 고통을 일으킨다.

동물은 혼란 속에서도 우리에게 안락함을 제공한다. 사람들 사이의 유대감과 마찬가지로, 동물에 대한 우리의 애정은 안정감과 행복감을 키운다. 이 애정은 우리를 스트레스, 불안, 우울증으로부터 보호할 수 있다. 동물들이 제공하는 정서적 안전, 보호, 무비판적인 지지는 우리의 회복력을 높인다. 연구에 따르면 반려동물을 키우는 대다수 사람들은 동물이 자신의 복지에 중요하다고 느낀다. 동물들은 촉각을 통한 위안뿐 아니라 즐거움을 주어 우리의 격정을 덜어 낸다. 그르렁대는 고양이를 쓰다듬거나 개와 공놀이를 해보면 무슨 말인지 알 수 있을 것이다. 가장 중요한 사실은 동물들이 믿을 만한 존재라는 점이다. 우리는 동물들이 우리를 위해 언제나 거기에 있으리라 기대한다. 그리고 그 보답으로 우리도 동물들을 위해 거기 있겠다고 약속한다.

짐은 이미 사람과 동물로 가득한 집에 버려진 고양이까지 들였다. 홍수가 난 지 엿새째 되는 날, 82공수부대 소속의 붉은 베레모를 쓴 군인들이 짐의 집 방문을 두드렸다. 뉴올리언스 시장은 시민 전체를 강제 대피시키라고 명령했고 그에 따라 짐의 이웃들은 전부 떠났지만 짐은 구조대원들에게 충격을 받아 아직 대피하지 못한 상태였다. 짐은 이렇게 말했다. "군인들이 보트를 타고 여기 올라왔죠. 그들은 카메라를 들고 나를 촬영하면서 마구 소리를 질렀어요. 아직까지 떠나지 않고 뭘 하느냐는 거였죠. 나는 군인들에게 내게 130킬로그램짜리 돼지와 고양이 두 마리, 이웃의 고양이 한 마리가 있으며 아무 데도 가지 않을 것이라 말했어요."

비록 군인들에게 짐의 대피 거부는 터무니없게 보였을 테지만 그런 사람이 짐 혼자만은 아니었다. 재난은 우리를 시험에 들게 한다. 재난은 우리에게 정말로 중요한 것이 무엇인지 알게 해준다. 우리는 보통 사랑하는 사람들이 중요하다고 여긴다. 즉 가족이 우선이다. 그리고 재앙은 우리에게 누가 가족인지를 얼른 정의하라고 강요한다. 카트리나 재난 시기에 수많은 사람들은 개, 고양이, 돼지를 비롯한 여러 동물이 가족이라고 주장했다. 피난하지 않고 폭풍우를 그대로 견뎠던 사람들 가운데 거의 절반은 동물을 남겨두고 떠나기를 거부해 그런 행동을 한 것이었다. 이들은 대피하지 않을 이유가 충분했다. 이후 연구에 따르면 대피한 사람들은 반려동물을 잃어버렸을 가능성이 더 높았기 때문이다. 잃어버린 동물 가운데 15~20퍼센트만이 인간 가족과 재회한다. 스노볼을 포함한 동물들 대부분은 영원히 사라진다.

재난 상황에서 사람이 대피에 실패하는 사례 가운데 5분의 1에서 3분의 1은 동물을 지키기 위해서였다. 1997년 캘리포니아 유바 카운티에 큰 홍수가 나서 대피령이 내려졌을 때, 아이 없는 가정이 대피를 거부했던 가장 큰 이유는 동물을 남겨두는 데 대한 두려움이었다. 가정에 개나 고양이가 한 마리 더 추가될수록 두려움은 더욱 커졌다. 대피한 사람들 가운데서도 상당수는 반려동물과 함께 지내기 위해 자동차나 캠프장에서 일정한 숙소 없이 지냈다. 더구나 수사관들이 홍수와 위험한 화학물질 유출 사건이라는 두 종류의 재난을 조사한 바에 따르면, 안전하지 않은 현장으로 일찍 돌아온 사람들 가운데 80퍼센트는 반려동물을 구하기 위해서였다. 이들은 반려동물을 구하고자 목숨을 걸었다.

짐 역시 마찬가지였다. 하지만 날이 갈수록 점점 걱정이 되었다. 일주일이 지나도 고인 물은 트럭의 보닛 높이까지 빠졌을 뿐이었다. 짐은 자신과 동거인, 동물들이 오랫동안 갇히게 될 것이라는 사실을 깨달았다. 집을 뒤덮은 후덥지근한 열기와 하수구의 벌레는 그렇게 큰 관심사가 아니었다. 신선한 물과 식량이 부족하다는 점이 문제였다. 물은 배급을 받았고 사람과 고양이가 먹을 식량은 몇 주 치가 있었다. 하지만 루티가 있어서 식량은 빠르게 떨어지고 있었다.

짐은 어떻게 했을까? 선택지는 거의 없었다. 고양이들을 데려갈 수 있다 해도 구조대원들은 루티를 데려가지 않을 것이었다. 루티가 천천히 굶어 죽는 모습을 지켜봐야 할까? 짐은 흐느끼며 이렇게 말했다. "이 상황이 한 달 내내 계속되면 어쩔 수 없었어요. 군인들을 시켜서 데리고 나가야 할지도 모른다는 생각을 했죠. 그런데 그때 끔찍한 가능성이 머릿속을 스쳤어요. 군인들이 루티를 쏘면 우리는 그 사체를 어떻게 했을까요?"

12일이 지났는데도 물의 높이는 여전히 1.5미터 정도였다. 짐은 결국 어려운 결단을 내렸다. 루티를 쏘라고 주 방위군에게 부탁한 것이다.

당시 짐이 겪어야 했던 슬픔을 상상해 보라. 많은 사람들이 이해하지 못할 것이다. 동료나 친구, 심지어 가족 구성원들은 반려동물을 잃어 슬퍼하는 사람들에게 공감하는 대신 그렇게 신경 쓰는 건 어리석은 짓이라고 말하곤 한다. 비록 이런 상황이 점차 바뀌고 있지만 말이다. 단지 동물일 뿐이니 얼른 극복하고 기운 내라고 그들은 말한다.

우리는 웃는 것은 함께 하지만 우는 것은 혼자서 한다. 주변 사람이 죽었을 때보다 반려동물이 죽으면 우리가 겪는 슬픔은 더 쓸

쓸해진다. 사회학자, 심리학자, 정신과 의사들이 반려동물을 잃은 충격을 제대로 인정한 것은 얼마 되지 않았다. 나는 반려 고양이였던 아슬란이 죽었을 때 비로소 이 사실을 알았다. 반려동물의 죽음은 수면장애, 결근, 심각한 괴로움, 우울증을 유발할 수 있다. 깊이 사랑하는 동물을 잃은 사람들이 느끼는 슬픔의 정도는 소중히 여기는 사람을 잃은 사람들이 느끼는 슬픔과 비슷하다.

짐은 자신이 직면했던 독특한 상황 때문에 루티를 잃을 가능성에 대해 더욱 절망감을 느꼈을지도 모른다. 동물을 남겨두고 떠나야 하는 상황의 비통함을 상상해 보라. 연구자들에 따르면 허리케인 카트리나로 동물을 잃은 사람들의 고통은 동물을 버린 사람들의 경우가 더욱 심했다. 더구나 짐처럼 동물을 안락사시키기로 결정했다면 죄책감, 후회, 패배감을 심화시킬 수 있다. 연구자들에 따르면 동물을 유기해야만 하는 상황은 PTSD를 유발하는 반면, 동물의 실제 죽음은 심각한 우울증을 유발할 가능성이 더 높았다.

하지만 짐이 루티를 구할 수 있다는 희망을 전부 잃었을 때 기적이 일어났다. 전화벨이 울렸다. 카트리나가 강타한 이후 처음으로 유선전화가 작동한 순간이었다. 짐은 이렇게 회상했다. "전화를 받자 〈캐나다 AM〉 프로그램의 프로듀서인 제프리 탬이 돼지를 키우는 사람이 당신이냐고 물었죠. 82공수부대가 구조 활동하던 모습을 보았다는 거예요. 나는 '그래요'라고 대답했죠. 그러자 탬이 '우리가 당신의 돼지를 구하러 갈 겁니다'라고 말했어요."

이후 캐나다 텔레비전 프로그램 제작진이 이 지역에서 버려진 동물들을 찾고 있는 국제동물복지기금(IFAW)의 수색구조 팀에 연락했다. IFAW의 사진기자 스튜어트 쿡에게 '루티 구하기'는 인상적인 구조 경험으로 남아 있다. 당시 스튜어트는 이렇게 기록했다.

집에 다가가자 계단 위에 두 사람이 서 있었다. "구해야 할 동물이 있나요?" 누가 물었다. "내 돼지요." 남자가 울부짖었다. "돼지를 데려갈 수 있나요?" 우리는 남자의 집에 들어가 베트남산 배불뚝이 돼지인 루티를 소개받았다. 뉴올리언스 전역에 걸쳐 강제 대피 명령이 내려졌고, 주 방위군은 비행정을 타고 순찰하면서 명령을 이행하고 있었다. "나는 군인들에게 루티를 쏴 달라고 부탁했죠." 남자가 눈물을 글썽이며 말했다. "하지만 군인들은 그렇게 하지 않았어요. 나는 루티를 굶긴 채 내버려둘 수 없었죠."

루티는 구조되어 고양이, 개, 소, 말, 염소를 포함한 동물들을 수용하는 보호소로 옮겨졌다. 그 가운데는 금세 루티의 친구가 된 골리앗도 있었다. 물이 빠지자 짐은 루티와 재회했다. 짐에 따르면 루티는 달려와 짐에게 얼굴을 비벼댔다.

루티는 2015년 열다섯 살의 나이로 세상을 떠났다. 짐은 루티의 죽음을 떠올리면 눈물이 차올랐다. "15년 동안 같은 반려동물을 키웠다고 상상해 보세요. 루티는 제 인생에서 아주 중요한 일부였죠. 루티는 가족이었고 모두가 그걸 알았어요. 사람들은 루티를 내 딸이라 불렀죠."

나는 짐과 이야기를 나누고 열흘 뒤에 우편으로 책을 한 권 받았다. 대화 내내 짐은 자신이 허리케인 카트리나 재난 동안 겪었던 경험을 자세하게 묘사한 책을 계속 언급했다. "제가 쓴 책을 보내 줄게요. 당신이 찾고 있는 정보는 전부 그 책에 있을 거예요. 우리가 겪은 모든 일이 담겼으니까요."

나는 택배 포장에서 책을 꺼내 제목을 살폈다. 《우리의 루티: 한 뉴올리언스 돼지에 얽힌 실화》였다. 표지에는 빨강과 흰 줄무늬 담요를 비집고 나온 돼지의 주둥이가 그려져 있었다. 이 책은 삽화가 들어간 아동용 도서로, 여러분이 지금 읽고 있는 책의 한 페이지에 있는 만큼의 글자를 전체에 담고 있었다.

그러나 나는 몇 달이 지나서야 이 책의 중요성을 깨달았다.

허리케인 카트리나는 비록 동물들에게 피해를 끼친 최초의 재난은 아니었지만, 그래도 이 재난을 통해 전 세계가 동물과 동물을 사랑하는 사람들의 어려움에 관심을 갖게 되었다. 짐의 이야기는 텔레비전, 신문, 인터넷에 흘러나오면서 많은 공감을 불러일으켰다. 미국인들은 허리케인으로 피해를 입은 동물을 돕고자 4000만 달러 이상을 기부했다.

미국 정부가 반려동물과 사람 사이의 유대를 과소평가했던 것은 사실이다. 하지만 다행히도 이후의 분노 섞인 사람들의 반응은 재난 대비 측면에서 획기적인 변화를 가져왔다. 카트리나가 휩쓸고 지나간 지 1년도 되지 않아 미국 의회는 주와 지방정부가 동물 구조를 긴급대피 계획에 포함시키도록 한 반려동물대피운송표준(PETS) 법안을 통과시켰다. 이 법은 "반려동물과 장애인 보조동물을 동반한 사람을 수용할 수 있는 비상 대피시설과 자재를 위한 조달, 건설, 임대, 개보수"에 재정을 지원하도록 규정하고 있다. 정치적으로 드문 일이지만 민주당과 공화당 모두 초당적으로 이 법안이 원활하게 통과되도록 지지했다.

이는 매우 결정적인 순간이었다. 사람과 동물을 돕는 노력이 서로 분리되어서는 안 된다는, 대중은 이미 알고 있는 바를 연방정부가 처음으로 이해해 정책으로 실현한 것이다. 사람을 구하려면 동물도 구해야 한다. 카트리나와 PETS 법안은 긍정적이고 측정 가능한 효과를 가져왔다. 그 결과 2011년에 대형 허리케인 아이린이 동부 해안을 강타했을 때 주민 대부분은 반려동물과 함께 안전하게 대피할 수 있었다.

하지만 재난 대비는 발전되었음에도 또 다른 상황에서 인간과 동물 사이의 유대에 대한 인식 개선은 지지부진했다.

여러분은 우리가 카트리나 재난 이후, 삶의 모든 국면에 존재하는 동물과 사람의 유대가 가진 힘을 인정했으리라 생각할 것이다. 하지만 인간의 정신은 더 큰 의미는 무시한 채 특수한 상황에만 새로운 지혜를 적용하곤 한다. 가정폭력 피해자들은 아직도 반려동물을 가족으로 인정받고자 싸우고 있다. 셰릴린 그랜트 역시 남자친구가 어느 날 집에 왔다가 목을 졸라 질식시키려고 한 뒤로 그 싸움이 얼마나 힘든지 알게 되었다.

나는 이스트 DC에 자리한 적갈색 벽돌로 지은 아파트에서 셰릴린을 만났다. 50대의 아름다운 여성인 셰릴린은 친구 아파트에 임시로 사는 중이었다. 아파트에 들어서자 시츄-요크셔테리어인 첼시와 비글-래브라도인 블론디가 달려와 반겼다. 셰릴린이 나에게 자기 이야기를 하는 동안 첼시는 우리 사이 소파에 앉아 있었고 블론디는 주인의 발에 무거운 머리를 얹었다. 셰릴린은 남자친구와 함께 이사하기 전까지는 사이가 좋았다고 말했다. 이전에는 세심하고 부드러운 말씨를 쓰던 남자친구가 이사 후 술병을 들고 욕설을 하기 시작했다. 그리고 어느 날 저녁, 술 냄새를 풍기며 집에 돌아와 셰릴린의 목을 손으로 휘감았다. 셰릴린이 숨을 쉬려고 안간힘을 쓰자 뒤에서 첼시와 블론디가 맹렬히 짖었다. 그리고 한 이웃이 시끄러운 소리를 듣고 경찰을 불렀다. 셰릴린은 남자친구를 고소하지 않기로 했지만 워싱턴 DC의 집이 그의 소유였기 때문에 남자친구는 셰릴린과 개 두 마리를 쫓아냈다.

지역 가정폭력 서비스에서 셰릴린에게 90일 동안 호텔 방을 제공했지만 첼시와 블론디는 호텔에 함께 묵지 못했다. 담당자들은 개를 동물 보호소로 보내라고 말했다. 셰릴린은 그 당시를 떠올리며 격앙된 목소리로 말했다. "첼시와 블론디는 단순한 개가 아니에요. 내 자식들이죠. 그런데 어떻게 포기할 수 있겠어요?"

결국 셰릴린은 타협을 했다. 호텔 방에서 옷을 갈아입고 목욕을 하는 한편, 잠은 개들과 함께 차에서 잤다. 그렇게 90일이 지나 셰릴린은 가정폭력 대피소를 비롯해 가족과 친구의 집까지 머물 곳을 찾아 헤매고 다녔다. 그 가운데 개들까지 와도 좋다고 허락하는 곳은 극소수뿐이었다. 이후 2년 동안 셰릴린과 개 두 마리는 자동차 안에서 생활했다.

남자친구가 폭행한 지 3년이 지난 지금도 셰릴린은 여전히 자리 잡고 살 거주지가 없다. 셰릴린은 고개를 가로저으며 첼시를 무릎 위로 끌어당겨 안고 얼굴을 어루만지며 울었다. "이 개들 덕분에 내가 제정신을 차리고 살 수 있어요. 이 개들이 없으면 허전하죠. 이들이 내가 계속 나아가도록 힘을 줘요." 셰릴린은 고개를 들어 두 마리의 개를 바라보았다. "저는 언제나 내 자리를 지키며 이 개들이 필요로 하는 걸 줄 거예요. 신선한 물과 식량을요. 내 숨이 붙어 있는 한 우리는 항상 함께예요."

셰릴린의 상황은 지금도 걱정스럽지만 훨씬 더 악화될 수 있다. 풀리처상을 수상한 작가 수전 글래스펠Susan Glaspell이 1917년에 쓴 소설 〈그녀 동료의 배심원A Jury of Her Peers〉은 그동안 무시되었던 가정폭력에 대한 진실을 일찍이 부각시킨 이야기다. 이 소설에서 주인공인 헤일 부인은 남편과 보안관, 그의 아내 피터스 부인과 함께 범죄 현장에 동행해 달라는 부탁을 받는다. 전날 남편 헤일 씨는 밧줄로 침대에서 목을 졸라 사망한 이웃의 시신을 발견했다. 발견되기 전까지 죽은 남자의 아내 미니는 침착하게 아래층에 앉아 있었다.

보안관을 비롯한 여러 사람들은 미니가 유죄 판결을 받도록 증거를 찾으면서, 어질러진 집과 여성들이 신경 쓸 법한 가정의 사소한 일들에 대해 농담을 했다. 하지만 헤일 부인과 피터스 부인은 미니의 인생을 지배했던 사소한 일들에 대해 놀라운 무언가를 알아차린다. 작은 것들이 합쳐져서 조용하게 절망스런 삶을 보여 주었던 것이다. 가장 확실한 증거는 누군가 거칠게 부순 듯 문이 부서진 빈 새장이었다. 그리고 몇 분 뒤 이들은 목이 부러진 카나리아 사체를 발견한다.

점점 앞뒤가 맞아떨어지면서 여성들은 남편들이 보지 못하는 진실을 보게 된다. 미니의 남편은 평생 아내를 지배하고 통제한 끝에 그녀가 사랑하는 새까지 죽였다. 그리고 미니는 자기를 학대했던 남편을 목 졸라 죽였다. 두 여성은 연대의 의미로 미니의 유죄 판결을 이끌어 낼 유일한 증거인 새의 사체를 숨긴다.

1990년대 중반, 미시건 주 랜싱의 젊은 변호사였던 앨리 필립스는 가정폭력 사건을 기소하는 과정에서 글래스펠의 이야기를 뒷받침하는 신경 쓰이는 패턴을 발견했다. 필립스가 담당한 보통의 사건들에서 희생자의 90퍼센트는 법정에 나타나지 않았다. 아마도 그 가운데 상당수가 학대자를 직면하기 두려웠거나 법적 조치를 취하는 데는 관심이 없었을 것이라 추측되었다. 하지만 필립스가 그동안 접하지 못했던 세 번째 이유가 있었다. 피해자 가운데 한 사람이 늦게 나타나 눈도 마주치지 않고 이렇게 말했던 것이다. "저는 어젯밤 저를 학대한 사람에게 돌아갔어요. 그 사람은 내 개한 마리를 죽였고, 아직 개 두 마리와 염소 한 마리가 더 있죠. 저는 반려동물을 죽였다는 죄의식을 안고 살기보다는 내가 죽더라도 그 사람에게 돌아가는 게 나을 것 같아요."

필립스는 어안이 벙벙했다. "1990년대 중반까지만 해도 어느 누구도 동물에 가해지는 폭력과 사람 사이의 연관 관계에 대해 제대로 얘기하지 않았죠." 필립스가 그로부터 20년이 지난 시점에서 내게 말했다. "그런 얘기는 처음 들어봤어요." 필립스는 아무것도 모르는 상황에서 지역의 가정폭력 보호소에 전화를 걸어 이 여성을 위한 공간이 있는지 물었다. 보호소 담당자는 그렇다고 대답했다. "그러고 나서 저는 당장 경찰에게 연락해 여성을 거기 데려가겠다고 말했죠." 필립스가 내게 말했다. "하지만 피해 여성이 개 두 마리와 염소 한 마리를 기르고 그 동물들도 데려와야 한다고 말하자 담당자는 웃음을 터뜨리더니 그대로 전화를 끊었어요."

필립스는 화가 났고 마음을 단단히 먹었다. 그 후 15년 동안 이 문제를 조사한 필립스는 미국에 있는 2000곳이 넘는 가정폭력 보호소 가운데 고작 네 곳에서만 동물을 보살핀다는 사실을 발견했다. 이것은 중대한 문제였다. "각 가정에 반려동물이 얼마나 많은지 조사하기 시작하면서 저는 많은 희생자들이 동물을 집에서 보살피느라 법정에 출석하지 않았다는 사실을 깨달았죠." 필립스가 말했다.

출간된 논문에 따르면 필립스가 옳았다. 이 연구들은 미국, 유럽, 뉴질랜드, 오스트레일리아를 비롯한 여러 나라에서 남성, 여성, 트랜스젠더 같은 가정폭력 피해자들이 가해자가 자신의 반려동물에게 달려들어 해칠까 봐 학대에서 탈출하지 못하는 경우가 많다는 사실을 반복적으로 보여 주었다. 107명의 구타당한 여성들을 대상으로 한 조사에서 반려동물을 키우는 여성들 가운데 47퍼센트는 학대자가 동물을 위협하거나 해를 입혔다고 보고했다. 그리고 이들 가운데 절반 이상은 반려동물이 정서적 지원의 중요한 원천이라고 말했다. 학대자들은 파트너를 심리적으로 통제하기 위해서나 복수를 하고자 그들의 반려동물에게 해를 끼쳤다. 대부분의 경우 동물들은 희생자들이 있는 곳에서, 또는 아이들 앞에서 상처를 입었다. 또 다른 연구에 따르면 반려동물이 있는 여성들이 대피소에 가기를 미루는 가장 흔한 이유 역시 동물이 위협을 받는 데 대한 두려움이었다. 일단 대피소에 간다 해도 상당수 여성이 동물의 안전에 대해 끊임없이 걱정했다.

만약 여러분이 친밀한 파트너의 손에 의해 고통을 받는 상황에서 반려동물이 있다면 어떻게 하겠는가? 대부분의 대피소와 은신처들은 동물을 허용하지 않는다. 여러분이 재정적인 능력이 있다 해도 부동산을 임대하지 못할지도 모른다. 버지니아 주 앨링턴에 자리한 한 은신처의 이사인 캐럴라인 존스가 내게 말한 바에 따르면, 상당수 집주인들이 학대 피해자에게 임대를 허락하지 않는다. 본인 소유의 부동산에서 폭력 사건이 벌어질 것을 걱정하기 때문이다. 물론 여러분이 운이 좋다면 여러분과 반려동물을 함께 돌봐줄 가족이나 친구가 있을지도 모른다. 하지만 그렇지 않다면 어떻게 할 것인가?

2012년, 선택의 여지가 없던 한 여성이 보호소 관리자와 대치해 관행을 정비하게 만든 사례가 있다. 남자친구가 망치로 여성을 죽이려 했지만 반려견인 그레이트데인 행크가 두 사람 사이로 뛰어들었고, 자기 몸을 여성의 몸 위에 덮어 망치의 타격을 그대로 받았다. 그러자 남자는 행크와 여성을 2층 창문 밖으로 내던졌다. 비록 행크는 뼈가 많이 부러졌지만 개와 여성은 둘 다 살아남았다. 여성은 개를 데리고 미주리 주 캔자스시티의 로즈브룩스 센터로 갔는데, 센터는 여성에게는 침대를 제공했지만 개는 받아들이지 않았다. 여성은 그 결정에 반발했고, 결국 센터는 역사상 처음으로 인간 아닌 동물에게도 문을 열게 되었다.

오늘날 로즈브룩스 센터는 개와 고양이를 포함한 반려동물용 우리를 갖춘 최첨단 동물 보호소이다. 이 센터의 최고 책임자인 수전 밀러는 행크의 헌신과 개에 대한 여성의 변함없는 애정 덕분에 이런 변화가 가능했다고 생각한다. "그 여성은 개를 내버려두지 않았을 거예요. 그리고 개가 그 여성의 생명을 구했죠."

'그 개는 내 인생을 구했어. 나에게 위안을 줘. 내가 살아갈 이유야.' 이것은 폭력을 경험한 피해자들이 자신의 반려동물에 대해 얘기할 때 흔히 하는 말이다. 반려동물은 폭력이 저질러진 시기에 피해자들에게 편안함과 우애를 전한 유일한 원천이었다. 2007년, 캐나다 온타리오 주 윈저 대학교의 앤 피츠제럴드Ann Fitzgerald 박사는 다음과 같은 제목의 논문을 발표했다. 〈그들은 나에게 살아갈 이유를 주었다: 학대를 경험한 여성들에 대한 반려동물의 자살 방지 효과〉. 이 연구에서 피츠제럴드는 반려동물의 존재가 구타당한 여성이 더 위험한 일을 겪을 가능성을 낮춘다는 사실을 발견했다. 피츠제럴드에 따르면 "몇몇 여성들은 반려동물이 없는 경우에 비해 자기를 학대하는 파트너의 곁에 더 오래 머물렀는데, 그 이유는 동물이 학대에 대처하는 데 필요한 사회적 지지를 제공하고 '앞으로 계속 나아가도록' 용기를 주었기 때문이었다."

다행히도 이제 한 가족의 모든 구성원에게 피난처를 제공하려는 움직임이 일고 있다. 앨리 필립스 같은 사람들이 계기가 되었다. 필립스는 1987년부터 재난 시 동물들을 구조하고 대피시키기 위해 설립된 단체인 레드로버RedRover에 협력해 왔다. 그리고 2008년부터 레드로버는 가정폭력의 한복판에서 사로잡힌 동물들을 돕기 시작했다. 이런 변화는 주로 에스페란자 주니가Esperanza Zuniga의 노력 덕분이었다. 동물 친구들과 함께 자라며 의붓아버지가 동물을 학대하는 모습을 목격했던 주니가는 동물의 권익을 맹렬히 옹호하면서 가정폭력 보호소의 동물 수용 능력에 대한 평가 연구를 수행했다. 주니가는 이렇게 말한다. "우리는 무척 놀라운 통계자료를 얻게 되었죠. 첫째, 반려동물을 수용할 수 있는 가정폭력 보호소는 5퍼센트 미만에 불과했어요. 그리고 둘째, 6세 이하의 아이를 키우는 가정의 70퍼센트가 반려동물을 기른다는 거예요. 다시 말하면 반려동물과 가족들에게 심상찮은 일이 벌어지고 있는 게 분명했죠."

주니가는 계속해서 말한다. "반려동물은 말을 하지 못하는 만큼 공격을 받기 쉬운 위치에 놓이곤 해요. 동물은 말대꾸를 못하고 무슨 일이 있었는지도 말할 수 없죠. 또 우리는 반려동물이 가정폭력 상황에서 볼모로 이용된다는 사실을 깨달았죠. 희생자들은 학대자에게 종종 이런 말을 들었어요. '내가 저지른 일을 누군가에게 말하면 개를 죽여 버릴 거야.'"

주니가의 발견에 따라 레드로버는 가정폭력 피해자들을 돕기 위한 두 가지 프로그램을 만들었다. 첫째, '가정폭력 안전 탈출 보조금 프로그램'은 동물을 함께 수용할 보호소가 없는 경우에 동물을 안전한 곳으로 데려가 돌봐 준다. 이를 위해 레드로버는 동물에게 임시 거처를 제공할 자원봉사자, 시설, 수의사로 구성된 연결망을 갖추고 있다. 둘째, 레드로버의 '안전 주택 보조금'은 대피소들이 직접 동물들을 위한 거처를 짓도록 재정을 지원한다.

내가 이 책을 쓰는 동안 앨리 필립스와 레드로버의 노력으로 미국에서 동물을 수용할 수 있는 대피소의 수가 100곳에서 132곳으로 늘었다. 필립스와 레드로버는 계속 노력하기로 했다. 이미 추가로 늘어난 32곳의 대피소가 인간과 비인간의 삶에 지대한 영향을 끼치고 있다.

애리조나 주 피닉스에 자리한 소저너 센터는 미국에서 가장 크고 오래 운영된 가정폭력 대피소다. 이곳은 2015년 레드로버의 자금 지원을 받아 피닉스에서 최초로 동물 보호소를 지었으며 그 결과 엄마인 제니퍼 프레슬러와 아들 로버트, 이들이 기르는 노란 고양이 클라크 켄트가 이곳에 와 함께 지내게 되었다. 두 사람이 처음 도착했을 때 센터는 아직 동물 보호소 설립을 마치지 못한 상태여서 레드로버는 얼마간 클라크를 보호해 줄 다른 임시 거처를 찾아 주었다. 그러나 열두 살짜리 로버트에게 클라크와 떨어져 지내는 것은 괴로운 일이었다. 로버트는 매일 공사에 도움을 주어 클라크를 좀 더 빨리 대피소에 데려올 수 있도록 최선을 다했다. 보호소가 완성되자 대피소는 클라크뿐 아니라 다른 고양이 한 마리와 개 두 마리에게도 문을 열었다.

1993년 1월의 추운 어느 날 오후에 나는 에이즈 자선단체를 위한 교대 근무를 끝낸 뒤 워싱턴 DC의 거리를 서둘러 가로질렀다. 오후 다섯 시가 다 되어가는 시간이었다. 나는 내가 좋아하는 장소인 국립 항공우주 박물관에 잠시 들르고 싶었다. 하지만 도중에 배가 꼬르륵거려 노점상에서 감자튀김 한 봉지를 사들고 도착하자 박물관은 이미 문이 닫힌 채였다.

몇몇 사람들이 박물관 앞 계단을 서성거리고 있었는데 그중에서도 한 사람이 내 눈에 띄었다. 몸에 맞지 않는 옷을 겹겹이 입은 여자가 박물관 문 밖의 쓰레기통을 뒤지고 있었다. 여자는 음식이 든 포장을 찢어 내용물을 살핀 다음 옆으로 던졌다. 저녁거리를 찾고 있는 것 같았다. 나는 여자에게 다가가 손도 대지 않은 아직 따뜻한 감자튀김을 건넸다. 하지만 여자가 내게 한 말은 전혀 예상 밖이었다. 그녀는 자기가 먹을 음식이 아니라 길고양이가 먹을 것을 찾는 중이었다.

이 여성은 한 무리의 길고양이를 먹이기 위해 약 5년 동안 매일 쓰레기통을 뒤지고 다녔다. 몸이 아팠을 때도 하루도 빼먹지 않을 만큼 헌신적이었다. 그리고 내가 더 질문을 던지기도 전에 여자는 다른 곳을 뒤지기 위해 서둘러 떠났다. 그날 이후 나는 이 여자가 자기도 집이 없으면서 집 없는 동물들을 돌보는 데 그렇게 많은 시간을 할애하는 이유가 궁금해졌다.

우리 대부분은 노숙자를 본 적이 있다. 남자와 여자, 때로는 10대, 아이가 딸린 부부들이 너덜거리는 담요를 두른 채 추운 거리에 옹기종기 모여 우리에게 잔돈을 구걸한다. 미국 연방 규정에 따르면 노숙자는 "고정적이고 규칙적으로 적절하게 밤 시간을 보낼 거주지"가 결여된 사람들로 정의되며, 임시 대피소를 비롯해 정기적인 수면과 숙박을 위한 장소가 아닌 곳에서 묵는 사람들도 여기에 포함된다. 노숙자들은 친구 집을 전전하거나 자동차, 대피소, 쓰레기장, 빈 건물, 거리에서 잠을 잔다.

미국 주택도시개발부(HUD)에 따르면 2017년의 어느 하룻밤 동안 총 55만 3742명의 미국인이 노숙자가 되었다. 제너비브 프레더릭은 그 숫자가 훨씬 더 많다고 생각한다. 프레더릭은 내게 이렇게 말했다. "나는 HUD의 통계에 동의하지 않아요. 그들의 방법론은 적절하지 않죠. 내가 노숙자라면, 그리고 합법적이지 않은 일을 하고 있다면 클립보드를 들고 나에게 걸어오는 중산층 중년 백인의 모습을 보고 도망칠 거예요." 프레더릭은 2006년부터 헌신적으로, 그동안 사람들이 접하지 못했던 방식으로 노숙자들을 도왔다.

당시 프레더릭과 남편은 네바다 주에서 출발해 뉴욕에 왔다가 한 노숙자가 아름답고 건강한 잡종의 개를 데리고 있는 모습을 보고 도저히 이해할 수 없었다. "그 사람이 자기를 보살필 수도 없으면서 개를 키웠다는 점 때문이었죠. 대체 개를 어떻게 돌봤던 걸까요? 나는 계속해서 그 생각을 하면서 내 개들이 나에게 얼마나 큰 의미인지 곰곰이 생각했죠."

네바다 주에 돌아온 프레더릭은 고향인 카슨시티에서 노숙자들이 반려동물을 먹여 살리는 데 도움을 줘야겠다고 생각했다. 프레더릭은 수의사인 게리 아일즈Gary Ailes 박사에게 연락해 사람들이 반려동물용 먹이를 기부하도록 동물병원의 접수대에 수거함을 놓아달라고 부탁했다. 그렇게 모아진 먹이는 지역의 식량은행에 운송되어 그곳에서 곧장 노숙자들에게 건네진다. 아일즈는 수거함을 설치하는 데 동의했을 뿐 아니라 이 먹이배급 사업에 대해 알리는 보도자료를 만들어 지역 신문에 뿌렸다. 그 결과 수많은 마을 사람들이 먹이를 기부했다.

프레더릭은 그 이후로 노숙자들의 반려동물에게 먹이를 제공하는 비영리 자선단체를 설립했다. 단체는 이런 일을 하는 유일한 국가기관으로, 식량은행과 노숙자 쉼터에 반려동물의 사료를 공급하는 일 외에도 지역사회의 수의사들과 협력해 노숙자들의 반려동물에게 예방접종과 치료를 실시하는 등 전국 보건 클리닉을 후원하고 있다. 이런 노력은 광견병을 비롯한 동물 전염병을 예방해 더 큰 공동체에도 도움이 된다. 아마도 이 단체의 직원들에게 가장 보람된 일은 동물에게 직접 의료 서비스를 수행하는 작업일 것이다. 전국의 노숙자들은 주정부에서 제공하는 선불 휴대전화로 이 단체에 연락해 다치거나 병에 걸린 반려동물을 도와달라고 요청할 수 있다. 그러면 담당 직원들은 동물을 치료할 지역 병원을 찾아 주고 병원비를 낸다.

몇몇 사람들은 국가가 노숙자뿐만 아니라 그들의 반려동물까지 먹여 살리는 것에 대해 탐탁지 않게 여길지도 모른다. 하지만 프레더릭이 생각하기에 동물을 돕는 것은 곧 사람을 돕는 것이다.

노숙자들 가운데 최대 4분의 1은 반려동물을 키운다. 이들이 키우는 종은 대부분 개지만 프레더릭이 목격한 바에 따르면 고양이, 흰담비, 코모도큰도마뱀, 돼지, 토끼도 있었다. 가끔은 노숙자가 된 시점에서 이미 반려동물을 가지고 있기도 하다. 앞서 살핀 것처럼 이 경우는 가정폭력이나 자연재해로 집을 잃은 사람들 사이에서 흔하다. 아니면 노숙자들은 길 잃은 개나 고양이를 우연히 발견하기도 한다. 프레더릭은 이렇게 말한다. "동물들은 그들을 따라다니고 유대감을 형성하기 시작하죠."

프레더릭이 내게 말한 바에 따르면 이때 만들어지는 유대는 강력하다. "당신에게 해줄 이야기가 무척 많아요. 가끔 자살 직전까지 갔던 사람들이 있죠. 만약 개가 없었다면 그들은 결국 저질렀을 거예요. 개 덕분에 그들은 현실을 직시했고 안 좋은 시기를 지나 괜찮아졌죠. 그들은 반려동물을 돌보는 것이 자신이 책임감 있는 사람이 될 수 있는 마지막 기회라고 여기는 경우가 많아요. 그래서 자기가 먹을 음식도 없는 상태에서 자기를 위한 치료를 포기하면서까지 반려동물을 위해 희생하곤 하죠."

콜로라도 대학 사회학과 교수인 레슬리 어빈Leslie Irvine은 노숙자와 그들의 반려동물에 대해 가장 심도 있는 인터뷰를 했고 그 결과 프레더릭의 관찰은 진실임이 확인되었다. 인터뷰 대상자 가운데 한 명은 이렇게 말했다. "개들은 내가 먹기 전에 먹이를 먹을 거예요. 그게 전부죠." 많은 노숙자들이 비슷하게 말했다. 그뿐만 아니라 이들은 자기가 동물을 돌보지 못하고 동물을 키울 수 없다는 말을 들으면 몹시 화를 냈다. 한 응답자는 이렇게 말했다. "사람들은 내가 집이 없기 때문에 개를 돌볼 수 없다고 생각하죠. 하지만 집이 있는 사람도 자기 동물을 학대하고 방치하는 걸요."

인터뷰 대상자들의 주장은 일리가 있고 프레더릭도 여기에 대체로 동의한다. 프레더릭은 이렇게 말한다. "이 동물들은 항상 주인과 함께 있기 때문에 세상에서 가장 행복한 동물이 될 수 있죠. 24시간 내내 주인에게 관심을 받으니까요. 내가 클리닉에 가서 수의사들과 얘기를 나눈 결과 대부분의 동물은 무척 건강했어요. 그러니 노숙자가 자기 반려동물을 돌볼 수 없을 때, 그럴 때만 동물들에게 먹이를 주면 도움이 돼요."

언젠가 전화를 걸어 간절하게 도움을 청했던 한 남자도 그랬다. 비록 살날이 오래 남지 않았지만 남자는 본인보다는 자기 개의 건강에 대해 걱정했다. 프레더릭은 이렇게 말했다. "그 사람은 길거리에 사는 퇴역 군인이었고 몰골이 흉측했죠. 남자의 개, 걸리는 무척 심각한 췌장염과 신부전을 앓고 있었어요. 남자는 여러 단체에 전화를 걸었지만 아무도 도와주지 않았죠. 그러다가 우리 전무이사가 그의 전화를 받았고 이렇게 말했어요. '당신의 개를 당장 병원에 데려갈게요.'" 그리고 그들은 남자의 개를 살렸다. 남자는 너무나 고마운 나머지 감사 편지까지 보냈다.

이렇게 성공담도 있지만 프레더릭이 처한 상황은 결코 녹록치 않다. 대부분의 노숙자 쉼터는 동물을 허용하지 않는다. 가정폭력 보호소가 피해자들의 반려동물을 함께 보살피라는 요구를 받는 것과 달리, 노숙자 보호소에 대해 동물의 거처를 지어 달라는 호소는 흔하지 않다. 노숙자들이 사회에서 너무나 소외되어 사람들의 배려를 거의 받지 못하기 때문일 것이다. '노숙자의 반려동물에게 먹이를Feeding Pets of the Homeless'이라는 단체에 연락하면 노숙자 쉼터에 반려동물이 머물 수 있는 상자를 보내 준다. 상자는 새것으로 그 안에 여러 마리를 수용할 수 있고, 나중에 보호소 소유물이 되어 계속 재사용할 수 있다. 밖이 춥든 덥든 노숙자들과 반려동물들은 일단 안전하게 머물 수 있다.

프레더릭은 내게 이렇게 말한다. "사람과 동물이 함께 지낼 수 있도록 돕는 게 중요하답니다. 동물은 주인에게 외부 사회로부터 받지 못했던 무조건적인 애정을 주죠. 노숙자들은 사회에서 아예 보이지 않는 존재이고 동물들만이 유일한 반려예요. 그들은 동물이 필요해요."

프레더릭의 이 말은 내가 국립 항공우주 박물관 밖에서 만났던 여성을 떠올리게 한다. 그 여성이 내게 언급했던 고양이들은 그녀를 알고 의지하게 되었다. 그리고 그 여성이 내게 말하지는 않았지만 그녀 역시 고양이들에게 의존하게 되었을 것이다.

길고양이를 돌보는 여성과 프레더릭에 대한 이야기는 내게 집이라는 개념에 대해 다시 생각하게 했다. 운 좋게도 나는 언제나 집이 있었지만 말이다. 집은 우리의 소유물과 재산을 보관하는 장소이며 우리는 이곳에서 먹고, 자고, 씻고, 텔레비전을 시청한다. 동시에 집은 주택이나 아파트 같은 물리적인 구조와 실체를 갖는다. 그러나 '집'이라는 단어를 들었을 때 머릿속에 떠오르는 이미지는 평온함, 안전, 지지다. 속성상 물리적이기보다는 감정적이다.

그렇다면 집을 집답게 만드는 것은 무엇인가? 집에 사는 특정 개인들이거나 그들의 감정적인 유대인가? 여러분에게 의존하고 또 여러분이 의존하는 누군가인가? 여러분이 외롭거나 우울하거나 겁먹었을 때 달려가는 누군가인가? 기꺼이 나누고 싶은 무언가가 생겼을 때 가장 먼저 생각나는 누군가인가? 우리 대부분에게 집은 바로 가족을 의미한다. 그렇기에 몸을 뉘일 거처가 없거나 학대를 받아 안전하지 않은 사람들은 애정을 줄 동물과 함께하는 것만으로 어떤 의미에서 집을 제공받을 수 있다.

집은 여러분에게 위안을 주며 안전하다고 느끼게 해주는 대상이다. 내가 아홉 살이고 탈룹 삼촌이 아파트에서 나를 기다리던 무렵, 나의 집은 실베스터였다.

2

_____

자기 목소리
찾기

나는 우리 가족이 살았던 버지니아 주 앨링턴에 자리한 아파트 건너편의 높고 널찍한 아파트에는 무엇이 있을지 공상하곤 했다. 우리 아파트와 달리 그 아파트에는 잡초가 무성하지도 않고 주차장에 깨진 유리병이나 맥주 캔, 담배꽁초가 널려 있지도 않았다. 경사진 잔디밭의 단풍나무 가지 아래에서는 포근하고 시원하게 낮잠을 자기에 좋았다. 흠집이 없는 반짝이는 자동차들이 아파트 정문 앞으로 나아가 맞춤옷과 딱 맞는 모자를 쓴 숙녀들을 태우고, 아버지들은 선글라스를 반짝이며 어머니들은 멋진 조다시 청바지를 뽐내며 걸어 다녔다. 내 상상 속에서 그 아파트 로비는 빨간 고급 카펫과 거울이 걸린 벽과 샹들리에, 갓 꺾은 꽃들로 장식되어 있고 여성용 향수 냄새가 날 것 같았다.

반면에 우리 아파트에서는 마늘과 양파 냄새가 났다. 파키스탄, 인도, 중국, 서인도제도, 한국, 가나 그리고 가끔은 백인 가정에서 온 이민자들이 한데 뒤섞여 건물은 안으로 들어서기도 전부터 악취를 풍겼다. 온갖 사촌, 삼촌들, 조부모들이 땀 냄새가 나는 2인용이나 3인용 침실을 가득 채웠다. 이른 저녁 시간이면 닫힌 문 아래로 뿜어져 나오는 요리 냄새만으로 그곳 거주자들이 어느 나라에서 왔는지 알 수 있었다. 하지만 결국 냄새들이 합쳐진 나머지 튀긴 마늘과 양파 냄새만 남았다. 그리고 벽이 그 냄새를 한껏 들이마셨고 우리 옷에서도 그 냄새가 뿜어져 나왔다. 내 피부에서도 마늘과 양파 냄새가 났다. 나는 그 냄새가 싫었다.

같은 반 몇몇 아이들은 나를 '브라우니'라고 부르며 내가 가는 곳마다 따라오는 마늘과 양파 냄새를 놀려 댔다. 아이들이 내가 너무 말랐다고 조롱하기도 했기 때문에 다리가 더 통통해 보이도록 바지 아래에 바지를 덧대 입기도 했다. 학교 친구들 말고 아파트 주차장을 어슬렁거리는 낯선 남자들도 나를 괴롭혔다.

그렇다고 이 아파트에서 보냈던 시간이 다 나쁜 기억만은 아니었다. 썰매를 탈 멋진 언덕이 있고 원하는 만큼 자유를 누렸다. 놀이터를 둘러싸고 영토 전쟁처럼 살벌한 패싸움을 벌이기도 했다. 엘리베이터가 떨어지면서 그 안에 탔던 소년들이 목숨을 잃었다는 소름끼치는 도시 전설도 있었다. 아버지가 내게 타는 법을 가르쳤던 소중한 중고 자전거를 도둑맞았을 때처럼 가슴 아픈 도난 사건도 겪었다. 하지만 이런 모든 문제들에도 불구하고 나는 우리 아파트 건물을 건너편 건물과 맞바꾸지 않았을 것이다. 우리 아파트에서는 개를 키울 수 있었기 때문이다.

나는 실베스터와 만나자마자 같은 어미에서 난 형제처럼 친하게 어울렸다. 아파트 뒤편의 숲에는 우리 둘이 탐험할 긴 산책로가 있었다. 그곳은 내게 실베스터와 나만 입장할 수 있는 드넓은 환상의 나라, 나니아였다. 우리는 종종 몇 시간 동안 나니아로 사라졌다가 저녁을 먹기 위해 집에 돌아왔다. 그러면 대단한 모험을 했다는 증거로 우리 몸 곳곳이 긁히거나 진흙투성이가 되었다.

언니와 나는 공을 주고받으며 중간에 있는 실베스터가 공을 잡으려고 이리저리 뒤쫓는 놀이를 즐겼다. 할아버지 할머니의 아파트에는 실베스터와 숨바꼭질을 할 때 내가 항상 숨는 장소가 있었다. 내가 숨을 만한 좁고 기발한 장소를 발견하는 동안 언니는 실베스터를 안고 백까지 셌다. 숫자를 다 세면 실베스터는 나를 찾을 때까지 보이지 않는 흔적을 좇아 킁킁 냄새 맡으면서 신나게 짖으며 달렸다. 대신 언니가 숨으면 실베스터는 관심이 없었다. 단지 내가 옆에 있다는 데 만족하면서 혀를 내밀고 꼬리를 흔들며 나를 올려다봤다.

그뿐만 아니라 실베스터를 품에 안고 나니아의 바위에 앉아 다른 사람들 앞에서는 감췄던 눈물을 흘렸던 비밀스러운 시간도 있었다. 숲 속에 함께 앉아 있을 때 우리는 아무 말도 할 필요가 없었다. 실베스터는 어느 때보다도 인내심을 갖고 기다리면서 낑낑거리며 내 손과 얼굴을 핥았다. 마치 어떤 상황인지 다 아는 것 같았다. 그리고 당시에는 그렇게 믿는 것만으로도 충분했다.

실베스터는 어느 누구도 할 수 없는 방식으로 나를 성장시켰다. 동물들은 세계가 우리 인간으로 구성된 장소보다 더 크다는 사실을 알려 준다. 또한 동물들은 인종 차별, 가난, 삶의 잔혹함 너머로 우리를 이끈다. 일상의 투쟁에서 벗어나 우리를 둘러싼 아름다움을 보도록 가르친다.

상당수의 사람들은 동물과의 만남을 통해 스스로 고양되고 동물과 우리가 공유하는 세계를 알아차렸던 기억이 있다. 나는 얼마 전 봄날에 개울과 나란한 숲길을 산책했다. 개울의 폭이 가장 넓은 지점에서 나는 자연적인 다리가 된 쓰러진 큰 나무의 줄기 위에 올랐다. 개울을 반쯤 건넜을 때 앞쪽에서 어떤 소리가 들렸다. 고개를 들어 보니 나무줄기 앞쪽으로 3미터도 채 떨어지지 않은 곳에 여우 한 마리가 있었다. 큰 키에 크고 곧은 귀가 솟아 있고 검은 무늬가 얼굴을 가로지르는 여우였다. 몸에 촘촘히 난 구릿빛 털은 막 깨어난 숲의 반짝이는 반투명 초록빛과 대조되었다.

우리는 서로를 보고 놀라서 그 자리에 가만히 서 있었다. 나는 여우가 사람을 공격하는지 아닌지 잘 몰라서 조금 무서웠다. 내가 개울을 건너는 여우의 앞길을 막았던 터라 여우 역시 나를 위협적이라 여겼을지 몰랐다. 하지만 여우는 몇 초 동안 가만히 쳐다보다가 단호하게 몸을 돌려 반대 방향으로 내달렸다. 이 경험은 더 크게 확장되었다. 여우와 내가 대치했던 순간 나는 관찰하는 주체인 동시에 관찰 대상이었다.

우리는 다른 동물을 마주했을 때 그것이 아무리 짧은 순간이라도 우리 인간은 혼자가 아니라는 사실을 깨닫고 위로를 받는다. 전혀 예상하지 못했던, 어쩌면 가장 필요한 순간에 우리는 이 사실을 떠올린다. 인간이 아닌 동물은 우리와 같기도 하고 다르기도 하다. 나는 우리와 동물의 차이점이 가장 필요한 순간에 결국 우리를 치유할 수 있다고 믿는다. 우리가 동물과 공감하고 동물과 연결될 때 우리는 종족을 넘어 사회적인 영역을 확장할 수 있다. 그리고 이런 확장은 종종 무척 놀라운 이익을 가져다준다.

나는 화이트 와인 한 잔을 들고 조명이 어렴풋한 동굴 같은 실내를 거닐며 남성과 여성의 건조한 사진을 들여다본다. 이들은 이성애자, 게이, 레즈비언, 양성애자, 트랜스젠더다. 하지만 이 사진의 주제는 인물만이 아니다. 이 사진들 각각이 전달하는 사연의 중심에는 어쩌다 에이즈에 걸린 인간 주인과 그들의 개 사이의 우정이 있다. 세계 에이즈의 날인 2015년 12월 1일, 나는 〈개들이 우리를 치유할 때〉라는 제목으로 시카고 FLATS 스튜디오에서 열린 사진전을 둘러보았다.

이 사진전은 사진작가 제시 프리딘Jesse Freidin과 저널리스트 잭 스태퍼드Zach Stafford, 의사 로버트 가로팔로Robert Garofalo의 공동 작업으로 이루어졌다. 제시가 전국 동물 보호소에서 일하는 자원봉사자들의 사진을 찍으면서 우리를 치유하는 동물과의 관계를 탐구하던 중 로버트, 잭과 이야기하다 아이디어를 하나 떠올렸다. 에이즈에 걸린 사람들과 그들의 애완견 사이의 관계를 담은 사진을 사람들에게 보여 주면 어떨까?

제시는 내게 이렇게 말했다. "우리는 얘기를 나누다가 에이즈 바이러스인 HIV와 함께 사는 이야기를 들려주는 일이 흥미롭지 않을까 생각하게 되었죠. 그런 사연이 무척 오래 전부터 반복해서 전해진 나머지 사람들이 약간 싫증을 느끼던 차였어요. 그동안 우리 사회는 그런 이야기를 너무 많이 들어서 이제는 더 이상 신경 쓰지 않게 된 것 같아요. 그래서 우리는 사람들이 전에 들어 보지 못했던 방식으로 말을 걸고 싶었죠."

로버트 가로팔로의 개인적인 사연도 세 사람이 전하고자 하는 이야기에 영감을 주었다. 시카고에 자리한 노스웨스턴 대학교 루리 아동병원의 청소년 의학 전문가인 로버트는 게이, 레즈비언, 트렌스젠더, 비관행적 젠더gender non-conforming, HIV 양성 청소년들을 위한 임상 프로그램을 운영하고 있다. 위험 요소에 촉각을 곤두세우는 의사였던 로버트는 자신이 에이즈 판정을 받을 것이라고는 전혀 예상하지 못했다. HIV 양성 환자와 매일 솔직하게 터놓고 대화를 나눴던 그지만 자기 병에 대해 공개적으로 얘기하는 데는 꽤 주저했다.

여윈 얼굴에 턱수염만 남기고 머리카락을 깨끗이 정리한 로버트는 한시도 가만히 있지 못했다. 로버트는 마치 자신을 옴짝달싹 못하게 하는 유령이라도 떼어내려는 듯 팔을 흔들거나 손가락을 두드리고 얼굴을 긁었다. 로버트는 어느 날 워싱턴 DC를 방문했을 때 한 무리의 강도가 그를 공격하고 강간했다고 말했다. HIV를 그들에게서 옮았는지 그렇지 않은지는 확실치 않았지만 잠정적으로 시기가 맞았다. 하지만 로버트는 그 강도들을 자기가 에이즈에 걸린 즉각적인 변명거리로 삼고 싶어 하진 않았다. "내가 그 성폭행에 대해 얘기하면 사람들은 '그 사람은 아무 잘못도 없는데 HIV에 걸렸어'라고 생각할 거예요. 하지만 나는 대부분의 감염자가 그렇듯 HIV에 쉽게 감염될 수 있었을 테죠. 내가 어떻게 감염되었는지 누가 알겠어요? 그건 중요하지 않아요."

로버트는 동료, 친구, 가족에게 자기가 게이라고 터놓은 상태였다. 하지만 HIV에 감염된 것을 알았을 때는 주변 사람들이 그 사실에 반감을 보일까 봐 걱정했다. "여러 해 전 신장암에 걸렸던 경우와는 달랐죠. 확실히 HIV는 암과 달라요. 암은 나의 건강과 행복을 파괴하는 병인 만큼 가족과 친구들이 당연히 나를 지지하고 도와줄 거라 생각했죠. 하지만 HIV에 감염되면 그런 가정을 할 수 없어요. 친구나 가족, 주위 사람과 동료들이 여전히 나를 지지해 줄 것인지, 섣부른 판단의 대상으로 삼을지 알 수 없게 되죠."

로버트 역시 스스로를 부정적으로 생각했다. 가장 아끼는 사람들에게 병을 숨긴 것이다. 로버트는 눈물을 흘리며 나에게 말했다. "사람은 스스로 낙인을 찍곤 하죠. 나는 가족과 친구들을 실망시킨 기분이었어요. 나는 자진해서 고립된 지옥 속에서 살았고 고통에 몸부림쳤죠." 수치심 때문에 로버트는 마음의 문을 닫았다. "나는 음식을 먹지도 않고 잠을 자지도 않았어요. 계속 내 건강에 자멸적이고 끔찍한 결정들만 내리고 있었죠. 나는 온갖 무모한 행동을 했어요."

이 시기에 로버트는 뉴저지로 날아가 어머니를 만났다. "그때 기억을 하면 눈물이 나요. 어머니가 내 얼굴을 붙잡고 이렇게 말했죠. '넌 다 괜찮다고 말하겠지만 그렇지 않다는 걸 안단다. 언젠가 내게 다 말해 주겠지.'" 하지만 로버트는 그날 어머니에게 자기가 병에 걸렸다고 말할 수 없었다.

다섯 살 무렵 나는 갑자기 말문이 닫혔다. 부모님은 밤에 잠도 못 자고 나를 걱정했다. 그리고 내가 왜 입을 닫았는지 알기 위해 가능한 모든 것을 했다. 청력을 연구하는 학자에게 데려가 내 귀를 검사하게 했고, 내과 의사에게 신체적인 질병이 없는지 살피게 했다. 그뿐만 아니라 행동 전문가들에게도 데려갔지만 그들은 나에게서 어떤 문제도 발견하지 못했다. 그러다가 마침내 학교에서 일하는 언어학자들이 부모님에게 원인을 찾았다고 주장했다. 부모님은 집에서 영어와 우르두어로 말하셨는데, 언어학자들은 그런 행동이 나를 혼란스럽게 만들었다고 했다. 그리고 내 앞에서는 영어로만 말해야 한다고 처방을 내렸다.

하지만 그건 헛소리였다. 오늘날에는 여기에 대해 잘 알려져 있다. 아이들은 둘 이상의 언어를 쉽게 배워서 말한다. 제2외국어를 배운다고 해서 언어의 혼란, 지연, 인지적 결핍이 유발되지는 않는다. 반대로 코넬 대학교 언어 습득 연구소에 따르면, 제2외국어를 배우는 아이들은 언어 하나만 말하는 아이들보다 더 높은 주의 집중력을 유지할 수 있다.

나는 언어의 혼란을 겪고 있는 것이 아니었다. 부모님도, 아동행동학자들도 모르는 다른 것이 나를 괴롭혔다. 나는 탈룹 삼촌의 성추행을 겪고 나서 바로 말문을 닫았다.

사람의 뇌에 혈전이 생기면, 그 위치에 따라 다르지만 언어 능력을 가장 먼저 잃곤 한다. 동시에 이것은 가장 마지막으로 회복하는 능력 중 하나다. 왜냐하면 사람의 언어 능력은 최근에 발달한 특성이며 그래서 손상되기가 무척 쉽기 때문이다. 미묘한 언어의 뉘앙스를 말하고 이해하는 우리의 능력을 구성하고 조정하는 신경회로는 정서적 능력을 뒷받침하는 신경망처럼 그렇게 잘 연결되어 있지 않다. 언어 중추와는 달리 우리의 감정을 조절하는 영역은 뇌에서 가장 오래되고 원시적인 곳까지 깊이 들어간다.

나의 개인적인 경험과 이후의 임상 경험이 가르쳐 준 것은 뇌에 외상을 입지 않아도 언어 능력을 잃을 수 있다는 사실이다. 정신적인 외상 또한 언어를 잃게 한다. 어린이든 성인이든 우리는 가혹한 시련에 직면할 때 말 그대로 말문이 막힌다. 이러한 시기에 우리가 자신의 슬픔과 불안, 두려움을 타인에게 설명하기란 어렵다. 언어는 경험을 충분히 전달할 수 없다. 마치 악몽을 꾼 다음날 다른 사람에게 그 내용을 설명하려는 것과 마찬가지다. 그 꿈을 꿨던 당시에는 무서웠지만 누군가에게 설명하다 보면 진부하게 들리기 마련이다. 말로는 우리가 겪은 경험의 분위기와 정서를 제대로 묘사할 수 없다.

더구나 언어는 완전히 신뢰할 수 없다. 사람들은 부주의하게 말하거나 거짓말을 하고 남을 상처 입히는 데 언어를 사용할 수 있다. 그래서 우리는 본성의 보다 기본적인 부분, 다시 말해 쉽게 기만당하지 않는 영역인 본능과 감정 속에 숨는다.

1년 뒤에 나는 다시 말하기 시작했다. 부모님이나 심리학자의 개입이 성공적이었기 때문이 아니라, 탈룹 삼촌을 내 삶의 새로운 요소로 포함시키는 데 조금씩 적응했기 때문이었다. 하지만 나는 내가 당시에 실베스터를 알았더라면 말을 좀 더 빨리 찾았을지 종종 궁금해진다.

1961년 뉴욕에서 열린 미국심리학회(APA) 연례회의에서 아동심리학자인 보리스 레빈슨Boris Levinson이 연설을 하기 위해 일어섰다. 턱밑 수염을 길렀으며 마르고 키가 큰 레빈슨은 "아동심리학자라기보다는 사악한 마법사에 가까워 보였다." 사람들이 꽉 찬

실내에서 레빈슨은 8년 전에 절박한 한 부모가 자기에게 의뢰했던 당혹스런 사건에 대해 진지하게 이야기했다. 하지만 이야기가 끝나자 청중은 웃음을 터뜨리며 야유를 보냈다.

레빈슨은 내성적인 소년의 사례를 제시했다. 어머니는 아들을 여러 차례 심리학자와 정신과 의사에게 데려갔지만 소년은 의사소통이 불가능했다. 몇 차례 시도 끝에 전문가들은 소년을 포기했다. 그러자 어머니는 레빈슨에게 아들을 봐달라고 간청했다. 소년과 처음으로 만나는 날, 레빈슨은 우연히 반려견인 골든 리트리버 징글스를 사무실에 데려온 채였다. 소년이 사무실에 들어서자 징글스는 평소에 하던 대로 소년에게 달려가 얼굴을 핥았다. 그러자 소년은 놀랍게도 흠칫하는 대신 개에게 팔을 둘렀고 인사를 몇 마디 건넸다.

이를 본 레빈슨은 소년이 가진 문제가 어머니가 말한 것보다 가볍거나 소년이 오늘따라 상태가 좋은 것이라 짐작했다. 하지만 나중에 보니 이것은 확실히 소년에게는 이례적인 행동이었다.

레빈슨 박사는 APA 회의에서 이 사례를 설명한 다음, 장애 아동들이 징글스와 같이 있을 때 비슷하게 개선을 보였던 사례 두 가지를 더 제시했다. 그러면서 아이들이 마음을 여는 안전한 관계의 분위기를 동물들이 제공할 수 있으리라고 밝혔다. 개들이 공동 치료자 역할을 한 것이다.

하지만 청중은 레빈슨 박사의 생각을 쉽게 받아들이지 않았다. 심리학자 스탠리 코렌Stanley Coren은 당시를 이렇게 회상한다. "사람들은 레빈슨의 연구를 웃음거리로 여겼죠. 그리고 '개들에게 수

고비라도 주나요?'라고 외쳤어요. 레빈슨은 완전히 무시를 당했고 아예 괴짜로 치부됐죠."

하지만 다행히도 레빈슨은 인내심을 갖고 연구를 계속했다. 레빈슨의 생각에 동의하는 사람들도 있었는데 특히 가장 주목할 만한 사람은 지그문트 프로이트였다. 프로이트는 종종 애완견들이 그의 사무실을 활보하게 놔뒀는데, 특히 차우차우 품종의 조피를 아꼈다. 치료 시간 내내 프로이트는 소파 옆에 누운 조피를 쓰다듬었다. 조피는 원래 프로이트가 환자와 대화할 때 스스로 긴장을 풀고자 들여온 개였다. 하지만 프로이트는 곧 환자들이 조피가 있을 때 그들 자신에 대해 어떻게 말하게 되는지 알아차렸다.

레빈슨이 징글스에 대해 발표한 지 거의 60년이 지난 오늘날, 아동행동학자들은 동물이 우리에게 안정감을 준다는 사실을 널리 인정한다. 많은 도서관과 학교에서는 아이들이 읽기를 잘 배울 수 있도록 개와 고양이를 데려다 놓는다. 이 동물들은 읽기에 어려움을 느끼거나 학습장애, 불안장애가 있는 아이들이 정신을 안정시키도록 돕는다. 다정하고 매력적인 고양이나 개들과 함께 있으면 책을 읽느라 고군분투하는 아이들도 조금씩 자신감을 얻는다.

아동학대 사례에서도 동물들을 데려다 놓으면 아이들이 자기의 정신적 외상을 솔직하게 털어놓는 데 도움이 된다. 베이지색의 작고 둥근 코에 금색 털이 있는 리트리버 잡종인 지터는 성폭행 사건이 진행되는 법정에 출두하도록 최초로 허가를 받은 개였다. 이 일은 2003년 엘렌 오닐 스티븐스 부장검사가 자기가 일하는 워싱턴 주 시애틀의 소년법원에 아들의 안내견을 데려오면서 시작되었다. 지터는 아이들과 무척 쉽게 친해졌던 터라 그 친화력에 대해 소문이 퍼졌고, 어느 날 검찰은 한 사건에서 지터의 도움을 요청했다. 여덟 살 난 쌍둥이 에린과 조던이 아버지에게 성적으로 학대를 받은 사건이었다. 검찰이 아버지의 유죄를 입증하려면 소녀들의 증언이 중요했지만 두 아이는 겁을 먹은 상태였다.

어린아이들이 낯선 사람으로 가득한 법정에서 자기 아버지가 한 짓에 대해 털어놓는 것이 얼마나 힘들었겠는가! 지터가 없었더라면 아이들은 결코 제대로 증언할 수 없었을 것이다.

쌍둥이는 재판이 끝난 지 9년이 지나도록 여전히 지터에게 애정을 품고 있었다. 에린은 이렇게 말했다. "지터가 화장실 개수대에서 물을 마시는 모습을 보고 멋지다고 생각했었죠." "지터가 나를 보고 침을 흘리던 게 기억나요." 조던이 덧붙였다.

쌍둥이는 지터가 주는 위안에 의존한 나머지 지터가 없으면 증언을 거부할 정도였다. 쌍둥이가 증언하고자 대기하고 있을 때 지터는 '두 아이가 자기를 필요로 한다는 사실을 안다는 듯' 다가가서 무릎 위에 머리를 얹었다. 지터의 도움을 받아 쌍둥이는 아버지의 범행에 대한 증언을 했다.

지터가 쌍둥이에게 얼마나 위로를 주는지 목격한 오닐 스티븐스는 다른 피해자들을 돕기 위해 이 개를 검사 사무실에 정식으로 배치하자고 주장했다. 그 이후 뉴욕, 애리조나, 아이다호, 인디애나 주 등지의 검사들은 학대 피해자들을 돕도록 훈련된 개들이 법정에 출두하는 것을 허용했다.

나는 시카고에 있는 FLATS 스튜디오를 돌아다니며 개와 인간 보호자들이 장난치는 모습을 담은 사진을 보면서 두 가지 사실을 알아챘다. 첫째는 이것이 주인과 복종하는 동물을 찍은 사진이 아니라는 점이다. 대부분의 사진에서 사람들은 개들과 함께 엎드려 있거나 개들을 들어 올리고 있다. 사진 속에서 인간과 개는 그야말로 동등한, 진정한 의미의 동반자다. 그리고 두 번째는 짐 파슨스가 허리케인 카트리나를 겪으면서 반려 돼지 루티를 주인공으로 쓴 동화에 대한 것이다. 루티가 등장하는 수많은 삽화를 통해 짐은 다양한 감정을 전달한다. 처음에는 두려움이었다가 다음에는 슬픔, 희망, 마지막으로 행복감이 흐른다. 이 모든 감정은 짐이 아동용 도서를 통해서만 공개적으로 드러낼 수 있었던 감정들이다.

성인들은 정신적 외상을 겪는 시기에 감정적인 자아로 후퇴할 뿐만이 아니라 어린 시절의 자아로 후퇴한다. 물론 우리는 성인이 되면서 지능이 높아지고 성숙해진다. 하지만 그 과정에서 무언가를 잃는다. 어린 시절 우리는 사회적인 관습에 얽매이지 않았다. 그뿐만 아니라 선입견이 없었고 세계에 대한 관점이 좁아지지도 않았다. 무언가를 판단하는 대신 수용했고, 회의론에 사로잡히는 대신 놀라워했다.

짐의 아동용 도서가 그렇듯, 내 앞의 사진들은 상처받았던 사람들의 이야기를 들려준다. 정신적 외상은 여러 형태로 나타나는데 낙인찍기도 그중 하나다. 오늘날 미국인들은 성정체성과 성지

향성이 다른 사람들을 어느 때보다 많이 받아들이고 있지만, 그럼에도 LGBTQ 성소수자 커뮤니티에는 사회적 비난에 대한 두려움이 여전히 존재한다. 자신의 성적 지향 때문에 사회적으로 소외되는 것을 두려워하는 사람들이 많다. 사회적 지지의 부재는 무척 고통스럽다. 역사적으로 사회는 다양한 종류의 사람들에 대한 처벌 수단으로 독방 감금, 배척, 추방을 자주 사용해 왔다.

인간만이 이런 소외를 경험하는 것은 아니다. 다른 포유류와 비포유류에게도 소외는 처벌이다. 몇 년 전 나와 남편이 케냐에서 사파리 여행을 할 때 동물에 대해 잘 아는 여행 가이드가 혼자서 풀을 뜯는 영양 한 마리를 가리켰다. 영양은 무리를 짓는 동물이지만 이 외톨이는 우두머리 자리에 오르려다가 실패했고, 그래서 주변에 있는 무리가 그 영양을 추방했다는 것이다.

회색앵무들은 새장에 갇혀 있을 때 사회적 고립으로 인한 해로운 생리적 변화를 경험한다. 로렐 브레이트먼Laurel Braitman은 저서 《동물의 광기 *Animal Madness*》에서 20세기 초에 한 사육사가 샌디에이고 동물원에서 동물을 관찰한 내용에 대해 묘사했다. "슬픔은 대부분의 동물에게 우울함을 안긴다. 슬픔에 잠기면 동물은 순전한 외로움으로 시들어 가는데, 동물들의 우정에 대해 알 수 있는 대목이다." 예컨대 1924년 베를린 동물원에서 한 슬프고 외로운 원숭이는 동물원 사육사들이 고슴도치를 친구로 마련해 주자 환호했다.

세상이 우리를 좌절케 할 때, 우리는 스스로의 어린 시절로 돌아가 탈출한다. 그러면 자유로워진다. 오늘날 우리는 동물들을 잔인한 이 세상에 함께 맞설 친구로 받아들일 준비가 되어 있다. 이럴 때 동물이 우리보다 못한 존재라는 문화적 편견이 사라진다. 그리고 동물들이 우리에게 제공하는 우정과 애정, 친절을 선뜻 받아들이지 못했던 마음의 문이 갑자기 활짝 열린다.

자연주의자인 헨리 베스턴 Henry Beston은 1차 대전이 끝나고 1년 동안 매사추세츠 해안의 케이프 코드에서 칩거 생활을 했다. 이곳의 문은 베스턴을 향해 열려 있었고 여기에 사는 동물들이 전에 느끼지 못했던 친밀감을 주었다. 베스턴은 1928년에 출간한 책 《세상 끝의 집 The Outermost House》의 두 번째 장에서 바닷가의 새떼들이 가진 본성을 심사숙고한다. 그리고 동물은 생각하지도 않고 느낌도 없는 기계일 뿐이라고 한 철학자 르네 데카르트와 추종자들의 지배적인 관점에 맞선다.

우리는 동물에 대한 또 다른 현명하고, 어쩌면 더 신비로울지도 모를 개념이 필요하다. 보편적인 자연으로부터 멀리 떨어져 복잡한 인공물 속에서 살아가는 문명 속의 인간들은 지식이라는 거울을 통해 다른 동물들을 탐구한다. 하지만 그 결과 깃털 하나가 지나치게 확대된다든지 해서 전체적인 상이 왜곡된다. 우리는 동물들이 불완전하고 우리보다 훨씬 못한 비극적인 운명을 타고났다고 깔본다. 하지만 그런 관점 속에서 우리는 큰 오류를 저지른다. 동물들은 우리보다 못한 존재가 아니라, 생명과 시간의 그물에 우리들과 함께 붙잡혀 있는 또 다른 국가들이자 화려하지만 사건사고 많은 지구에 사는 동료 죄수들이다.

아이들은 자연스럽게 이런 관점을 습득한다. 우리는 동물에 대한 호기심을 갖고 태어났다. 여러분은 동물을 찾고 동물과 쉽게 유대감을 느꼈던 시절을 기억하는가? 그럴 수 있었던 이유는 동물이 우리와 똑같은 존재라는 믿음을 태생적으로 지녔기 때문이다. 월트 디즈니, 척 존스, 찰스 M. 슐츠 같은 유명한 만화가들은 직관적으로 이 사실을 알았다. 벅스 버니, 스쿠비 두, 미키 마우스, 포키 피그 같은 가장 기억에 남는 만화 캐릭터들은 동물이다. 아이들은 옷과 침실, 책과 텔레비전을 포함한 여러 미디어를 통해 동물의 이미지로 가득한 세계에서 산다. 아이들 책에 나오는 캐릭터 가운데 거의 90퍼센트가 자연계에서 온 것이며 대다수는 동물이다. 이야기 속 동물들은 아이들에게 성장과 정체성, 사랑, 갈등, 포기, 고통, 슬픔, 충실성, 도전 같은 중요한 문제에 대해 교훈을 준다. 아이들은 동물을 자기 자신처럼 생각하기 때문에 작가들은 개나 생쥐, 고양이, 닭, 토끼와 같은 동물을 등장시킨다.

아동심리학자 보리스 레빈슨은 데이비드라는 일곱 살짜리 소년을 인터뷰하면서 이 아이가 치유를 돕는 고양이에게 동질감을 느낀다는 사실을 활용했다. 입양아인 데이비드는 역시 입양아인 여동생을 죽이겠다고 협박한 전적이 있다. 데이비드는 따로 떨어져서 생활하는 친부모가 자기를 포기한 원인이 자기에게 있다고 믿었다. 이런 상황에서 데이비드의 마음을 바꾸는 데 고양이가 필요했다. 레빈슨에 따르면 세션을 진행하는 동안 데이비드는 줄곧 고양이를 어루만지며 먹이를 주었다. 그때 레빈슨이 아내와 함께 버려진 새끼 고양이를 입양한 사실을 밝히며 "우리 부부는 이 고양이를 무척 사랑한다"고 말하자 데이비드는 처음에 그 말을 믿지 못하는 것 같았다. 하지만 고양이와 시간을 보내면서, 버려진 고양이가 입양된 주인에게 사랑받을 수 있다면 자기도 그럴 수 있다는 사실을 이해하게 되었다. 레빈슨은 이렇게 말한다. "내 생각에는 그것이 데이비드가 회복되기 시작한 전환점이었어요."

아동심리학자인 바버라 보트Barbara Boat 박사는 1979년 노스캐롤라이나에서 한 사례를 연구했고 그 결과 아이들이 자기 자신을 동물과 얼마나 동일시하는지 처음 알게 되었다. 보트 박사는 어린이집에서 성폭행을 당한 것으로 의심되는 남매를 담당했다. "소년은 말 그대로 겁에 질려 말문이 막혔죠. 하지만 인터뷰를 진행하는 사람이 소년에게 어린이집에 동물이 있냐고 묻자 아이는 눈이 커졌고 어떻게 알았냐고 되물었어요."

그리고 소년은 한 남성이 개에게 끔찍한 성적 학대를 했다고 증언했다. 그뿐만 아니라 그 남성은 소년과 여동생에게도 똑같은 행동을 하고 있었다. 보트 박사는 말한다. "동물들은 아이들의 세계로 들어가는 창과 같죠."

말을 잃은 경우처럼 우리가 몹시 취약할 때, 동물과의 우정은 치유력이 높다는 사실이 드러난다. 동물과의 사이에서는 인간의 언어가 필요하지 않기 때문이다. 지식을 얻는 가장 본질적이고 직관적인 방식이 우리를 다른 종들과 쉽게 연결시킨다. 우리는 신체적 움직임, 눈짓, 자세, 음성을 해석하면서 다른 존재들과 의사소통을 한다.

이렇게 하려면 동물이 생각하고 느끼는 바를 상상하고 이해할 수 있어야 한다. 다시 말해 공감능력이라는 훌륭한 연결고리가 필요하다. 그러면 가끔 서로를 오해하기는 해도 거짓말을 하지 못한다. 동물들 앞에서는 우리 자신을 숨길 수 없다. 동물들은 우리를 꿰뚫어 본다. 동물들은 고맙게도 우리가 동성애자인지 이성애자인지, 외모가 아름다운지 흉터가 있는지, 백악관에 사는지 아예 집이 없는지에 대해 관심이 없다. 동물들이 우리에게 요구하는 것은 친절하게 함께하는 것뿐이다. 우리가 동물과 유대감을 가지면 정신적인 외상에서 비롯되는 고통, 외로움, 두려움은 교감, 위안, 용기로 대체된다.

처음 다른 도시를 방문해 반려견과 함께 포즈를 취할 HIV 양성 환자들을 찾아다닐 무렵에 로버트 가로팔로는 긴가민가했다. "사람들이 과연 참여할지 알 수 없었죠. 나는 우리에게 공개적으로 자기 얘기를 털어놓을 HIV 양성 환자를 찾는 건 무척 힘들 것이라고 생각했어요. 그리고 HIV 감염자 가운데 사회적 낙인이 가장 덜한 백인 남성들의 참여율이 높고 여성이나 유색 인종, 트랜스젠더를 찾기란 정말 어려울 것이라 추측했죠. 하지만 놀랍게도 꽤나 다양한 배경을 가진 사람들이 자기 이야기를 하고 싶어 했어요. 더 구체적으로 말하자면 자기 개에 대한 이야기를요."

제시 프리딘이 찍은 사진 각각은 HIV와 함께 사는 사람들의 반려견이 환자들에게 두려움에 직면할 용기를 준다는 전례 없는 이야기를 보여 준다. 제시는 이렇게 말한다. "우리는 30분 동안 스튜디오에서 사진을 찍으며 놀랍도록 아름답고 감동적인 경험을 했어요. 사람들은 내가 그들의 인생에서 가장 중요한 반려견과의 관계를 인정한다는 사실을 알았기 때문에 현장에는 기쁨과 위안을 주는 무척 솔직한 분위기가 흘렀죠."

로버트는 자신의 반려견이 이 예술 프로젝트에 영감을 주었다고 생각한다. 어머니가 뭔가 안 좋은 일이 있냐고 말하던 날 로버트는 시카고의 집으로 다시 날아갔다. "나는 내내 울었고, 집에 돌아와서는 침대에 걸터앉아 뭔가 해야겠다고 생각했죠. 이 상황을 바꾸겠다고 말이에요." 로버트는 강아지를 키우기로 결심했다.

로버트가 강아지 프레드를 집에 데려온 첫날밤, 조그만 강아지는 불안감에 빠져 짖어 댔다. 로버트는 반려동물을 키우는 것이 처음이었고 친구들은 강아지가 분리불안을 키우지 않도록 예방해야 한다고 충고했다. "친구들은 첫날밤부터 프레드를 욕실이나 우리에 넣어야 한다고 말했죠. 그러면 강아지가 짖겠지만 그대로 내버려두고 밖에 내보내지 말라고 했어요." 하지만 프레드는 몇 시간에 걸쳐 있는 힘껏 짖었고 결국 로버트는 포기했다. "난 그 충고가 헛소리라고 생각했죠." 로버트는 문을 열었고 프레드는 침대로 뛰어들었다. 그 이후로 둘은 떼려야 뗄 수 없는 사이가 되었다.

활기 넘치는 프레드는 로버트의 삶에 평화와 행복을 가져다주었고 로버트가 세상에 다시 뛰어들도록 도왔다. 프레드의 무조건적인 애정을 받은 로버트는 매일 새로운 날을 맞이하면서 불신과 고립의 어두운 세상에서 벗어났다. "프레드가 내 목숨을 구했어요. 절대 과장이 아니에요. 내가 파괴와 좌절 속을 걷는 동안 그 작은 강아지가 자기도 모르게 길을 바로잡아 주었죠. 기적이나 다름없어요." 프레드에 대해 말할 때 로버트는 눈물을 글썽였지만 이번에는 기쁨의 눈물이었다.

로버트는 프레드를 입양한 지 6개월이 지나 가족을 만나기 위해 프레드를 데리고 뉴저지에 갔다. 로버트는 활기차고 낙천적인 사람으로 바뀌어 있었다. 로버트는 처음으로 어머니에게 자기 병에 대해 말했다. 어머니는 프레드를 껴안고 아들을 원래대로 돌려주어 고맙다고 말했다.

인류는 오래 전부터 동물에 대한 공감과 유대감이 우리 자신의 행복을 증진시킬 수 있다는 사실을 알고 있었다. 수 세기 동안 장애인들은 신체적인 치료뿐 아니라 감정적으로 도움을 받기 위해 승마를 하도록 처방받았다. 이름 높은 간호사인 플로렌스 나이팅게일도 동물이 환자의 치유에 도움을 준다는 사실을 알았다. 동물들은 나이팅게일의 유년기와 성인기에 삶의 일부였다. 특히 나이팅게일은 고양이를 좋아해서 만년에 요양하며 고양이들에 둘러싸여 지냈다.

간호사로 일하는 동안 나이팅게일은 동물들이 환자들에게 도움을 준다는 사실을 알아챘다. 《간호에 대한 노트Note on Nursing》(1860)라는 제목의 중요한 글에서 나이팅게일은 오늘날에는 당연하지만 당시에는 그렇지 않았던 청결, 신선한 공기, 햇빛, 소음 조절에 대한 간호학적인 조언을 하면서 이렇게 썼다. "작은 애완동물은 환자들의 훌륭한 동반자인 경우가 많다. 특히 만성적인 환자들의 사례에서 그렇다."

하지만 보리스 레빈슨의 이야기를 비롯해 다른 역사적인 일화들이 존재하는데도, 건강 전문가들은 그것을 여전히 고립된 일부 사례로 여겼다. 과학에서는 숲에서 나무가 쓰러져도 주위에서 아무도 그것을 관찰해 계량화하지 않는다면 그 현상은 존재하지 않는 것이 된다. 이제 에리카 프리드먼Erika Friedmann의 예를 보자. 프리드먼은 1970년대 후반에 생물학 학위 논문을 쓰면서 놀라운 발견을 했다.

프리드먼과 동료들은 1975년에서 1977년 사이에 심장마비와 심장질환에 따른 가슴 통증을 겪고 중환자실에 입원한 환자 92명을 대상으로 연구를 실시했다. 이들의 퇴원 후 1년이 지난 시점에서 사회적 지원이나 고립이 환자의 생존에 어떤 영향을 미치는지 연구했다. 그 과정에서 연구자들은 많은 질문을 통해 환자들의 생활 조건, 지리적 이동성, 사회적 네트워크, 사회경제적 지위를 평가했다.

프리드먼은 이렇게 말했다. "연구자들은 당시 건강에 미치는 물리적 영향 너머의 무언가를 제대로 살피기 시작했죠. 사회적, 심리적인 영향까지 조사했어요. 내 주변에는 사회적 안정과 지원에 대해 조사하는 사람들이 있었죠. 로세토 효과(Roseto effect) 말이에요." 그것은 펜실베이니아 주의 한 긴밀한 지역사회 주민들의 심장마비 위험이 인근 마을보다 낮았던 사례에서 나타난 효과를 일컫는데, 사회적 지원이 긍정적인 영향을 미친 경우였다.

프리드먼은 자기 연구에서 환자들에게 반려동물에 대해서도 물었다. "나도 개를 한 마리 키웠는데 동물 역시 사회적 지지가 되어 주거든요." 가장 흥미로운 답변은 이 질문에서 나왔다. 프리드먼과 동료들은 그해 연말 반려동물이 없는 환자는 72퍼센트가 생존한 반면, 동물을 키우는 환자는 94퍼센트가 생존했다는 사실을 발견했다. 이것은 현저한 효과였다. 이 연구에서 인간으로부터 얻는 사회적 지지는 동물에 비해 큰 효과를 내지 못했다.

그렇다면 어째서 반려동물은 환자들의 삶을 연장시켰을까? 단지 개를 산책시키느라 운동을 많이 해서 심장 건강이 증진된 결과일까? 그렇지 않다. 프리드먼에 따르면 개 주인뿐 아니라 고양이 주인도 더 오래 살았다. 그렇다면 동물을 키우는 사람들이 애초에 더 건강했던 것은 아닐까? 역시 아니었다. 심장병의 병세가 얼마나 심각한지는 상관없었다. 다른 요소들과는 무관하게, 반려동물의 존재만으로도 심장병 발병 후 환자들의 생존율이 크게 높아졌다. 이것은 중요한 발견이었다.

내가 이 발견에 대한 의학계의 반응에 대해 묻자 프리드먼은 웃음을 지었다. "연구 팀원 가운데 제임스 린치가 있었죠. 어느 날 제임스는 많은 청중 앞에서 논문 결과를 발표했어요. 심장마비 이후에 생존율을 현저하게 증가시켰던 한 개입 요소가 있었다고 말했죠. 그러자 사람들이 웅성거렸어요. 다들 흥분해서 그 개입 요소가 무엇인지 계속 물었죠. 마침내 그 답이 반려동물이라는 사실을 알게 되자 사람들은 정말로 놀랐어요. 애초에 그런 연구가 이뤄졌다는 사실에 대해서도 놀랐죠. 사람들은 못들은 척했어요."

그래도 과학자들은 오랫동안 무시하지는 못했다. 프리드먼의 선구적인 연구 결과는 다른 연구자들의 관심을 끌었다. 머지않아 과학자들은 동물과 인간의 상호작용이 인간의 육체적, 정서적 건강 둘 다에 영향을 미치는 방식에 대해 연구하기 시작했다. 이후 동물과의 접촉은 심혈관질환의 위험을 낮추고 혈압, 기준 심박수, 콜레스테롤 수치를 낮춰 주인을 더 오래 살게 한다는 결과가 나왔다. 그뿐만 아니라 동물은 스트레스에 대한 우리 심장의 반응성을 낮추고 스트레스로부터 더 빠르게 회복하도록 촉진한다.

스트레스를 많이 받았던 날이 지나고 귀가한 여러분이 현관문을 지날 때 반려동물이 맞이한다면 혈압이 낮아지는 게 느껴질까? 동물을 쓰다듬으면 우리의 자율신경계가 이완되어 혈압, 코르티솔과 에피네프린의 수치, 호흡 속도와 피부 온도의 측정치가 변화한다. 물론 여러분이 어떤 동물을 무서워한다면 쓰다듬는다 해도 긴장이 풀리지 않을 것이다. 내 고양이 사일로가 새벽 세 시에 배에 뛰어들어 울어 대면 혈압은 절대 떨어지지 않는다. 하지만 대부분의 상황에서 다정한 동물들의 존재는 우리를 진정시킨다. 남편 패트릭은 낮잠을 청하고 싶을 때 사일로를 찾는다. 사일로의 따뜻하고 보송보송한 몸은 어떤 진정제보다도 효과가 좋다.

동물과 어울리면 외로움, 우울, 불안감이 줄어들어 우리의 정신건강이 향상된다. 그런데 여기에서 주목해야 할 중요한 사실이 있다. 동물은 단지 인간의 대체물이 아니라는 것이다. 동물들은 우리에게 독특한 방식으로 영향을 미치는 것 같다. 동물은 우리를 판단하지 않으며 무슨 일이 있어도 우리를 위해 그 자리에 있다. 동물은 우리에게 신체적 접촉을 제공하며 사회적 억압을 벗겨 낸다. 프리드먼은 이렇게 말한다. "당신은 친구가 스무 명쯤 있을지도 몰라요. 하지만 그 가운데 몇 명이 당신을 안아 줄까요? 눈을 들여다보며 오랫동안 함께 있어 줄 사람은 얼마나 될까요?" 동물들은 우리가 인생에서 가장 힘든 순간을 극복하도록 돕는다.

미군 대위 제이슨 해그가 아프가니스탄에서 캘리포니아로 돌아왔을 무렵 아내 엘리자베스는 뭔가 잘못되었다는 사실을 즉시 알아차렸다. 제이슨은 이라크와 아프가니스탄을 넘나들며 해병대를 이끌었고 세 번의 전투 임무를 완수했다. 엘리자베스와 세 아이들은 10개월을 떨어져 지낸 끝에, 샌디에이고 북쪽에 자리한 해병대 기지 캠프 펜들턴에서 제이슨이 돌아오기를 신이 나서 기다렸다. 돌아오는 군인들을 태운 버스가 어서 내리려고 좀이 쑤신 사람들을 다 내려 주고 난 뒤 제이슨이 마지막으로 나타났다. 제이슨은 아내와 아이들을 뻣뻣한 자세로 껴안았고 눈도 간신히 마주쳤다. 엘리자베스는 누구보다 행복한 가족의 재회 장면을 사진으로 남길 작정이었다. 하지만 당시 찍은 사진은 아무에게도 보여 주지 않는다. "제이슨의 표정은 공허했어요."

가족이 저녁 식사 시간에 집에 도착했을 무렵 상황은 더 나빠졌다. 아이들은 아빠가 돌아와서 무척 들떠 있었다. 하지만 제이슨은 아무 말 없이 아이들을 털어 내고 샤워를 한 다음 침실에 들어갔다. 그리고 밤 9시 30분에 제이슨은 가족 앞에서 마구 화를 내며 벽에 주먹을 휘둘러 구멍을 냈다.

　그 후 몇 주에 걸쳐 제이슨은 긴장이 풀리면서 지속적으로 폭발했다. 술을 마시고 외박을 했으며, 주말에는 집에서 술을 마셨다. 여전히 현역으로 복무 중이었던 제이슨은 매일 기지로 출근했지만 직장에서는 진짜 감정을 드러내지 않았다. 그 대신 제이슨의 분노를 받아 낸 대상은 가족이었다. 엘리자베스는 상황을 개선하려고 필사적이었다. 하지만 아무리 남편과 대화를 시도해도 소용이 없었다. 소리를 지르지 않을 때면, 제이슨은 안전한 침묵의 세계로 후퇴했다. 엘리자베스는 남편의 상관이나 지휘관의 아내들과 의논했지만 역효과였다. "그 사람들은 단지 가정 내부의 문제로 여겼죠. 지휘관은 우리 둘 다 상담이 필요하다고 했어요. 부부가 너무 어려서 결혼했던 데다, 이건 제이슨이 겪고 있는 중년의 위기에 지나지 않는다는 거예요. 뭔가 잘못되었다는 책임을 자기 대대가 뒤집어쓰지 않았으면 했죠."

　7개월이 지나 제이슨은 콴티코의 해병대 기지로 옮기라는 명령을 받았다. 엘리자베스는 해병대 기지가 자리한 버지니아로 짐을 꾸려 이사하면서 새로운 환경이 제이슨에게 긍정적인 영향을 미칠 것이라고 크게 기대했다. 하지만 그 새로운 환경이 남편에게 일격을 가해 절벽으로 몰아붙일 줄은 전혀 몰랐다.

　제이슨은 신병을 훈련시키면서 장교 후보생들을 대상으로 한 수업을 진행했다. 이 과정에서 열정 어린 군인들을 감당하기도 만만치 않았지만 더 힘든 것은 실제 전투에 대한 모의 훈련이었다. 결국 제이슨은 집에서 점점 더 폭력적으로 변했다. 아이들에게 소리를 지르고 물건을 던졌으며 엘리자베스를 벽에 밀어붙였다.

그때 제이슨과 함께 일하는 소령 하나가 개입했다. 소령의 도움으로 정신건강 전문가들이 제이슨을 살피고 외상 후 스트레스 장애(PTSD)로 진단했으며 그가 지금 맡은 업무에 부적합하다고 판단했다. 갑자기 할 일이 없어지자 제이슨의 육체적, 정신적 건강은 더욱 악화되었다. 제이슨은 이라크 바그다드 근처의 먼지투성이 마을 한복판에서 총격전을 벌이다가 발과 다리에 입은 총상의 고통에 매일 시달렸다. 여기에 더해 머리 부상에 따른 편두통과 불안, 우울증, 격렬한 회상 기억을 경험했다. 땀에 흠뻑 젖어 소리를 지르며 밤에 잠에서 깬 적도 여러 번이었다.

PTSD 관련 증상이 처음 언급된 것은 기원전 480년이었다. 그리스의 역사학자 헤로도토스는 전투의 부작용으로 몸이 마구 떨려 '덜덜이'라는 별명이 붙었던 스파르타의 한 군인에 대해 기록했다. 이 군인은 수치심에 목을 매 자살했다. 19세기 중후반에는 호흡 곤란과 심장의 두근거림, 가슴 통증을 동반한 불안 증상이 '군인의 심장' 또는 '다 코스타 신드롬(미국 남북전쟁에서 이런 이상 증상에 주목한 의사의 이름을 땄다)'이라 불렸다.

1차 세계대전은 이런 특이한 행동과 증상을 사람들이 더욱 널리 인식하게 된 계기였다. 의사들은 폭발하는 폭탄에 노출된 뒤 부상당한 많은 군인들에게서 이상한 점을 발견했다. 비록 몸에 상처는 없었지만 어딘가 손상을 입었고 충격으로 괴로워하는 듯했다.

군인들은 두통과 귀 울림, 현기증, 집중력 저하, 혼란, 기억상실, 수면장애 같은 증상을 보였다. 1915년 영국 육군 의무대의 찰스 마이어스Charles Myers 대위는 이것을 '폭탄 충격'이라 불렀다.

2차 세계대전에는 '폭탄 충격' 대신 '전투 스트레스 반응' 또는 '전투 피로'라는 용어가 사용되었다. 하지만 조지 S. 패튼George S. Patton 같은 영향력 있는 미군 지도자들은 전투 피로가 진짜라고는 믿지 않았다. 마이어스를 따랐던 여러 의사들은 전쟁 후 오랫동안 고통을 겪는 군인들에게 주의를 환기시키기 위해 애써야 했다.

1980년이 되어서야 미국심리학회는 PTSD를 심리적, 정신적 장애로 받아들였다. 베트남 전쟁에서 돌아온 군인들로부터 수집된 증거가 너무 강력해서 무시하기 어려웠기 때문이다. PTSD는 〈정신질환 진단 및 통계 편람 3판(DSM-3)〉에 추가되었다.

이 편람은 처음에 정신적 외상을 "통상적인 인간이 겪는 경험의 범위 바깥"에서 일어나는 사건으로 분류했으며, 전쟁에서 돌아온 군인, 홀로코스트 생존자, 성폭력 피해자가 이런 PTSD를 겪는 환자였다. 이어 1994년에는 그 정의가 확대되었다. 정신적 외상을 일으키는 사건에 이론적으로 경미한 교통사고, 자연재해, 사랑하는 사람의 죽음이 포함되었다. 여러 학자들은 이 정의가 너무 광범위해서 PTSD의 과다 진단을 초래할 것이라 주장하기도 했다.

최근에 개정된 DSM(2013년에 나온 〈DSM-5〉)은 "실질적인 사망에 이르도록 위협받는 것, 중상이나 성폭력에 노출되는 것"을 PTSD의 기준으로 잡아 정의를 다소 좁혔다. 여기에는 외상을 직접 경험하는 사람뿐 아니라 응급 구조원 같은 목격자들, 가까운 친구나 친척의 외상 경험담을 듣는 사람들도 포함될 수 있다. 모든 정신의학의 진단 방식이 그렇듯, PTSD의 정의는 우리의 지식과 세계관에 근거한 인위적인 구조물로서 앞으로도 계속 바뀔 가능성이 높다.

오늘날 PTSD의 증상과 징후 가운데는 플래시백, 악몽, 일상 활동에 대한 흥미 감소, 과민성과 공격성 증가, 수면 곤란, 고립감, 스스로에 대한 비난이 있다. 미국에서는 참전 군인의 11~30퍼센트가 평생 PTSD를 경험하며, PTSD 진단을 받은 참전 군인 가운데 20명이 매일 자살한다.

직장을 떠난 제이슨 해그는 이후 1년 6개월 동안 32종의 약을 먹었고 그중 열두 가지가 진정제였다. 제이슨은 대부분의 시간을 집 지하실에 틀어박혀 세상이나 가족과 떨어진 채 보냈다. 창문에 빛이 들어오지 않게 하고 문을 잠그기까지 했다.

제이슨은 밤낮으로 이 지하실에 머물면서 먹고 마시고 비디오 게임을 하며 비코딘과 페르코셋을 남용했다. 제이슨은 아내와 아이들이 잠자리에 들기를 기다렸다 음식을 가지러 올라갔는데, 그러면 가족을 마주치지 않아도 되기 때문이었다. 필요한 게 생기면 제이슨은 문자 메시지를 통해 아내와 소통했다. 그러는 동안 엘리자베스는 한때 친하게 지냈던 다른 군인들의 배우자들과 일부러 연락을 끊었다. 그리고 치료사에게 상담을 받기 시작했는데 치료사는 남편이 더 해를 끼치기 전에 떠나라고 재촉했다. 하지만 그럴 수 없었다. "내가 떠나면 그 사람은 죽었을 거예요."

제이슨은 스스로 목숨을 끊지는 않았지만 약물을 과다 복용하는 경우가 늘었고 단지 목숨을 부지할 뿐이었다. 일주일에 한 번 편의점에 가는 것만으로도 그에게는 괜찮은 한 주였다.

엘리자베스는 제이슨을 도울 방법을 찾기 위해 그를 여러 의사들에게 끌고 갔다. 제이슨은 항불안제, 일대일 요법, 집단 치료, 마사지 요법, 시간 요법(수면 주기와 빛 노출을 통해 우울증을 치료하는 요법), 침술, 요가를 다 해봤지만 증상이 완화되지 않았다. 엘리자베스는 거의 포기하기 직전이었다. 그러다가 어느 날 남편에게 최후통첩을 했다. "한 번만 더 기회를 주겠어요. 한 가지만 더 시도해 봐요. 이번에도 효과가 없으면 나는 아이들을 데리고 떠날 거예요."

다행히, 그 한 가지가 효과가 있었다.

나는 버지니아 주 프레데릭스버그의 상가에 자리한 파네라 빵집 밖에서 제이슨을 처음 만났다. 그는 내가 고등학교 때 가입했던 자원봉사자 구조대장을 떠올리게 했다. 나는 그에게 완전히 반했었는데, 제이슨 역시 비슷하게 목소리가 조용하고 냉정한 태도를 지녔다. 흰 팔에 비슷한 문신이 있고 심지어 담배 연기도 길고 나른하게 뱉었다. 하지만 오늘 내가 반한 건 제이슨 옆에 있는 저먼 셰퍼드다. 주위를 경계하며 귀를 곧추세우고 눈이 갈색인 사랑스러운 개다.

개와 제이슨에게 인사를 한 뒤 우리는 야외 테이블에 앉았다.

제이슨은 이렇게 말했다. "돌이켜 보면 첫 전투를 마친 2003년부터 나는 PTSD로 고생했어요. 그 후로 내내 악몽을 꾸고 있었죠. 쿠웨이트에서 이라크로 국경을 넘던 날은 그야말로 미지의 세계에 들어선 순간이었어요. 내 인생에서 가장 위험했던 시간이었고 그 경험이 나를 완전히 변화시켰어요."

"무슨 일이 있었던 거죠?" 내가 물었다.

"2003년 3월 22일이었어요." 제이슨이 주저 없이 대답했다. "내 인생에서 가장 큰 의미가 있었던 날이죠. 사람이 폭탄에 맞아 죽는 걸 봤고 처음으로 사람을 쐈어요. 처음으로 총에 맞았고 친구를 잃었죠."

"민간인이 죽는 걸 봤나요? 그것도 당신에게 영향을 줬어요?"

"그래요. 죽은 사람을 직접 봤죠."

내가 PTSD 환자를 다뤄 본 경험에 따르면 그들은 보통 두 가지의 지배적인 성향을 보인다. 쉽게 흥분하거나 사물에 무관심한 상태가 그것인데, 환자들은 종종 둘 사이에서 오락가락한다. 제이슨은 후자의 상태였고, 이것은 트라우마에 대한 흔한 방어기제이다. 제이슨은 나와 대화할 때 내 눈을 똑바로 쳐다보지 않았으며 말투도 단조로웠다. 이런 무관심함의 이면에는 말할 수 없는 내적 혼란이 휘몰아친다. 제이슨이 나에게 털어놓지 않았지만 나중에 엘리자베스에게 들은 바에 따르면, 그는 당시 전투에 참여해 이라크의 10대 군인을 총으로 쏴 죽였다. 엘리자베스는 이렇게 말했다. "제이슨이 내게 사실을 말하기까지 몇 년이 걸렸죠. 남편은 10대 소년을 죽였어요. 본인도 그만한 자식이 있었는데 말이죠. 그래서 남편은 죄의식에 시달렸고 극복하지 못했어요."

하지만 상처를 받은 시점은 2003년이지만 제이슨이 증세를 나타낸 시기는 아프가니스탄에 마지막으로 다녀온 2010년 이후였다. "왜 그때 증상이 나타났을까요?" 내가 제이슨에게 물었다. 제이슨은 삭발한 머리를 긁적이며 어깨를 으쓱했다. "누적 효과였겠죠. 우리 부대의 상당수가 그런 증상을 천천히 쌓고 또 쌓아 왔을 거예요."

그때 우리 테이블 옆으로 한 남성이 지나가자 저먼 셰퍼드는 몸이 굳은 채 제이슨의 발에서 머리를 들어 올리고 지켜본다. 그러자 제이슨은 손을 뻗어 개를 쓰다듬었다. "나는 사실 어렸을 때 개를 좋아하지 않았어요." 제이슨이 말했다. "몇 번인가 개에게 물린 적이 있었죠. 하지만 폭발 사건을 겪으면 좋은 점이 기억력이 떨어진다는 거예요. 그래서 겁먹었던 기억도 많이 사라졌죠." 제이슨은 개를 향해 턱짓을 했다. "액셀이 나를 구했어요."

앨리자베스의 최후통첩은 제이슨을 일깨웠다. 다음날 제이슨은 우편물을 확인하면서 보통은 지나쳤던 이웃 사람에게 말을 걸었다. 이웃 역시 PTSD를 겪었으며 안내견과 함께 지내는 해군 퇴역 군인이었다. 제이슨은 그 개가 효과가 있냐고 물었고 '그렇다'는 퉁명스런 대답을 들었다.

제이슨은 구글에서 안내견에 대해 검색했고, PTSD를 앓는 군인과 개를 짝지어 주는 비영리 단체인 '전사들을 위한 K9'에 대해 알게 되었다. 개들은 죽임을 당할 가능성이 높은 쉼터에서 구조되어 안내견으로서 적당한 체력과 기질을 지녔는지에 대한 평가를 거친다. 시험에 불합격한 개들은 그들을 아껴 줄 가정에 입양되고, 합격하면 플로리다의 캠퍼스에서 3주 동안 수의사에게 훈련을 받는다.

PTSD 환자를 위한 안내견은 수요가 몹시 높기 때문에 제이슨은 장장 7개월을 기다려서야 겨우 액셀과 맺어질 수 있었다. "액셀을 만난 건 일요일이었죠." 제이슨이 말했다. "그리고 월요일 아침에 우리는 칠리 식당, 홈 디포, 바닷가, 공원에 이르기까지 정말 여기저기를 돌아다녔어요. 난 지난 1년 반 동안 세탁소에도 간 적이 없었는데 말이죠." 제이슨은 액셀과 함께하는 법을 배웠고 마침내 집으로 가는 비행기에 올랐다. 액셀을 데리고 아들의 라크로스 경기를 보러 갔는데 그것은 1년 동안 처음 있는 일이었다. 액셀이 곁에 있자 제이슨의 날카로운 두려움이 느슨해졌다.

연구에 따르면 사람들은 동물이 포함된 시나리오를 보다 친근하고 편안하며 안전하고 유머러스하게 인식한다. 또 사람이 동물과 함께하는 장면이 그렇지 않은 장면에 비해 긴장도가 떨어지고 덜 위험하며 더 행복하고 건강하다고 여긴다. 병원이나 사무실, 학교처럼 스트레스가 많은 환경을 비롯해 최근에는 공항에서도 동물이 주는 진정 효과를 활용하고 있다. 근처에 동물을 두는 것만으로 세상은 조금 덜 위협적이고 조금 더 친근한 곳이 된다. 싸우도록 훈련받은 군인들도 예외가 아니다.

미군 기록에 치료용 동물이 최초로 등장한 시기는 2차 세계대

전 때였다. 1944년 상등병 빌 윈은 뉴기니에 주둔하다가 길 잃은 개를 우연히 발견했다. 동료 한 명이 길가의 여우 굴에서 작고 말라빠진 요크셔테리어를 데려온 것이다. 윈은 이 개를 입양해 스모키라는 이름을 붙이고 이후 1년 반 동안 공습과 태풍, 열두 번의 전투를 함께 견뎠다.

윈은 뎅기열에 걸렸을 때 스모키가 자기뿐만 아니라 다른 병사들도 치유한다는 사실을 알게 되었다. 병원에서 요양하는 동안 친구들이 스모키를 데리고 윈을 방문했다. 그러자 간호사들은 스모키에게 매료되어 다른 환자들에게도 개를 보여 주라고 부탁했다. 환자들은 스모키의 우스꽝스런 몸짓과 죽은 척하기 같은 재주를 특히 좋아했다. 곧 소문이 퍼졌고 스모키와 윈은 다른 병원으로도 초대되었다.

스모키 말고도 군인들의 치료에 도움을 준 동물은 또 있었다. 뉴욕 폴링의 육군 항공대 요양병원 환자들은 '전쟁 피로증'에서 회복하는 프로그램의 일환으로 동물과 함께 일하기를 권유받았다. 전쟁 피로증은 PTSD와 비슷한 급성 증상이다. 군인들은 말, 소, 돼지, 닭, 거북이, 뱀, 개구리를 비롯한 다양한 동물의 '치유력'으로부터 도움을 받았다.

하지만 오늘날 PTSD를 앓는 퇴역 군인 가운데 절반만이 의료 서비스를 받고 있다. 상당수가 PTSD로 낙인찍히는 것을 우려하기 때문에 현직 군인들의 경우는 치료받는 수가 더 적을 것이다. 그리고 도움을 청하는 퇴역 군인 가운데서 실질적으로 증상이 호전되는 경우는 40퍼센트뿐이다. 결과적으로 PTSD를 겪는 전체

퇴역 군인 가운데 증상의 빈도, 강도, 지속 시간이 현저하게 감소하는 인원은 5분의 1에 지나지 않는다.

동물들은 이런 사람들에게 부족한 의료 서비스를 제공할 수 있다. 마음을 가라앉히는 효과 말고도 동물을 보살피는 과정 자체가 충격적인 경험에 대한 반복적인 회상으로 고통 받는 사람들에게 도움이 된다. 동물이 무엇을 필요로 하는지 주의를 기울이다 보면 자신의 마음 속 고통에서 벗어날 수 있기 때문이다.

연구에 따르면 돼지, 양, 닭, 주머니쥐, 말, 개, 고양이를 포함한 다양한 동물들이 심각한 우울증과 PTSD의 증세를 감소시킨다. 어떤 연구에서는 증상이 82퍼센트나 줄어들었다. 그리고 많은 환자들이 약물을 보다 덜 복용하게 되었다. 어떤 사례에서는 환자가 고작 일주일 동안 개와 상호작용을 하면서 불안증과 복용하던 수면제 양이 절반으로 줄었다. PTSD 환자들이 동물과 함께할 때 장기적으로 이득을 보는지 여부는 분명하지 않지만 현재 여기에 대해 답을 얻고자 하는 협동 연구가 진행 중이다. 예컨대 재향군인회는 동물이 군인들의 정신건강에 미치는 영향을 탐구하는 새로운 연구에 자금을 지원하고 있다.

액셀과 제이슨은 3년 넘게 함께 생활했다. 이제 제이슨은 액셀 없이는 집을 나서는 일이 거의 없다. 단지 액셀을 옆에 두는 것만으로도 제이슨은 보다 안정감을 느낀다. 액셀은 제이슨의 양팔을 부드럽게 깨물고 핥는 것만으로도 그를 악몽과 공황 발작으로부터 구해낸다. 액셀의 도움을 받아 제이슨은 조금씩 사회로 복귀하는 중이다.

나는 제이슨에게 액셀을 플로리다의 집에 데려왔을 때 아내가 어떻게 생각했는지 물었다.

"좀 질투를 했죠." 제이슨이 미소를 지으며 대답했다.

"전 질투가 났던 게 사실이에요." 나중에 엘리자베스와 만났을 때도 똑같은 대답이 돌아왔다. "왜냐면 저는 제이슨을 중학교 때부터 알고 지냈고 고등학교 때부터는 가장 친한 친구였거든요. 그렇게나 오래 함께했는데 내가 병을 낫게 해줄 수 없다는 점이 절망스러웠어요. 그런데 갑자기 큰 귀를 가진 귀여운 개가 오더니 증상이 훨씬 나아진 거예요."

"하지만 그래도 일단은 너무 고맙죠." 엘리자베스가 덧붙였다. "남편이 돌아왔으니까요. 액셀은 이제 우리 가족이에요. 나와 아이들은 액셀을 사랑할 뿐이랍니다."

액셀이 '전사들을 위한 K9'에 입양되었을 당시, 동물 보호소에서 이틀 뒤에 안락사 당할 처지였다. "액셀은 심하게 학대를 당했죠." 제이슨이 내게 말했다. "생후 9개월이었는데 몸무게가 18킬로그램밖에 나가지 않았어요. 갈비뼈가 드러난 상태였죠." 제이슨은 휴대폰으로 당시 액셀의 사진을 보여 줬다. "이게 보호소에서 오던 날 액셀의 모습이에요." 액셀은 비록 몸은 수척했지만 얼굴에는 실망의 빛이 드러나지 않았고 희망에 차 보였다.

"아마 액셀은 자기가 막 목숨을 부지했다는 사실을 알았을 겁니다. 다른 개들도 퇴역 군인들에게 도움을 줬겠죠. 서로 도움을 주고

받는 만큼 개와 퇴역 군인 사이의 유대감은 조금 더 두텁습니다."

액셀은 제이슨에게 잠재적인 위험 요소에 대해 알려 불안감을 덜게 함으로써 안내견으로서 도움을 준다. 하지만 둘 사이의 관계는 보다 더 깊다. 동물들은 사람과 동반자 관계를 쉽게 형성한다. 우리가 개를 길들인 역사가 오래되었다는 사실을 생각해 보면 우리에게 치유가 필요할 때 개와 함께하는 것은 당연해 보일지도 모른다. 하지만 우리가 동물을 통해 경험하는 정신적 혜택은 개에만 국한되지 않는다. 오늘날 고양이, 말, 염소, 돼지, 토끼, 심지어는 칠면조까지도 퇴역 군인뿐 아니라 강간과 아동학대 생존자, 응급 구조원, 불안과 우울증을 겪는 환자들을 감정적으로 떠받치는 친구가 되어 주고 있다.

심리학자 안드레아 비츠Andrea Beetz는 동물과의 접촉을 통해 사람이 얻는 여러 유익한 효과에 옥시토신이 중요한 역할을 한다고 주장한다. 사람 뇌의 시상하부에서 호르몬으로 만들어지는 옥시토신은 원래 산모가 진통을 일으키고 모유를 만들어내는 작용과 관련이 있다. 이 옥시토신은 사람뿐 아니라 동물 산모에게도 도움을 준다. 그런데 지난 수십 년 동안의 연구에 따르면 옥시토신은 사실 이보다 더 폭넓은 영향을 미쳤다.

옥시토신은 여성과 남성의 몸 모두에서 돌아다닌다. 옥시토신이 하는 일의 목록은 꽤 길다. 옥시토신은 심박수와 스트레스 호르몬 수치를 낮추고 사회적 상호작용, 너그러움, 유대감, 애착의 감정을 고양시킨다. 그뿐만 아니라 서로 간의 신뢰를 향상시키고 공격성, 공포, PTSD의 증상을 완화시킨다. 미국심리학회에 발표된 글에서 토리 데엔젤리스Tori DeAngelis는 이렇게 말한다. "만약 호르몬들 사이에서 인기투표를 한다면 옥시토신은 그야말로 1등인 여왕 자리에 오를 것이다. 옥시토신은 우리가 가진 가장 긍정적이고 친사회적인 감정과 행동을 촉진시킨다. 다시 말해 우리가 행복해지도록 도와준다."

신경경제학자 폴 잭Paul Zak이 이끈 한 유명한 연구에서 참가자들은 절반이 옥시토신이 든 스프레이를, 나머지 절반은 위약을 흡입했다. 그런 다음 낯선 사람과 돈을 어떻게 나눌 것인지 결정하라는 요청을 받았다. 이때 옥시토신을 흡입한 사람들은 위약을 흡입한 사람들보다 낯선 사람에게 80퍼센트나 더 많은 돈을 주었다. 이 연구 결과는 옥시토신이 공감과 이타심을 높인다는 잭과 다른 연구자들의 이전 결과를 다시 확인시켰다.

후속 연구에서 잭과 동료들은 사람들이 사회 활동을 한 직후에 옥시토신 수치가 증가한다는 사실을 발견했다. 증가 수치는 상호작용의 유형과 상호작용하는 사람에 대한 친밀도에 따라 달랐다. 잭은 이렇게 정리했다. "연구에 따르면 사람들이 서로 사회적 상호작용을 할 때 옥시토신의 농도는 보통 10에서 50퍼센트까지 증가한다. 혈액 속 옥시토신의 변화치는 인간관계의 강도를 수치화한다. 어린 딸이 달려와 안기면 여러분의 옥시토신 수치는 100퍼센트 증가할 테지만 낯선 사람이 손을 흔들면 5~10퍼센트 정도만 증가할 것이다. 그 낯선 사람이 매력적이라면 50퍼센트까지도 늘어나겠지만 말이다." 옥시토신은 사회적 상호작용을 촉진할 뿐 아니라 양의 피드백 고리를 통해 그런 상호작용으로부터 영향을 받는다. 타인과의 상호작용이 의미가 깊을수록 옥시토신이 더 많이 분비된다.

비츠와 동료 연구자들은 옥시토신의 여러 유익한 효과들이 동물과 동반자 관계를 형성했을 때 나타나는 효과와 비슷하다는 사실을 발견했다. 남아프리카 출신의 두 연구자는 동물과의 상호작용 직후 사람의 몸에 생화학적 변화가 일어난다는 사실을 실험을 통해 처음으로 밝혔다. 이때 옥시토신뿐 아니라 다른 화학물질도 증가했다. 예컨대 사람이 개를 쓰다듬고 5분에서 24분 정도 지나면 개와 사람의 혈액에서 엔도르핀, 도파민, 프로락틴처럼 기분을 좋아지게 만드는 화학물질이 늘어났다. 다시 말해 개와 사람 둘 다 이득을 보는 셈이었다. 이 연구는 옥시토신 같은 단일 화학물질로는 사람과 동물의 유대감을 완전히 설명하기 어렵다는 사실도 보여 주었다.

뇌 영상을 분석한 한 연구 결과에 따르면, 개들은 먹이를 뜻하는 사람의 손짓과 익숙한 사람의 냄새에 반응해 뇌 피질과 뇌간 사이에 자리한 꼬리핵이 활성화되었다. 이 꼬리핵에는 도파민 수용체가 풍부하다. 사람의 뇌에서도 즐거운 무언가를 접하면 꼬리핵이 활성화된다. 다시 말해 개들은 익숙한 사람들 근처에 있을 때 긍정적인 감정을 느끼는 셈이다. 그뿐만 아니라 다른 동물들 역시 유대감을 느끼는 사람들 근처에서 이런 화학물질의 수치가 높아질 가능성이 있다.

폴 잭은 인간과 동물의 유대감이라는 주제로도 뛰어들었다. 잭은 인간과 동물이 서로 가까워질 때 옥시토신이 증가하는지 실험했다. 큰 규모의 실험에서는 개와 고양이가 인간의 몸에서 옥시토신 수치를 높이지 않았지만, 보다 작은 규모의 실험에서는 서로 다른 동물이 상호작용을 할 때 옥시토신이 높아진다는 사실이 드러났다. 이것은 이 호르몬이 서로 다른 종 사이의 우정을 증진시킨다는 사실을 암시했다. 잭은 이 실험을 위해, 종종 함께 놀던 개와 염소의 혈액 샘플을 채취했다. 두 동물이 함께 놀고 난 15분 뒤에 개의 혈액에서 옥시토신 농도가 48퍼센트 증가했는데 이는 개가 염소에게 상당한 애착이 있고 그를 친구로 대한다는 사실을 의미했다. 더 놀라운 것은 개에 대한 염소의 반응이었다. 염소의 옥시토신 수치는 210퍼센트나 증가했던 것이다. 그 정도의 증가치는 염소가 개와 사랑에 빠졌을 것이라는 사실을 알려 주었다.

잭은 이렇게 밝혔다. "내가 지금까지 경험한 바에 따르면 사람에게서 이처럼 옥시토신이 급증한 경우는 사랑하는 사람을 보았거나 누군가에게 로맨틱하게 끌리거나 엄청난 호의를 받았을 때뿐이었다. 다른 종의 동물들이 서로에게 옥시토신을 분비하도록 유도한다는 것은 그들이 인간처럼 사랑할 수도 있다는 점을 시사한다. 여러분이 애정을 느끼는 만큼 동물들도 같은 방식으로 느낀다. 그것을 사랑이라고 부를 수도 있을 것이다."

여기서 우리는 인간과 동물의 유대감에 관한 연구들이 지적하는 중요한 사실에 대해서도 알 수 있다. 동물과 상호작용하는 모든 사람이 앞서 언급한 신체적, 정신적 지지와 향상을 경험하는 것은 아니다. 인간 사이의 사회관계가 그렇듯 인간과 동물의 상호작용은 우리가 동물과 유대감, 공감, 애정을 느낄 때도 일어나지만 종종 그 반대로도 일어난다. 동물을 무서워하거나 싫어하고 동물에 무관심한 사람들은 옥시토신을 비롯한 다른 유익한 화학물질의 증가를 경험하지 못할 것이다. 가장 큰 이득은 인간과 동물 사이의 애정과 유대감에서 나온다. 유대가 강할수록 이득이 더 커진다.

제이슨과 만난 지 두 달도 되지 않아 나는 워싱턴 중심가에서 열리는 '전사들을 위한 K9' 연례행사에 참석했다. 장군과 대령들, 텔레비전에 나오는 유명 인사들, 군인과 가족들이 가득한 자리에서 액셀은 관심을 독차지했다.

붉은 넥타이를 매고 무대에 오른 액셀은 맵시 있어 보인다. 제이슨은 남색 정장에 노란색 나비넥타이 차림이다. 제이슨과 액셀이 함께 있는 모습을 보면 둘 사이의 유대가 얼마나 강한지 알 수 있다. 우리는 서로에 대한 유대를 정신적으로만 느끼는 것이 아니다. 몸으로도 감정을 처리한다. 무의식적으로 서로의 감정과 기분이 동기화될 뿐 아니라 몸의 움직임도 따라간다. 제이슨과 액셀은 몸을 나란히 하고 있다. 제이슨이 무대 밖 어딘가로 머리를 돌려 시선을 옮기면 액셀도 그렇게 한다. 둘은 거의 동시에 움직인다.

제이슨은 무대 위에서 약간 긴장한 표정으로 액셀의 귀를 매만진다. 그리고는 참가자들을 향해 발표한다. "이제 돌아오는 일요일에 새로운 참가자인 퇴역 군인 셋이 K9 학교에 입학할 겁니다. 저는 그들과 같이 복무했고 그들의 친구입니다." 제이슨은 목이 멘 듯 잠시 말이 없었다. 그러자 청중은 조용히 숨을 죽이고 제이슨의 다음 말을 기다린다.

"그리고 이 학교를 졸업하면, 제 친구들의 인생은 완전히 바뀔 겁니다."

3

인간다워지기

교도관 두 명이 오하이오 주에서 가장 위험한 남자들 40명의 잠을 깨웠다. 1977년 1월의 추운 아침, 이 남자들은 제정신이 아닌 상태에서 범죄를 저지른 사람들이 이송되는 리마 주립 정신병원 18번 병동의 큼직한 기숙사에서 자고 있었다. 교도관들은 수감자들을 한 줄로 늘어서게 했고, 이들은 아침 식사를 먹기 위해 식당으로 향했다. 30분이 지나자 교도관들은 수감자들을 병동으로 다시 데려갔다. 바로 그때 수감자 가운데 열 명가량이 교도관들에게 달려들어 몸을 묶은 다음 전화기를 들었다. 그리고 이들은 한 시간 동안 항정신성 약물인 소라진과 스텔라진을 가져올 오전 교대 간호사를 기다렸다. 이 간호사를 인질로 잡고 탈출할 계획이었다.

나는 교도관들을 지나쳐 스무 마리의 순한 동물들과 인사한다. 2015년 10월의 따뜻한 오후, 낮게 우르릉대며 날카롭게 끼익 소리를 내는 고양이 울음의 합창이 나를 맞이한다. 그리고 고양이 열 마리 남짓이 나에게 달려와 인사를 건넨다. 나머지 고양이들은 각기 다른 자세로 앉거나 누워 나를 주의 깊게 쳐다본다. 햇살이 비치는 이 방에서 고양이들은 바닥에서 천장까지 이어진 스크래처 기둥, 고양이 침대, 캣 타워와 산책용 통로에서 휴식을 취한다. 치즈색 고양이, 얼룩무늬, 젖소무늬, 털이 길거나 짧은, 덩치가 크거나 작은 고양이까지 생김새가 다양하다. 아이러니하지만 이 고양이들은 약간의 자유를 얻고자 이 보안이 삼엄한 주립 교도소로 보내졌다. 이 고양이들 말고도 미국 전역의 여러 교도소에 수감자들이 갱생할 기회를 얻도록 돕는 수많은 동물들이 있다.

인디애나 주의 펜들턴 교도소는 2015년 3월 포워드 프로그램 (FORWARD)의 창립자이자 경영 보조를 맡은 미셸 레인스^{Michelle Rains} 덕분에 교도소 내부에 고양이 보호소를 갖추게 되었다. 이 프로그램의 전체 이름은 '애정과 개심, 헌신으로 고양이와 범죄자들의 재활과 갱생하기'라는 뜻이다. 꽤 청교도적이게 들리지만 미셸 본인은 절대 그렇지 않다. 개방적인 성격이라 말을 붙이기 쉬운 사람이다. 동물보호연맹은 이들이 운영하는 보호소에서 교도소로 고양이들을 데려온다. 그곳에서 고양이들은 우리에 갇힌 채였지만 이곳에서는 창문이 넓은 두 방을 자유롭게 돌아다니며 사람들과 마음대로 어울릴 수 있다. 그리고 보호소 직원이나 수감자 가족들이 고양이를 자유롭게 입양한다.

내가 보호소에 방문하기 전에 미셸은 그곳에서 일하는 수감자 가운데 한 명인 대니얼을 만나게 해주려고 나를 회의실로 데려갔다. 대니얼의 첫인상은 열여섯 살쯤으로 무척 어려 보인다는 것인데 사실은 스물세 살이었다. 창백한 피부 톤에 머리카락과 눈썹이 연한 적갈색인 대니얼은 말씨가 무척 부드러워 처음 소개받았을 때 인사하는 말소리가 거의 들리지 않을 정도였다.

이곳의 고양이들은 대니얼의 자부심과 기쁨의 원천이다. 나는 그의 조근조근한 말을 듣고자 몸을 기울였다. "저는 동물을 사랑해요. 자라면서 우리 가족은 언제나 동물을 키웠죠. 엄마, 할머니와 함께 살면서 우리는 항상 개와 고양이를 키웠고 돼지를 몇 마리 키울 때도 있었어요. 우리 엄마는 싱글맘이어서 일을 많이 했고 결혼도 여러 번 했어요. 우리 가족은 엄마의 결혼 상대가 바뀔 때마다 이사를 다녔죠. 엄마는 성격이 그렇게 좋지 않았고 내게는 의붓아버지가 여러 명이었어요. 하지만 상황이 얼마나 나쁜지는 중요하지 않았죠. 언제나 쓰다듬고 돌봐야 할 동물이 있었으니까요. 동물들만이 제게 위로를 줬어요."

대니얼은 다른 수감자로부터 고양이 보호소가 지어지고 있다는 소식을 들었고 그곳에서 일해 달라는 요청을 받았다. "나는 먼저 일하고 있던 교도소 내 페인트 가게의 담당자와 논의했어요. 그분은 내가 동물을 사랑한다는 사실을 알았고 내가 일을 잘할 것이라 말했죠." 수감자들은 교도소에서 일을 해서 간식, 책, 잡지, 비누, 샴푸, 치약을 산다. 당시 대니얼은 페인트 가게에서 시간당 25센트를 벌고 있었다. 그에 비해 보호소의 봉급은 시간당 15센트였다. 하지만 그래도 대니얼은 고양이를 돌볼 기회를 놓치지 않았다. "보수가 없어도 했을 거예요."

하지만 대니얼이 이처럼 열성을 보였는데도 미셸은 대니얼을 고용할 설득력 있는 이유가 더 필요했다. 미셸은 내게 이렇게 말했다. "솔직하게 말하면 나는 보호소에서 일할 사람들을 무척 까다롭게 골라요. 고양이들을 자기 자신보다 소중하게 다뤄야 하거든요. 하지만 그곳 사람들은 잘못을 저질러 심판을 받았던 과거가 있잖아요." 미셸은 직원이 될 수감자들이 고양이를 잘 돌보고 해치지 않는다고 신뢰할 수 있는지 판단하기 위해 수감자들의 과거를 알아야 했다. "그래서 대니얼의 전적을 살폈죠. 그 결과 처음에는 대니얼을 받아들일 수 없다고 생각했어요."

나는 고개를 푹 숙이고 무릎에 손은 얹은 채 말없이 앉아 있는 대니얼에게 시선을 돌렸다. "무슨 일로 이 교도소에 들어왔는지 물어도 될까요, 대니얼?"

"남동생을 살해한 죄로 들어왔어요."

이런, 세상에. 나는 깜짝 놀란 티를 내지 않으려고 애써야 했다. 대니얼의 조심스런 태도로 봤을 때 나는 훨씬 가벼운 죄를 지었을 것이라 생각했다. "어쩌다가 그랬어요? 싸웠나요?"

그렇지도 않았다. "우린 그저 레슬링을 하고 있었는데 그 다음 순간 자연스럽게 그 짓을 하고 있었죠. 그 애의 목을 졸랐던 것 같아요."

대니얼은 열일곱 살에 겉으로 보기에 전혀 흥분하거나 화를 내지도 않은 채 열 살짜리 의붓동생을 살해했다. 하지만 그의 여러 의붓아버지들 가운데 한 명은 여덟 살 때 그를 강간했던 전적이 있으니, 대니얼은 정신질환을 앓았을 가능성이 있다. 왼쪽 손목의 너덜너덜한 상처는 그가 자살 시도를 했다가 실패한 전력이 있음을 암시했다.

"솔직히 내가 그 애를 왜 죽였는지 모르겠어요." 대니얼은 내게 말했다. 대니얼은 남동생을 죽였다는 사실을 곧장 시인했고 사형을 구형해 달라고 부탁했지만 거절되었다. 그 대신 대니얼은 가석방 없는 종신형을 선고받고 복역 중이다.

미셸은 내게 이렇게 말했다. "그 모든 진술이 너무 즉흥적으로 들렸죠. 그런 과거를 갖고 있으니 어떻게 대니얼을 믿을 수 있었겠어요?"

하지만 다음 주에 대니얼이 일하는 곳의 담당자가 미셸에게 간청했다. "그 사람은 대니얼이 최고의 일꾼이고 무척 예의가 바르다고 말했어요. 그러니 못 믿는 척 일을 맡겨 보라고 했죠. 그래서 나는 대니얼에게 한 번 기회를 주겠다고 말했어요. 그리고 그건 고양이 보호소를 위한 최고의 선택이었죠."

대니얼은 우리와 함께 보호소에 들어서는 순간 예전의 그가 아니었다. 더 이상 긴장하고 수줍어하는 소년이 아니라 이곳저곳을 안내하면서 흥분과 자신감을 내뿜었다. 고양이가 우리 발밑에 들어가자 대니얼은 얼굴이 환해지면서 웃음 지었다. 그리고 앙증맞은 발을 늘어뜨린 채 편안하게 쉬고 있는 회색 고양이를 오랜 친구처럼 친근하게 들어 올려 배를 간지럽혔다. "이 애는 부머예요. 내가 돌아다닐 때 어깨에 올라가는 걸 좋아하고 바닥에 내려오면 내 무릎에 앉으려 하죠. 그리고 선생님이 안고 있는 까맣고 하얀 얼룩무늬 새끼 고양이는 내가 빗질을 할 때마다 뒷다리로 서서 내 다리를 앞발로 안고 쓰다듬어 달라고 야옹거리죠." 나는 새끼 고양이가 작고 날카로운 발톱으로 내 팔을 찌르자 움찔했다.

털북숭이 고양이들이 돌아다니는 모습과 야옹거리는 소리가 없다면 이곳에 그렇게나 많은 고양이가 사는지 실감 나지 않았을 것이다. 실내가 무척 상쾌하고 깨끗했기 때문이다. 그 이유는 알 법했다. 또 다른 수감자인 래리가 조심스럽게 쓰레기통을 치우고 바닥을 쓸고 있었다. 덩치가 크고 상냥한 래리는 청소를 하면서 고양이들을 바꿔 가며 품으로 들어 올려 껴안았다.

"대니얼과 래리는 최고의 일꾼이죠." 미셸이 말했다. "두 사람은 고양이들에게 무척 잘해 줘요. 고양이 각자의 성격을 파악하고 좋아하는 것과 싫어하는 것이 무엇인지 알죠. 여기 보안 카메라가 하나 있는데, 이곳에 이상이 없는지 가끔 카메라를 확인하면 대니얼이 뒷정리를 하거나 앉아서 서류 작업하는 걸 볼 수 있어요. 항상 고양이를 안은 채로요."

나는 새끼 고양이를 내려놓고, 무거운 발을 내 다리에 올려놓으며 관심을 달라고 요구하는 커다란 오렌지색 고양이를 안아 들었다. "그리고 고양이에게 애정을 갖고 돌보는 저들의 모습을 보면 죄수 같지 않아요. 아이 같죠."

대니얼은 나를 옆에 딸린 작은 방으로 데려갔는데 그곳은 물품과 약품을 보관하는 방이었다. 고양이 세 마리가 우리를 따라왔고 대니얼은 수첩을 집어 깔끔한 필체로 정리된 메모를 보여 줬다. 고양이들의 이름이 한 줄로 적혀 있고 날짜별로 메모가 있었다. "고양이들이 매일 어떻게 지내는지 적어 두는 거예요. 토했다든가 발진이 생긴다든가 약을 먹었다든가 하는 것들이요. 고양이들을 돌보는 게 제 일이니까요."

대니얼은 수첩을 닫고 탁자 위에 놓은 채 내게로 몸을 돌렸다. "내가 왜 교도소에 있는지 누가 묻는다면 전 솔직하게 말할 거예요. 잘못을 저질렀으니 마땅한 벌을 받아야죠. 지금은 철이 들어서 그런지 사람들을 잘 믿지 않아요. 가끔은 여기서 지내는 게 힘들죠. 하지만 고양이들을 보면 힘이 나요. 내가 자기들을 돌보고 있다는 걸 알아주죠. 제 아기들 같아요."

대니얼 같은 수감자들이 고양이들을 길들이고, 그렇게 한 마리가 입양되어 나가면 다른 한 마리가 들어온다. 자기들을 돌봐 주는 대가로 고양이들은 수감자들에게 이곳에서 유일한 신체적 접촉과 애정을 제공한다. 보호소 소식을 듣고 자기도 일하겠다며 미셸에게 요청하는 수감자들이 무척 많았다.

하지만 미셸이 이 보호소에 대한 허가를 얻는 데까지는 거의 10년이 걸렸다. 사람들은 동물의 안전에 대한 우려 외에도, 대니얼 같은 무척 폭력적인 범죄를 저지른 수감자들이 동물의 애정을 받을 자격이 없다고 주장했다. 교도소 직원들과 관리자들은 수감자들이 그런 특권을 누릴 수는 없다고 종종 말하곤 했다. 하지만 분위기가 조금씩 바뀌고 있다. 관리자들은 버림받은 동물들로 초만원인 다른 보호소에 비해 이곳에서 동물들을 더 잘 보살핀다는 사실과 함께, 동물을 가까이 하는 교도소 수감자들에게서 나타나는 긍정적인 변화를 부인할 수 없었다. 연구자들은 이제 이런 질문을 던진다. 동물들이 갱생의 여지가 없어 보이는 사람들을 구원하는 데도 도움을 줄 수 있을까?

이 질문에 답하려면 미국의 교도소에서 처음으로 성공적인 동물치료 프로그램을 시작한 사람의 사연을 살피는 게 좋을 것이다.

다음은 1980년 〈캣츠 매거진 *Cats Magazine*〉에 실린 기사 '톰: 고양이와 환자들'에서 발췌한 글의 도입부다.

지금으로부터 2년 전 목요일 저녁, 오하이오 주 리마의 한 상점가에서 혈통을 알 수 없는 수컷 고양이가 발견되었다. 고양이가 며칠 동안 굶주린 건 분명했기 때문에 부랑자는 이 고양이를 고양이 사료를 공급하는 가까운 식료품점으로 데려갔다. 배불리 먹은 고양이는 고양이를 구한다고 알려진 리마 주립 정신병원의 온실로 옮겨졌다. 제정신이 아닌 상태에서 범죄를 저지른 사람들이 머무르는 병원이었다.

톰이라는 이름의 이 고양이는 1975년부터 시작된 전례 없는 동물치료 프로그램의 일환으로 리마 주립병원에서 살게 된 야생동물 가운데 한 마리였다. 사회복지사인 데이비드 리David Lee가 최초로 실시한 이 프로그램은 무척 성공적이어서 수감자들의 삶뿐만 아니라 해당 병원의 이미지를 변화시켰다. 이 정신병원은 당시 이런저런 추문에 휩싸인 기관 중 하나였다.

나는 데이비드 리를 만난 순간부터 좋은 사람이라는 것을 직감했다. 내 남편도 마찬가지였다. 전직 해군 정비사이자 사냥꾼이었던 남편 패트릭은 어깨가 넓고 키가 크며 머리도 크다. 여러분은 웨스트버지니아 출신 남자와 파키스탄 여자 사이에는 그렇게 공통점이 많다고 생각하지 않을 것이다. 하지만 사실 우리는 동물과 자동차 여행에 대한 취향을 비롯해 많은 공통점이 있다. 우리는 픽업트럭을 타고 아홉 시간에 걸쳐 메릴랜드 주에서 오하이오 주까지 유쾌하게 여행했다.

데이비드는 나이든 히피와 성경 속 노아를 섞은 듯한 외모다. 그는 키가 크고 말랐으며 73세의 나이에도 원기 왕성했다. 놀랄 일도 아닌 것이 아침부터 밤까지 2만 제곱미터의 자기 밭에 물을 주고 개 세 마리, 염소 네 마리, 사슴 다섯 마리, 백조 다섯 마리, 공작 일곱 마리, 고양이 열 마리, 라마 스무 마리를 비롯해 셀 수도 없을 만큼 많은 닭들에게 먹이를 주기 때문이다. 이들 동물 가운데 상당수가 나이가 많았는데, 데이비드는 선량한 마음에서 그의 방주에 동물을 더 데려오곤 했다. 아무도 원하지 않는 다치고 지친 동물들이 그의 손에서 거둬졌다. 데이비드는 패트릭과 나를 자기 소유지 근처로 안내하면서 다양한 동물들을 소개했다.

"뚱보야, 이리 와!" 데이비드가 소리쳤다. 그러자 통통한 사슴 한 마리가 헛간 뒤에서 나와 데이비드의 손에 머리를 들이밀었다. "동물들의 이름을 다 지으신 건가요?" 패트릭이 아기 라마를 쓰다듬으며 물었다. "한때는 이름을 더 정성스레 지어 주었죠. 하지만 이제 눈이 침침해지다 보니 그저 뚱보, 브라우니, 말라깽이, 흰둥이라고 부를 뿐이랍니다." 데이비드는 무척 명랑하고 낙천적이었고 이런 그의 성품이 주변을 똑같이 물들였다. 데이비드가 어떻게 훌륭한 사회복지사가 되었는지 알 것 같았다.

우리는 함께 동물 무리에게 먹이를 준 뒤 데이비드를 따라 그의 차고로 향했다. 코카콜라, 말보로의 금속 광고판으로 장식된, 수집가에겐 꿈 같은 곳이었다. 데이비드는 먼지투성이에 거미줄로 뒤덮인 마분지 상자 더미 속을 샅샅이 뒤졌다. 그러는 동안 닭과 공작, 고양이가 차고를 자유롭게 드나들었다. 조금 뒤 데이비드는 내게로 다가와 내 무릎 위에 수상쩍게 생긴 상자를 던졌다. 고양이 오줌 냄새가 나는 상자 안에는 데이비드가 리마 주립병원에서 거의 30년을 일하는 동안 작성했던 관리 보고서와 스크랩북이 들어 있었다. 잡동사니 사이로 과거 병원의 인상적인 흑백 항공사진도 보였다.

처음에는 제정신이 아닌 상태에서 범죄를 저지른 수감자들을 위한 주립 정신병원으로 알려졌던 이 기관은 거의 공포영화의 소재였다. 미국 국방부 건물 다음으로 세계에서 두 번째로 큰 콘크리트 건물로 지어진 리마 주립병원은 1915년 문을 연 이래 90년 동안 운영되었다. 정신적인 이상을 갖고 범죄를 저지른 사람들이 수용되는 세계 최대 기관이었으며, 다른 병원에서는 너무 위험해서 다루기 힘든 환자들도 수용했다. 그렇게 시간이 흐르면서 리마 주립병원은 오하이오 주에서 가장 다루기 힘든 환자들이 모이는 쓰레기장으로 알려졌다.

데이비드와 패트릭, 나는 리마 주립병원이 있던 터로 향했다. 1908년에 무려 210만 달러(약 23억 원)를 들여 이 최첨단 병원을 짓는 공사가 시작되었다. 약 2.5제곱킬로미터 면적의 대지에 자리 잡은 병원은 축구장 크기의 넓은 뜰 안에 열네 개의 개별 병동을 갖추고 있었다.

하지만 이 병원은 2004년에 문을 닫았고, 데이비드는 1991년에 은퇴한 이후로 이곳에 온 적이 없었다. 데이비드는 이곳의 외관이 엄청나게 바뀐 데 놀랐다. 창문은 깨져 있고 아무도 돌보지 않아 지나치게 웃자란 나무와 덤불이 1층 창문을 가로막았다. "그 시절에는 나무가 없고 잔디만 깔려 있었죠. 저렇게 덩굴이 우거지면 누군가 벽을 타고 오를 수 있으니까요."

데이비드는 눈앞에 놓인 폐허를 보고 믿기 어렵다는 듯 고개를 저었다. 주립병원이 문을 닫은 뒤에 이 거대하고 견고한 벽돌 건물들이 그대로 버려졌다. 이제 건물에 사는 생명이라고는 새와 쥐, 너구리뿐인데 이 동물들이 은신처를 찾아 오지 않았다면 완전히 텅 빈 공간이었을 것이다. 과거에도 그랬지만 동물들은 이곳에 활기를 불어넣는 역할을 하고 있다.

패트릭과 나, 데이비드는 철로 근처의 외진 곳에 놓인 무덤이 몇 개인지 세었다. 모두 502개였다. 이 무덤들에는 가족이 거두지 않은 수감자들이 묻혀 있다. 비문도 없고 사망 날짜도 없는 무덤들로 가득한 묘지는 병원이 그렇듯 완전히 내버려졌다. 죽은 이들은 성과 이름 전부가 온전히 기록되지도 않은 채였다.

리마 주립병원은 1915년 7월 10일에 첫 환자를 받았다. 클리블랜드 주립병원에서 이송된 첫 수감자들은 기차를 타고 이동한 다음 기차역에서 이곳 병원까지 족쇄와 수갑을 찬 채 걸어왔다. 그로부터 1년이 되지 않아 병원은 총 1166명을 수용했는데 대부분 남성이었다. 다양한 직업의 수감자들은 병원에 입원할 때 키와 몸무게를 재고 사진을 찍은 다음 정신과 의사의 검사를 받고, 소변과

혈액 샘플을 제출하고, 기생충 검사를 받고, 목욕을 했다.

초창기에 이 기관에 수용된 수감자들은 제과점, 식당, 세탁소, 페인트 가게, 수선점, 양복점, 목공소, 정육점 등에서 일했다. 그리고 거의 1.2제곱킬로미터에 걸쳐 옥수수와 밀, 건초, 귀리, 감자를 재배했다. 병원은 자체적으로 전기를 만들고 난방을 했으며 정수처리장과 하수처리장도 갖췄다. 그뿐 아니라 자체 영안실도 있었다.

다시 말해 이 병원은 자급자족하는 콘크리트 요새였다. 리마 시민들은 위험한 범죄자들이 그 안에 안전하게 감금되어 있다는 사실에 안도하며 밤에 편안히 잠을 잤다. 정신적으로 병들고 가난한 사람들이 그런 현대적인 최신 시설에서 최고의 보살핌을 받는다고 생각하며 안심한 채 코를 골았던 것이다. 하지만 진실은 사뭇 달랐다.

처음 문을 연 이후로 이 병원에서 잔인한 실험을 한다는 음습한 소문이 퍼졌다. 데이비드도 의심을 품고 본인이 가진 열쇠로 의료기록실에 몰래 들어가 오래된 기록을 읽은 적이 있다. 지하실의 터널과 빈 방, 막다른 골목을 탐험하기도 했다. 한 나이든 직원은 그런 방들 가운데 하나가 개들을 대상으로 실험하는 곳이라고 말해 주었다. 기증받은 개를 대상으로 의사들이 창문도 없는 지하실에서 개에서 개로 장기이식 실험을 했으며 개의 성대를 절제해 짖는 소리가 새어 나가지 않게 했다는 것이다. 그러다가 1960년대초에 이 실험실에 대한 말이 퍼지자 실험은 중단되었다. 하지만 또다른 취약한 집단인 수감자들에게 다른 실험이 계속되었다.

지하 깊숙한 곳에는 수치료 시설도 있었을 것이다. 데이비드는 오래된 의학 자료에서 정신병 환자를 대상으로 행해진 수치료 요법에 대해 읽었다. 환자들을 마구에 묶고 뜨거운 물이 담긴 통에 넣었다가 재빨리 들어 올려 얼음처럼 차가운 물이 담긴 통에 넣는다. 이 실험에서 의사들의 목표는 환자의 몸에 경련을 유발해 정신 질환을 완화시키고 침착하게 만드는 것이다. 또 다른 실험 프로그램은 인슐린 쇼크 치료였다. 정신과 의사들이 환자들에게 인슐린을 점점 더 많이 주입해 혈당치를 급격히 떨어뜨려 혼수상태와 경련을 유발하는 것이다. 생리적 충격이 정신질환의 증상 개선에 영향을 줄 것이라는 믿음에서였는데, 효과가 입증되지도 않았고 나중에 항정신성 약물이 개발된 이후로는 더 이상 시행되지 않았다.

이곳에서 이런 실험이 가능했던 부분적인 이유는 병동 경비원들이 환자들을 대부분 관리 감독하며 완전한 통제권을 갖고 있었기 때문이다. 경비원들은 하루 종일 환자들을 감시하면서 식당에 데려가거나 규율을 지키도록 지시했다.

데이비드에 따르면 경비원들은 환자를 통제할 수 없을 때 주로 약물을 사용했다. 경비원들은 환자를 어떻게 다뤄야 할지 의사들에게 조언하기도 했는데 특히 충격요법을 즐겨 제안했다. 데이비드는 의사들이 하루에 최대 60명을 꽁꽁 묶고 전기 충격요법을 실시하는 장면을 보고 놀라기도 했다. "전기 충격을 받는 동안 환자의 경련은 기억상실증으로 이어지고 이후 이틀 동안은 무기력하고 온순해져요." 이 병원에서는 이런 잔혹한 조치가 일상적으로 이루어졌다. 직원들은 그것이 강간범, 살인범, 무장 강도, 아동학대범이라면 응당 받아야 할 벌이라고 여겼다. 직원들은 자기들이 도움을 줘야 할 사람들에 대한 공감능력이 아주 부족했고 환자의 권리와 존엄성을 부정했다. 인간이나 비인간에 대한 이런 사고 방식은 자신들의 변명의 여지가 없는 행동을 변호할 때 흔히 사용되는 일반적인 심리적 메커니즘이다.

데이비드는 내게 이렇게 말했다. "의사들은 환자에 대해 잘 알지 못했죠. 충격요법 말고는 고작 1년에 한 번 환자를 보고 퇴원 여부를 평가했어요. 그저 보고서만 작성했을 뿐 아무도 환자가 있는 병동에 찾아가지 않았죠."

하지만 데이비드는 예외였다. 그는 청바지에 티셔츠 차림으로 대부분의 시간을 환자들을 알아가며 병동에서 보냈다. 그러는 동안 데이비드는 이면에 숨겨진 것들을 보았다. 그는 허먼이라는 한 환자가 침대 밑에서 빈 신발 상자를 꺼내 거기에 대고 이야기하는 것을 보았다. 자세히 들여다보니 그 안에 더듬이를 들고 올려다보는 바퀴벌레 한 마리가 있었다. "허먼은 바퀴벌레를 기르고 있었고 그 벌레가 가장 가까운 친구라고 말했죠."

몇 달 뒤에는 다른 병동에 수감된 세 명의 환자가 식당에서 몰래 빵을 훔치다가 붙잡혔다. 하지만 그 빵은 자기들이 먹으려는 게 아니라 창문 선반에 있는 상처 입은 참새에게 줄 것이었다. 환자들은 참새가 다시 건강해질 때까지 보살피려 했고, 데이비드는 바퀴벌레를 키우던 허먼 생각이 났다.

데이비드는 다른 종과 연결되고 싶은 인간의 타고난 욕망을 목격한 셈이었다. 그 끌어당김이 너무 강해서 환자들은 그토록 잔혹한 병원 시설에서도 다른 생명체를 돌보기 위해 규칙을 어기고 처벌을 무릅썼다. 그리고 데이비드가 알아차린 사실이 한 가지 더 있다. 그 병동은 우울증이 심하고 의사소통이 거의 불가능한 환자들을 수용하는 곳이었다. 하지만 상처 입은 새를 돌보는 과정에서 처음으로 세 명의 환자가 마음을 합쳐 협동하는 모습을 보였다. "나는 그 모습을 보고 '와, 이 사람들이 잘 지내고 있구나!'라고 생각했죠."

데이비드는 자기가 키우던 개들이 인생에서 얼마나 중요한지를 떠올렸다. 그리고 동물들이 더 많은 환자들에게 긍정적인 영향을 줄 수 있지 않을까 생각했다. 하지만 한동안은 그 이론을 실제로 시험할 기회가 없었다.

다시 내가 살던 버지니아 주의 앨링턴으로 돌아가면, 그 시절 반 친구들은 나를 무자비하게 괴롭혔다. 새 학년이 시작될 무렵 어떤 것을 새로 배울지, 빳빳한 새 교과서 냄새가 어떨지에 대한 기대감은 거의 도움이 되지 않았다. 내가 가끔은 다른 주변 사람들, 심지어는 여자 자매들보다도 개와 함께 있는 걸 더 좋아한다는 사실 역시 마찬가지였다. 그것은 그렇게 드문 일이 아니었다. 아이들은 힘든 일에 직면했을 때 종종 형제자매보다는 자기 말을 알아듣지도 못하는 동물에게 도움을 청한다. 내가 아파트 현관을 나설 때 실베스터는 항상 나와 함께였다. 내가 재잘거리며 말을 걸면 실베스터는 오른발을 내 무릎 위에 올렸다. 실베스터는 나에게 넌 거짓말을 하고 있다며 큰 소리로 컹컹 짖지도 않았다.

실베스터는 내가 학교생활을 조금 더 편하게 하도록 촉매제가 되어 주었다. 내가 2.4킬로미터를 걸어 등교할 때도 거의 매일 따라왔다. 학교를 향해 걸어갈 때 실베스터는 당연하다는 듯이 내 곁에서 함께 걸었다. 나는 실베스터가 길을 잃거나 차에 치일까 봐 집으로 돌아가는 방향을 가리키며 쫓아 보내려 했다. 하지만 실베스터는 실없는 소리를 들었다는 듯 귀를 쫑긋 세우고 컹컹 짖고는 내 옆을 떠나지 않았다. 그러다가 학교에 도착해서야 아침나절의 임무가 끝났다는 듯 집으로 돌아가곤 했다.

하루는 실베스터가 나를 따라 학교 대문을 통과해 들어온 적이 있었다. 내가 1교시 수업을 기다리는 동안 실베스터는 복도를 마구 뛰었고 콧물 젖은 코로 아이들을 스치며 지나갔다. 그리고 아이들은 실베스터를 너무 좋아했다! 아이들은 실베스터가 달려서 교실로 돌진하자 환호성을 질렀다. 학교에서 오랜만에 흥미진진한 사건이 일어난 셈이었다.

수업이 시작되면서 재미있는 일은 끝났다. 나는 어찌할지 몰라 실베스터가 복도를 헤매는 중에 선생님이라든지 교장 선생님에게 들키지 않기만을 바랐다. 하지만 교장 선생님이 우리 반에 들어와서 다른 학생들 앞에서 나에게 실베스터를 학교에서 내보내도록 도와 달라고 말했을 때 선생님은 화를 내는 대신 미소를 지었다.

비록 만병통치약은 아니었지만 그래도 이 사건은 내가 학교에서 조금씩 잘 지낼 수 있게 도움을 주었다. 다른 아이들이 내게 더 친근하게 굴었기 때문이다. 나는 멋진 개를 학교에 데려왔다가 함께 도망친 여자아이였다.

미국의 전직 대통령인 해리 트루먼은 "워싱턴에서 친구를 구하려면 차라리 개를 찾아라!"라는 유명한 말을 남겼다. 트루먼이 정말로 그런 말을 했는지에 대해서는 논쟁이 분분하지만 말이다. 하지만 여러분은 이 문장을 접했을 때 본능적으로 동의했을 것이다. 그렇지 않은가? 약육강식의 워싱턴 정계에서는 동물만이 유일하게 다정한 친구일지 모른다. 또 동물들은 우리를 연결시키고 서로 더 호감을 갖게 한다. 지난 150년 동안 도널드 트럼프를 제외한 모든 미국 대통령들은 반려동물을 백악관에 데려왔다.

최근의 연구 결과 동물들이 어떻게 사회적 윤활유 역할을 하는지 밝혀졌다. 연구자들은 휠체어를 탄 사람이 동물과 함께 있다면 낯선 사람들이 다가와 친근하게 대화를 걸 확률이 높다는 사실을 알아냈다. 동물은 첫 대화의 어색한 분위기를 깬다. 그동안 서로 한 마디도 하지 않았던 수감자들도 새를 돌보는 순간 의기투합이 가능하다.

동물은 사람들 사이의 얼음 같은 장벽을 녹인다. 미국과 오스트레일리아에서 2500명 넘는 사람들을 대상으로 한 연구에 따르면 반려동물이 있는 사람은 없는 사람에 비해 이웃과 보다 쉽게 친해진다. 예컨대 내 남편 패트릭은 산책할 때 개를 데리고 있는 이웃과 마주칠 때마다 멈춰 선다. 그러면 간단한 인사말을 넘어서 이웃과 대화를 더 길게 나눌 수밖에 없다. 동물들이 안전하며 우리를 재빨리 거부하지 않기 때문에 이런 행동이 가능하다. 결과적으로 동물들은 우리를 사회적인 규제로부터 벗어나게 한다. 패트릭은 길에서 개를 만나면 종종 땅에 엎드리거나 함께 뒹굴기도 하는데, 인간 이웃과는 절대 그렇게 하지 않을 것이다. 만약 여러분이 누군가와 데이트를 하고 싶다면 고백할 때 동물을 데리고 가는 게 좋다. 2008년 한 연구에 따르면 남성이 개를 데리고 갈 때는 여성에게서 전화번호를 얻을 확률이 28퍼센트였지만 개를 데려가지 않으면 고작 9퍼센트에 불과했다.

동물이 우리를 서로 연결해 주는 이유는 우리가 동물을 좋아하는 사람을 좋아하기 때문이다. 우리는 종종 동물을 어떻게 대하는지에 따라 타인을 판단한다. 한 연구에서 참가자들은 그림 속에 있는 사람들의 지적 능력, 친근감, 건강 같은 다양한 특성을 평가하도록 요청받았다. 이때 사람들은 그림 속에서 동물과 함께 있는 사람에 대해 더 긍정적으로 평가했다. 마찬가지로 한 대학교의 연구에서도 참가자들은 개를 데리고 있는 심리치료사를 더 신뢰할 만하다고 평가했다.

사람들이 동물을 어떻게 대하는지는 우리에게 그들의 도덕성을 판단할 통찰을 준다. 이미 1699년에 철학자 존 로크는 아이들에게 돌볼 동물을 주는 게 좋다고 권했다. 빅토리아 시대의 아동권리 운동가와 교육자들은 가정에 반려동물을 들여 놓으면 아이들이 친절함과 책임감을 갖도록 가르칠 수 있다고 장려했다. 작가이자 잡지 편집자인 세러 조세파 헤일Sarah Josepha Hale은 동물을 키우는 것이 특히 소년들에게는 "자기에게 의존하는 모든 존재들에게 쉽게 휘두를 수 있는 무심한 잔인성과 폭정을 저지르지 않도록 돕는 홀

룡한 예방책"이라고 주장하는 에세이를 출간하기도 했다.

하지만 이런 동물의 긍정적인 영향력이 발휘되려면 먼저 그 사람에게 건강한 공감능력이 있어야 한다. 공감능력은 친절과 이타성 같은 타인을 돕거나 이롭게 하는 친사회적 행동을 촉발시킨다. 또한 공감능력은 감성 지능과 함께한다. 대니얼 골먼Daniel Goleman 은《감성 지능Emotional Intelligence》에서 이 지능이 자기 자신과 타인의 감정을 인식하고 통제하는 능력이라고 정의 내렸다. 공감능력이 부족한 사람은 사회적으로 위험하고 정신적으로 병든 사람이라 여겨진다. 우리는 공감능력이 높고 친절한 사람을 선호하며, 이런 자질을 바탕으로 타인의 매력을 판단하기도 한다.

2014년에 발표된 한 연구에서 중국 연구자들은 남녀 참가자 120명을 무작위로 세 집단으로 나눈 다음 중립적인 표정을 짓고 있는 여성의 사진 60장을 보여주며 매력을 평가하라고 요청했다. 그로부터 2주 뒤 첫 번째 집단의 참가자들에게는 사진 속 여성들에 대한 부정적인 성격 설명이 더 주어졌고, 두 번째 집단의 참가자들에게는 반대로 긍정적인 성격 설명이 추가로 주어졌다. 마지막 대조군은 아무런 추가 설명 없이 동일한 사진을 다시 제공받았다. 그 결과 첫 번째 평가에서는 세 집단 모두 비슷한 평가를 내렸지만 두 번째 평가에서는 긍정적인 성격 설명을 부여받은 집단이 다른 집단에 비해 사진 속 인물들을 훨씬 매력적으로 평가했다. 반대로 부정적인 설명을 부여받은 집단은 사진 속 인물들의 매력을 가장 낮게 평가했다. 비록 이 연구는 20세에서 30세 사이 중국 여성의 얼굴만을 대상으로 했다는 점에서 한계가 있지만 그 결과는 우리가 도덕적인 사람을 좋아한다는 사실을 밝혀낸 몇몇 연구를 뒷받침한다.

예컨대 브리티시컬럼비아 대학의 연구자들에 따르면 사람은 생후 5개월부터 타인의 친절함에 매력을 느낀다. 유아들은 인형극에서 비열한 인형보다는 친절을 베푸는 인형을 더 좋아한다. 다시 말해 우리는 공감능력이 높은 사람에게 끌리며 그런 사람들이 인생에서 더 성공하곤 한다.

다행히도 공감능력은 희소 상품이 아니며 많은 사람들이 그 능력을 갖추고 있다. 이것은 어린 시절 경험에 영향을 받은 본성과 양육의 결합일 가능성이 높다. 생애 초기에 공감능력이 거의 발달하지 않은 사람들이라도 여전히 학습이 가능하다. 우리는 마치 근육처럼 공감능력을 튼튼히 강화할 수 있다.

몇몇 학교 프로그램은 친절, 관계 기술, 감정 관리 등의 수업을 통해 아이들에게 공감을 가르치는 데 성공했다. 그뿐만 아니라 교사와 치료사들은 어린이들의 공감능력을 향상시키기 위해 동물을 활용했다. 동물과의 유대감이 강할수록 어린이들의 공감능력과 사회적 역량이 커진다. 또 다른 프로그램을 보면, 동물과 함께하는 아이들은 공감을 배우고 폭력성이 줄어든다. 폭력성이 무척 높은 성인들조차도 동물을 통해 더 나은 인간적 자아를 함양할 수 있다.

리마에서의 둘째 날, 패트릭과 데이비드, 나는 자가용을 타고 주립병원의 전직 직원 25명이 매달 모여서 점심을 먹는다는 이글스 공제조합 모임 장소에 도착했다. 데이비드는 이날이 농산물 품평회의 노인 무료 입장일이기 때문에 정원의 절반 정도만 참석할 것이라고 말했다.

식당 주인은 우리를 학교 식당과 비슷한 방으로 안내해 곱고 하얀 천이 깔린 둥근 테이블에 앉혔다. 나머지 일행은 아직 도착하지 않았다. 패트릭이 데이비드에게 물었다. "이 모임에서는 병원에서 보낸 날들에 대해 얘기를 많이 나누나요?"

"아뇨! 대부분은 그저 고장 난 무릎 관절에 대해 투덜거리기만 하죠."

모임 구성원들이 도착하자 정말로 바로 그런 대화가 오갔다. 주문한 음료를 홀짝홀짝 마시면서 린다는 댄에게 심장이 괜찮으냐고 묻는다.

"심장 모니터 검사를 받아야 해요." 댄이 대답했다.

그러자 데이비드가 끼어든다. "난 당신 무릎이 문제인 줄 알았지 뭐야!"

산소 탱크를 갖고 와서 코 삽입관을 끼운 채 숨을 쉬는 빌은 내 쪽으로 몸을 돌려 요점을 찌른다. "우리에 대해 궁금한 게 있다던데 뭐죠?"

"아, 그게 말이죠." 나는 얼음을 탄 차를 한 모금 마셨다. "주립병원에서의 경험에 대해 말해 주셨으면 해요."

"흠, 난 20번 병동에서 경비 일을 시작했지만 21번 병동에서 도움이 필요하다는 바람에 거기서 주간 근무를 했죠. 21번 병동은 폭력성이 아주 심각한 수감자들이 모이는 곳이었어요. 수감자들은 하루 종일 의자에 앉은 채 서로 대화도 나눌 수 없었죠."

빌에 따르면 21번 병동의 수감자들은 말 그대로 하루 종일 딱딱한 나무 의자에 앉아 아무 말도 하지 말라는 명령을 받았다. 빌에게 텔레비전을 켜 달라고 부탁할 때는 속삭여야 했다. 그밖에 책도 없고 시간을 보낼 거리가 전혀 없었다. "데이비드의 동물은 구경했나요?" 빌이 물었다.

"네, 남편 패트릭과 저는 어제 하루 종일 거기 있었어요. 동물 구경하신 적 있나요?"

"아뇨, 라마가 침을 뱉거든요."

댄은 21번 병동 이야기로 화제를 돌렸다. "수감자들이 그냥 앉아 있는 건 복용하는 여러 약물 때문이기도 했어요."

약이 수감자들을 잠들게 한 셈이다. 그 병동은 리마 주립병원 내에서도 가장 잔혹한 곳으로 여겨졌다. 수감자들이 잘못을 저지르면 신속하게 가혹한 처벌이 내려졌는데, 사소한 잘못이라도 바로 독실에 격리되었다. 나는 빌을 포함한 그 자리의 몇몇 사람들이 수감자들 사이의 폭동을 막으려면 오늘날까지도 그런 관행이 필요하다고 주장하는 점에 놀랐다. 그래도 빌은 학대를 저지른 것은 소수의 직원들이라고 변명했다.

사회복지사, 간호사, 정신과 의사, 경비원들 가운데 일부는 환자들에게 가해지는 치료의 부당성에 대해 항의했다. 하지만 그런 의견은 무시되거나 처벌을 받을 뿐이었다. 수십 년 동안 이어진 리마 주립병원의 이런 관행에 제동이 걸린 것은 오하이오 주 최대 신문인 〈플레인 딜러〉에서 나온 부지런한 기자 두 명과 사진기자가 1971년에 병원의 비밀을 몰래 조사해 밝히면서였다.

6주의 조사 기간 동안 기자 리처드 위드먼과 시어도어 웰런, 사진기자 윌리엄 윈은 현재와 과거의 환자들, 가족들을 관찰하고 수천 건의 사망 진단서와 검시관의 보고서를 훑었다. 그리고 이전에 침묵을 강요당했던 병원 직원, 경비원, 의사, 사회복지사들을 인터뷰했다. 그 결과 기자들은 소문의 상당 부분이 사실이라는 것을 알아냈고, 다음의 사항들을 포함한 병원의 광범위한 만행에 대해 소상히 밝혔다.

- 수감자들에게 성적인 행위를 보여 달라고 강요한 경비원
- 노래를 부르며 율동을 곁들였다는 '위반 사항'을 이유로 수감자들을 구타한 경비원
- 임산부를 포함한 환자들을 알몸으로 벗기고 추운 독방에 가둔 경비원
- 젊은 여성의 팔을 들어 올려 독방 창문의 철창에 묶은 다음 실내용 변기로 때려 의식을 잃게 한 간호사
- 사인이 의심스러운 26구의 시신을 자살로 분류해 처리한 직원

이 발견에 따라 대배심은 리마 주립병원의 직원이었던 남성 26명과 여성 5명을 기소했다. 뒤이어 연방법원의 명령이 내려지자 새 관리자인 윌리엄 발슨을 고용하는 것부터 시작해 병원의 개혁이 길게 이어졌다. 발슨이 처음 한 일은 규제가 심했던 21번 병동 같은 곳을 폐쇄하는 것이었다.

"그리고 발슨은 우리 여섯 명을 사무실로 불렀죠. 우리에 대해 긍정적인 평을 들었는지 병원에 변화를 줄 아이디어가 있다면 말해 달라고 했어요." 데이비드가 감자튀김을 맛있게 씹으며 말했다. 데이비드는 발슨에게 60일 동안 잉꼬 세 마리와 어항 두 개를 병동 두 곳에 놓아 환자들의 생활에 생기가 도는지 시험해 보자고 제안했고, 허락을 받았다.

식당에서 집으로 돌아온 우리에게 데이비드는 각기 다른 동물과 함께한 주립병원 환자들의 사진을 보여 주었다. "이 사람은 프랭크에요. 'FBI 맨'이라 불렀죠." 데이비드가 어깨에 고양이를 걸친 남자의 흑백 사진을 가리키며 말했다. "프랭크는 자기 손목에다 대고 말을 하면서 FBI 본부와 통신하는 시늉을 했죠. 당시 자기가 첩보요원이라고 하는 사람들이 많았잖아요. 프랭크는 이 고양이를 돌보면서 자기 음식을 몰래 먹이곤 했어요. 얼마나 고양이를 좋아했는지!"

그 고양이는 훨씬 나중에 병원에 들어온 동물이었다. 데이비드는 우울증이 가장 심하고 자살 충동이 높은 남성 환자들이 수감된 두 병동에 새와 물고기를 들이는 것으로 60일의 시험을 시작했다. 데이비드는 몇몇 환자들에게 물고기 먹이를 주거나 어항을 청소하고 새를 돌보는 일을 맡겼다. 그런 다음 각 환자의 경과를 주의 깊게 메모했다. 또한 데이비드는 환자 구성이나 직원 배치, 관리 측면에서 거의 동일하지만 동물이 없는 두 병동을 대조군으로 삼아 추적 조사했다.

그러자 불과 3주 만에 놀라운 결과가 나타났다. 동물이 있는 병동에 손님이 오면 환자들은 '내 물고기'나 '내 새'를 보여 주려고 데려가곤 했다. 4주차가 되자 잉꼬들은 전부 이름이 생겼고 새장 밖에서 더 많은 시간을 보냈으며, 그 시간 동안 주로 환자들의 어깨에 앉아 있었다. 데이비드의 시도는 효과가 있었다.

데이비드는 이렇게 말했다. "전 도저히 믿을 수 없었죠. 그곳은 상상하기 힘들 만큼 고독한 장소예요. 일단 혼자인 데다 대부분 출소될 아무런 희망도 없이 종신형을 선고받은 사람들이었죠. 거의 가족도 없어서 이런 외로움은 정신질환만큼이나 위험할 거예요. 보통 하루 종일 병동을 서성거리기만 하던 환자들이 이제 새를 어깨에 올린 채 서성거리죠. 마치 영화에서 혼수상태에 빠진 사람들이 정신을 차리는 것처럼 말이에요."

다른 모든 사람과 모든 것이 적대적이고 냉정한 환경에서 수감자들은 새와 물고기들만은 자기들에게 다정하고 따뜻하다는 사실을 깨달았다. 동물들은 수감자들이 삶에서 놓치고 있던 연결에 대한 감각을 마음속 깊은 곳에서 불러일으켰다. 침묵에 빠져 있던 사람들이 새들에게 달콤하게 속삭이기 시작했다. 수감자들은 서로 동물을 돌본다는 공통점을 찾았다. 동물들뿐 아니라 수감자들 각자가 의사소통을 시작했다. 동물들은 수감자들의 침울한 기분을 풀어 주고 마음이 메마른 사람들의 절망감을 덜어 주었다.

리마 주립병원의 수감자들은 단지 정신적으로 아픈 게 아니었다. 그들은 단순한 범죄자도 아니었고 엄청나게 위험한 범죄자들도 아니었다. 그 병원에 들어선 순간부터 사회의 추방자라는 사실을 여러 방식으로 보고 듣는 사람들이었다. 최악의 경우에 병원 직원들은 수감자들의 몸 안에 악령만이 남아 있다고 여기는 듯 모멸감을 주고 때리기까지 했다.

나는 앞서 동물은 우리 인간을 판단하지 않는다고 했다. 하지만 그게 완전히 사실은 아니다. 동물들은 우리가 서로를 평가하는 식으로 우리를 판단하지 않는다. 예컨대 과거나 소유물, 겉모습에 대해서는 전혀 신경 쓰지 않는다. 대신에 우리가 돌보는 동물들은 그 모든 것을 건너뛰고 문제의 핵심을 파악한다. 동물에게는 자기에게 친절하고 다정하게 대하는지 아닌지의 한 가지 기준이 있을 뿐이다.

'프로젝트 POOCH'라 불리는 최근의 교도소 프로그램에서 개와 함께 지냈던 한 청소년 수감자는 "개가 얼마나 당신을 사랑할 수 있는가는 당신에게 달려 있다"고 옳게 지적했다. 동물들은 인간의 단순한 거울상이 아니다. 다시 말해 인간의 감정을 그대로 갖지는 않는다. 동물들은 우리의 감정에 반응하는 그들만의 감정을 지닌다. 동물이 어떤 반응을 보이는지는 우리 자신에 대해 많은 것을 말해 준다.

새와 물고기는 수감자들이 간절하게 듣고 싶었던 메시지를 보냈다. 바로 '나는 당신을 믿는다'는 것이다. 그것은 전혀 구제할 수 없으리라 판단되었던 사람들에게도 아직 괜찮은 구석이 있다는 의미로 받아들여졌다. 따뜻한 목소리와 부드러운 피부로만 우리를 평가하는 동물에게서 오는 이런 메시지는 꽤 강력하다.

60일이 지난 뒤 데이비드의 시도는 성공적이었음이 드러났다. 발슨은 데이비드가 이 프로그램을 계속하도록 허가했고, 1년 뒤에 보니 성과는 더욱 명확해졌다. 대조군인 일반 병동 환자에 비해 동물과 함께하는 병동 환자들은 필요한 약이 절반으로 줄었고, 폭력 사건도 적었으며, 자살 시도도 하지 않았다. 반면에 일반 병동에서는 같은 기간 여덟 번의 자살 시도가 있었다.

"두 집단의 차이는 무척 컸죠." 데이비드가 차고에서 사진 더미를 헤치며 패트릭과 나에게 말했다. "정말 믿기 힘들었어요. 하루에 열여덟 시간은 침대에서 보내던 사람들이 자리에서 일어나 다른 사람과 어울렸죠. 자기 새와 물고기를 자랑하러 다닌 거예요! 정말 대단했어요! 이런 프로그램에 대해서는 아무도 시도하지 않았던 1970년대에 말이죠."

데이비드가 언급한 한 환자는 강도죄로 수감된 리첸이라는 남자였다. "아마 그는 소아성애자였을 겁니다." 데이비드가 말했다. "정확히 기억나지는 않지만요, 어쨌든 리첸은 심한 정신질환을 앓고 있었어요. 그 사람의 병동에는 에인절피시를 키우는 어항이 있었죠. 리첸이 물에 손을 집어넣으면 물고기들이 다가오곤 했어요. 다른 사람이 아닌 그에게만요. 그러다 마침내 리첸은 다른 병원으로 옮겨지게 되었는데, 에인절피시를 데려갈 수 없다면 가지 않겠다고 말했죠." 데이비드는 웃음을 터뜨렸다. "세상에! 더 좋고 편한 곳에 가게 되었는데 거절하는 사람이 어디 있어요. 그 병원이 최악이었는데 말이에요!"

리첸은 물고기가 없으면 정신병원을 떠나지 않겠다고 할 정도로 물고기를 자기 가족으로 여겼다. 다행히도 데이비드는 리첸이 그 물고기를 잘 돌보겠다고 약속하고 어항을 가져갈 수 있도록 병원을 설득했다.

그러자 리첸이 떠난 뒤 다른 환자들 역시 소중한 동물 없이는 퇴원하지 않겠다고 거부했다. 그동안 한 마디 말도 하지 않고 1년 동안 입원해 있던 한 남성 역시 그랬다. 약물이나 심리치료로는 전혀 차도가 없는 환자였다.

"어느 날 그 환자가 동물에게 위험한 행동을 하지는 않겠다는 사실이 확실해진 다음, 나는 그의 방에 왕관앵무 한 마리를 들여놓았죠." 데이비드가 말했다. 그러자 며칠 지나지도 않아 남성은 그 암컷 왕관앵무에게 길버트라는 이름을 붙인 뒤 어깨에 얹고 훈련을 시키거나 휘파람을 불게 했다. "일주일 뒤에 그 남성의 방을 지나칠 때 놀랍게도 그가 '새 모이'라고 말하는 소리를 들었어요. 병원에 있는 동안 그가 입에 올린 최초의 단어였죠."

그 남성은 천천히 자기의 변함없는 반려인 길버트에게 더 많은 이야기를 하기 시작했다. 그러다가 두 달도 채 되지 않아 그는 병원의 다른 사람들과도 의사소통을 했다. 병원을 나올 무렵에는 처음과는 달리 극적으로 개선되었다. 병원 측에 대한 유일한 요청은 길버트를 집에 데려가도록 허락해 달라는 것뿐이었다.

이후 수십 년 동안 데이비드는 총 열아홉 개 병동 가운데 동물 병동을 열다섯 곳으로 늘렸다. "갑자기 동물 열풍이 불어 모든 병동에서 동물을 찾았죠." 결국 물고기 외에도 친칠라, 토끼, 기니피그, 새, 고양이를 포함한 200마리가 넘는 동물들이 병원 복도를 돌아다니고 초록색 집에서 햇볕을 쬐거나 수감자들이 지은 조그만 헛간에서 잠을 잤다. 데이비드는 사람들이 라마, 사슴, 염소, 양, 오리, 닭, 그리고 무척 수다스러운 거위에게 먹이를 주고 쓰다듬으며 어울려 놀고 웃음 짓는 사진을 보여 주었다. 한때는 살풍경했던 복도와 안뜰이 생기와 희망으로 가득 찼다.

오늘날 연구 결과에 따르면 정신병원이나 교도소의 이런 동물 치료 프로그램은 수감자들의 자기 통제력과 인내심, 자존감을 높인다. 동물들은 수감자뿐 아니라 직원들의 사기를 높이고 폭력성을 줄이며, 두 집단 사이에서 보다 나은 상호작용이 이뤄지도록 돕는다. 동물들이 함께하면 종종 서로 부딪치는 두 집단 사이의 긴장이 녹아 없어진다.

한 교도소 프로그램에서 연구자들은 수감자들의 사회적 기술과 사회적 민감성, 타인과의 의사소통을 해석하는 능력, 사회적 행동을 지배하는 규범에 대한 민감성 등을 평가했다. 연구자들은 먼저 수감자들을 실험군과 대조군으로 나누고, 실험군은 개를 훈련시켜 입양이 더 잘 이루어지게 돕는 집중 프로그램에 참여시켰다. 이 연구 결과는 개들과 시간을 함께 보낸 수감자들이 사회적 기술과 민감성에서 상당히 향상되었다는 사실을 보여 주었다.

또한 동물 프로그램은 재범률을 줄일 수 있다. 워싱턴 주의 한 동물 프로그램에 따르면 미국 전체 범죄자들의 3년 이내 재범률은 평균 28퍼센트지만 이 프로그램에 참여한 수감자들은 재범률이 5퍼센트에 불과했다. 다른 프로그램에서도 비슷한 결과가 나왔다. 물론 재범률 감소가 단지 하나의 원인 때문은 아닐 수 있지만, 적어도 동물과의 밀접한 관계가 우리에게 주는 혜택은 개인을 넘어 사회 전반으로 이어진다는 점을 시사한다.

펜들턴 교도소와 리마 주립병원의 동물치료 프로그램은 수감자들의 자신감을 높이고 직업적 능력을 향상시켜 그들이 나중에 사회에 나와서 일을 하는 데 도움을 주며, 책임감을 향상시키고 우울증을 억제하는 방향으로 작용할 수 있다. 이 과정에서 공감능력이 반드시 필요한 것은 아니다. 하지만, 무관심하고 폭력적인 사람들도 동물을 통해 공감능력을 높일 수 있을까?

데이비드는 패트릭과 나에게 한 남성이 사슴, 거위와 풀쩍 뛰어오르는 사진을 보여 주었다. 셋은 완전히 서로 친구가 된 보였다. 데이비드는 이렇게 말했다. "나는 종종 수감자들이 동물을 돌보도록 허락하기 전에 먼저 이 헛간에서 동물을 보살피게 했죠. 반려동물과 함께 생활하게 해달라고 부탁하는 수감자들이 정말 많았어요." 데이비드는 그런 수감자들이 얼마나 책임감이 높은지, 동물학대의 전적은 없는지를 조심해서 살폈다. "동물의 안전, 무엇보다 그게 가장 중요한 규칙이었죠. 예컨대 사람을 살해해 고기를 먹었던 수감자가 둘 있었는데 그들은 동물 근처에 얼씬도 할 수 없었어요."

동물치료 프로그램이 시작된 이후로 주립병원의 이미지는 극적으로 바뀌었다. 〈스미소니언 매거진〉〈식스 미닛〉〈내셔널 인콰이어러〉〈리더스 다이제스트〉 같은 매체의 기자들은 동물들이 수감자들에게 다가가는 고무적인 이야기를 신고자 병원에 몰려들었다. 그리고 수감자들은 동물들에게 놀랄 만큼의 다정함과 인내심을 보여 주었다.

예컨대 무장 강도죄로 복역하다 자살을 시도했던 한 젊은 수감자는 크리스티라는 앵무새가 자기에게 친절함을 가르쳐 주었다고 생각했다. 이 수감자는 그동안 타인에게 연민을 느껴 본 적이 없는 사람이었다. 마침내 풀려난 뒤 그는 애틀랜타 주 동물 보호소에 취직해 정신보건센터를 위한 동물치료 프로그램을 만들었다.

바로 앞 장에서 우리는 동물이 사람의 혈압과 심박수, 스트레스 호르몬 수치를 낮춰 편안하게 진정시킨다는 사실을 알았다. 우리는 동물과 함께하며 휴식을 취한다. 동물들은 다른 사람들처럼 우리와 경쟁하지 않으며 심리적인 해방감을 느끼게 한다. 그 결과 동물들은 우리 삶에서 다른 사람들이 주는 수많은 압박감을 완화시킨다. 납치와 강간을 저질러 리마 주립병원에 수감되었던 론 커크패트릭의 사례를 보자.

커크패트릭은 여러 해 전 노스캐롤라이나 주의 교도소에서 다른 수감자를 살해해 '킬러'라는 별명을 얻었다. 하지만 베이브라는 노란 앵무새를 입양하고 작은 감방에서 돌볼 때만큼은 온순한 사람이었다. 그에게 앵무새 베이브는 자기 자신과 다른 수감자들, 직원들에 대해 쌓아 두었던 분노를 가라앉히는 해독제였다. 커크패트릭은 나뭇가지에 앉은 베이브를 가리키며 기자들에게 이렇게 말했다. "나는 예전에 경비원들과 싸우곤 했죠. 하지만 지금은 이 새와 대화하면 다른 사람에게 소리 지를 마음이 사라져요."

데이비드는 커크패트릭이 베이브를 정말 좋아했다고 말했다. "그 사람은 만나면 베이브 얘기밖에 안 했죠. 베이브가 어떻게 지 냈는지, 어떤 간식을 새로 찾아 왔는지 말하곤 했어요." 오늘날의 과학이 밝혀낸 바에 따르면, 커크패트릭은 베이브와 함께하는 동 안 옥시토신 수치가 높아졌을 가능성이 크다. 그뿐만 아니라 베이 브의 몸속에서도 인간의 옥시토신과 같은 신경화학물질인 메소토 신의 수치가 증가했을 것이다.

앞서 말했듯이 옥시토신은 우리 기분을 더 좋아지게 하고 타인 에 대한 공감능력을 높인다. 우리가 긴장하거나 다치거나 화가 날 때 공감능력은 마치 미끄러운 비누처럼 잘 붙들고 유지하기가 힘 들어진다. 이런 상황에서 부정적인 감정을 분산하는 데 동물들이 도움을 준다. 다른 수감자는 기자들에게 이렇게 말했다. "누군가 내 방에 들어와 싸움을 걸면 나는 맞싸우지 않고 그냥 문 밖으로 밀어 버릴 거예요. 그런 다음 내가 해야 할 일은 방에 들어가서 물 고기를 바라보는 것뿐이죠. 저 물고기들이 서로 평화롭게 지낼 수 있다면 나도 할 수 있겠죠." 동물은 우리의 옥시토신 수치를 높여 공감능력을 높인다.

최근의 연구 결과에 따르면 옥시토신은 우리가 서로를 잘 이해 하게 한다. 비언어적 단서에 담긴 정서적 의미를 더 잘 해독하도록 돕기 때문이다. 연구자들은 30명의 성인에게 옥시토신을 흡입하 게 한 다음 사람들의 눈을 찍은 사진을 살피게 했다. 그 결과 옥시토신을 흡입한 집단은 그렇지 않은 대조군에 비해 사진 속 사람들의 감정을 더 잘 알아차렸다. 연구자들에 따르면 옥시토신은 '마음 읽기 능력'을 향상시킨다.

나는 앞서 만났던 21번 병동의 전직 경비원인 빌이 얼굴과 몸에서 감정을 거의 드러내지 않아 무슨 생각을 하는지 파악하기 힘들었다. 그래서 그가 나에게 농담을 하는지, 아니면 진지하게 말하는지 알 수 없는 경우도 여러 번이었다. 인간의 의사소통 가운데 3분의 2가 비언어적으로 이루어지며, 우리는 타인이 무엇을 전달하려는지 알아채기 위한 비언어적 단서가 필요하다. 단지 언어만으로는 누군가 빈정거리거나 농담하거나 일부러 상처를 주는지, 무슨 뜻으로 말하는 것인지를 알기 힘들다. 우리는 그 사람이 미소를 짓는지 얼굴을 찌푸렸는지, 내 눈을 똑바로 마주보는지 눈을 피하는지, 팔짱을 꼈는지 아니면 자기 옆구리에 팔을 편안하게 올렸는지를 살펴야 한다. 문서로 된 의사소통을 할 때 사람들이 이모티콘을 즐겨 사용하는 것도 그런 이유에서다. 언어는 우리가 전하고자 하는 바를 충분히 전달하지 못한다. 사람들은 말을 왜곡시키거나 의도적으로 거짓말하기도 한다. 하지만 비언어적으로 거짓말하기란 무척 어렵다. 여러분의 상사가 우리 회사는 직원을 해고하지 않을 것이라고 말할 때에도 그의 몸짓과 표정을 찬찬히 살펴보면서 새 일자리를 구하는 게 좋겠다고 깨닫게 될지 모른다.

여러분이 비언어적 단서를 해독하는 연습을 많이 하면 공감능력이 더 좋아진다. 이럴 때 동물 친구들은 완벽한 연습 상대다. 우리는 동물과 함께 있을 때 감정을 말보다 더 잘 전달하는 심오한 수단으로 돌아간다. 동물과 진정한 상호의존적 관계를 형성하려면 동물이 내는 소리와 몸짓 뒤에 숨겨진 의미를 해석할 수 있어야 한다. 그리고 동물이 여러분을 이해하도록 기술을 연마해야 한다.

타인에 대해 공감하려면 스스로 어떤 마음인지부터 깨우쳐야 한다. 자기감정을 해독할 수 없다면 타인의 감정을 제대로 읽을 수 없고 그들의 관점을 수용할 수도 없다. 동물과 같이 있을 때 여러분은 자기 몸의 자세와 어조, 손의 위치를 인식하고 스스로 어떤 감정인지를 의식해야 한다. 여러분은 위협적인 인상을 주는가, 차분하게 말하고 있는가? 아니면 목소리에 톡 쏘는 데가 있는가? 동물들은 우리의 언어적, 비언어적 단서에 주의를 기울인다. 우리는 동물에게 어떤 메시지를 보내고 있을까?

우리에게 감정적, 인지적 공감의 복합적인 시너지 작용이 일어나면 자기뿐만 아니라 타인이 보고 듣고 느끼고 생각하는 것, 그리하여 필요로 하는 것을 잘 이해할 수 있다. 이는 연속적인 처리 과정이다. 우리는 두 가지 유형의 공감능력을 활용할 수 있으며, 그에 따라 수집된 정보는 우리가 연민과 도덕을 갖고 행동하도록 동기를 부여한다. 동물과 함께할 때 우리는 겉보기에 우리와 무척 다른 그들의 관점을 해독하려 애쓴다. 그리고 동물들은 우리에게 자기들뿐 아니라 우리 자신의 마음까지 읽도록 돕는다.

데이비드에 따르면 이후 주립병원에서는 〈캣 매거진〉에 실린 고양이 톰처럼 다치거나 집 없이 버려진 동물들만 데려오기 시작했다. 데이비드는 이렇게 말했다. "내가 봤을 때 그건 이치에 맞는 일이었죠. 수감자들은 상처를 받았고 동물들도 상처를 받았죠. 수감자들은 자기가 동물을 구하는 데 도움을 준다고 느꼈을 겁니다. 장애를 가졌거나 버림받은 동물들을 자기와 동일시했을 거예요."

데이비드의 말은 펜들턴 교도소의 대니얼을 생각나게 한다. 고양이를 길들여 더 나은 가정을 찾아 주는 일이 대니얼에게는 인생의 목적이 되었고, 그러는 동안에 동물들과 그의 연결고리는 더 깊어졌다. 대니얼은 교도소에서 생활하기 전에 어머니가 재혼할 때마다 억지로 이사를 다녀야 했다. 그런 이유로 대니얼은 보호소 고양이들과 자신을 동일시했고 고양이들을 돕는 일을 보람 있게 여겼을 것이다.

리마 주립병원의 4번 병동 수감자들은 초록색 아마존 앵무새인 로스코를 굉장히 좋아했다. 데이비드에 따르면 로스코는 마치 복도를 서성거리는 우울한 표정의 수감자를 발견하면 그의 어깨에 내려앉는 것 같았다. "사람들은 로스코가 병원 직원들 가운데 최고의 치료사라고 말하곤 했어요."

우리가 동물들에게서 공감능력을 배우는 방식에는 아직 과학적으로 설명할 수 없는 무언가가 있다. 동물들과 관계 맺을 때 우리는 인간적인 목표와 야망을 갖지 않은 존재들과 감정적인 유대를 형성하는 것이다. 그 과정에서 동물들은 우리 인간이 중요하다고 생각하는 가치들에 대한 외부적 관점을 얻게 해준다. 동물들은 우리가 목표에 덜 집착하고 자신의 단점과 약점을 더 잘 받아들이도록 돕는다. 동물들은 우리를 현실에 발 딛게 한다.

동물들과의 깊은 감정적인 상호작용은 우리 내부의 균형과 조화를 회복시킨다. 또한 우리가 모든 생명과 연결되어 있다는 사실을 깨닫게 한다. 그런 유대감이 진정한 공감을 불러일으킨다. 인간과 동물은 구별되지만 중요한 측면에서는 그렇게 다르지 않다는 사실을 깨달을 수 있다. 로스코 같은 동물들은 우리 인간들 역시 연약한 존재라는 사실을 일깨운다. 그리고 그래도 괜찮다고 가르쳐 준다.

여러 해에 걸쳐 리마 주립병원에서는 동물들이 가끔 문제를 일으키곤 했다. 한 병동에서는 수감자들이 두 마리의 앵무새를 목욕시키려고 배수구를 틀어막는 바람에 바닥에 물이 넘쳤다. 귀여운 얼룩무늬 염소 본헤드는 계속 보안 경보기를 울려 경비원들을 성가시게 했다. 염소 빌리는 공예실에 들어가 수감자들이 몇 시간 동안 만들었던 도자기를 넘어뜨렸다. 자신을 예수라고 믿었던 두 조현병 환자들은 토끼 한 마리를 돌보겠다고 때때로 격렬하게 싸웠다. 하지만 그런 사소하고 가끔은 우스꽝스런 소동이 있었는데도 동물들과 결속된 수감자들은 그들에게 진실한 애정을 느꼈다. 그리고 상당수의 수감자들이 마음속에서 천사의 날개를 펼쳤다.

1977년 폭동이 일어났던 1월의 추운 어느 날 아침, 18번 병동은 전자가 튕겨 나오는 입자 가속기의 내부처럼 뜨거운 열기로 달아올랐다. 경비원들이 묶여 있는 가운데 대부분 살인 전과가 있는 열 명가량의 폭도들이 간호사를 기다리며 복도를 서성거렸다. 그들이 기다리는 사람은 수감자들에게 특히 엄격한 간호사였다. 하지만 대부분의 수감자들은 폭동에 가담하기를 거부했다.

이곳은 폐쇄 병동이었는데, 그것은 하루에 세 번 식사를 하러 나가는 것 외에는 환자들이 그 안에서 평생 생활해야 한다는 뜻이었다. 병동은 홀과 기숙사라는 두 개의 주요 구역으로 이루어졌으며 40개의 침대가 실내를 빙 둘러싸고 있었다. 간호사를 납치하면 폭도들은 그 벽을 넘어서 자유를 누릴 통행증을 얻는 셈이었다. 하지만 간호사가 보이지 않자 점점 참을성이 없어졌다. 억눌린 에너지를 주체하지 못한 그들은 텔레비전을 부수고, 분수에 뛰어들고, 소파 가죽을 찢고, 창문을 깨뜨렸다.

결국 그런 행동이 폭도들의 파멸을 초래했다. 순찰차를 타고 병원 주위를 돌던 경찰이 깨진 창유리를 보고 경비원에게 그 사실을 알렸다. 15분 뒤 출입문이 열렸을 때 폭도들은 기다리던 간호사 대신 진압봉을 든, 무척 화가 난 경비원 스무 명과 마주쳤다. 경비원들은 병동의 거의 모든 것이 부서지고 물에 잠긴 모습을 발견했다. 폭도들이 손대지 않고 그대로 둔 것은 어항과 새장뿐이었다. 폭력 행위에 가담하지 않은 수감자들이 폭도들로부터 사랑하는 물고기와 앵무새 두 마리를 보호하기 위해 어항과 새장을 빙 둘러쌌던 것이다.

PART 2

동물과
멀어질 때

4
_____

살인마를
만나다

학교에 다니던 시절, 나는 방과 후에 해야 할 일을 마치고 실베스터를 만나려고 할아버지 할머니의 아파트로 들어갔다. 그런데 들어서자마자 데이브가 고함을 치고 실베스터가 낑낑거리는 소리가 들렸다. 대체 무슨 일인가? 나는 침실에서 둘을 찾았다. 그때 내가 목격한 것은 평생 잊지 못할 장면이었다.

데이브는 실베스터를 거듭 벽에 내던지고 있었다. 실베스터는 몸집이 그리 크지 않았기에 데이브는 쉽게 힘주어 벽에 내던질 수 있었다. 실베스터는 벽에 부딪칠 때마다 비명을 질렀다. 그리고 도망치려는 대신 꼬리를 다리 사이에 집어넣고 고개를 숙인 다음 마치 데이브를 달래려는 듯 낑낑댔다.

"데이브! 실베스터에게 무슨 짓이에요!" 내가 외쳤다.

"훈련시키고 있는 거야." 데이브가 대꾸했다.

"아파하잖아요! 다쳤다고요!"

"이 개가 저기 무슨 짓을 했는지 봐!" 데이브가 침대 뒤쪽 오줌 웅덩이를 가리켰다. "이 개는 이런 짓을 안 하게 배워야 해. 이게 내가 훈련시키는 방법이야. 다른 사람들도 보통 개들을 이렇게 다룬다고."

나는 데이브가 하던 행동을 그만두고 실베스터가 안정될 때까지 아파트에 머물다가 떠났다. 데이브는 나에게 계속 변명을 했다. 나는 너무 어려서 어떻게 해야 할지 혼란스러웠다. 나는 실베스터를 사랑했기 때문에 다치는 모습을 보자 말로 다 할 수 없을 만큼 슬펐다. 그리고 실베스터를 해친 데이브에게 화가 났다. 하지만 데이브는 나보다 나이가 많았고 사실상 어른이었다. 반면에 나는 어린아이일 뿐이었다. 내가 학대를 당했다가 침묵해야 할 때도 비슷했다. 어쩌면 이런 식으로 개를 훈련시키는 게 정상인지도 모른다는 생각도 들었다.

그 뒤로 5개월 동안 데이브가 실베스터를 계속 학대하자 나는 공감능력을 더 이상 발휘하지 않았다. 나는 실베스터를 사랑했고 다치는 게 싫었지만 그래도 실베스터를 해치는 데이브의 논리에 따랐다. 실베스터에 대한 나의 자연스러운 연민과 공감은 데이브에 의해 무시되었다. 어쩌다가 그렇게 되었을까?

사람들은 어떻게 잔인한 동물학대를 용인하게 되는가? 사실 우리는 매일 집단적으로 그렇게 한다. 링글링 브러더스와 바넘 앤 베일리 서커스가 끝이 뾰족한 도구와 감금, 굶기기, 전기 충격기를 사용해 코끼리를 복종시켰다는 이유로 동물보호단체의 비난을 받고 코끼리 쇼를 단계적으로 폐지한다고 발표하자 서커스 옹호자들은 '한 시대가 저물었다'며 안타까워했다. 자동차에 치인 동물이 얼마나 많은지에 대한 이야기가 나오면 사람들은 로드킬에 대한 농담을 한다. 저녁 식탁에 오른 동물들이 얼마나 비참한 처우를 받았는지 알게 되면 우리는 '이 동물들은 우리에게 먹히기 위해 존재한다'고 변명한다. 우리가 동물에 대한 의도적인 학대를 무시할 때마다 암묵적으로 폭력을 묵인한 셈이다. 인간은 공감능력을 타고났지만 다른 동물들을 향한 공감은 손쉽게 억제할 수 있는 듯하다. 어떻게 그런 일이 가능한가?

앞 장에서 우리는 동물에 대한 공감능력이 어떻게 우리의 정서적, 육체적, 사회적 건강을 향상시키는지에 대해 알아보았다. 그렇다면 뒤집어서 다음 질문을 던져 보자. 동물에 대한 공감능력 부족이 개인과 사회 차원에서 우리에게 해를 끼칠까? 그렇다면 동물에 대한 공감은 애초에 어떻게 상실되거나 억압되는가? 이런 질문에 답하기 위해 우리는 동물에 대한 공감능력을 망가뜨리는 원인과 그 효과에 대해 살펴보려 한다.

우선 극단적인 형태의 폭력에 대해 알아보는 것이 도움이 될 것이다. 공감능력은 살인 같은 공격적인 행동을 억제하는 데 효과적이다. 동물에 대한 폭력과 다른 인간에 대한 폭력은 강하게 연관되어 있다. 예컨대 여러 연구에 따르면 연쇄 살인범이나 대량 살인마들은 어린 시절 동물을 학대했다. 이는 동물과 인간에 대한 공감능력을 발달시키지 못하는 것이 같은 뿌리에서 비롯된다는 사실을 시사한다. 살인자들은 극단적으로 폭력적인 행동을 보였다는 점에서 특이하다. 그 대신 범죄자가 아닌 보통 사람들의 더 모호한 태도와 행동에 초점을 맞추어야 할까? 살인자들이 동물에 대해 저지른 행동은 우리가 동물에 대한 공감능력을 어떤 식으로 무시할 수 있는지를 알려 줄까? 더 나아가 공감능력을 배울 수 있는 것과 마찬가지로 그것을 잊게 할 수도 있을까?

불행히도 연쇄 살인범과 대량 살인마들이 저지른 동물학대에 대한 연구가 완전히 유익하지는 않다. 인간과 동물 사이에 나타나는 폭력을 조사할 때 가장 큰 한계는 다소 피상적으로 살피게 된다는 점이다. 그것은 다음과 같은 질문에 답하는 점검표에 가깝다. 사람이 동물을 다치게 했는가? 만약 그렇다면 몇 살이었고 어떤 상황에서 그랬는가? 나는 이미 발표된 연구들을 검토했지만 그것이 폭력적인 사람들이 왜 동물을 학대하고 그 학대가 어떻게 시작되었는지에 대한 충분한 통찰력을 제공하지 못했다. 대신 이 책을 쓰면서 나는 심각한 상황을 경험한 사람들을 만났다. 내가 그들과 일대일로 만나 대화를 나누지 않았다면 가치 있는 이해를 얻지 못했을 것이다.

그래서 나는 결심했다. 비록 내 아이디어가 통할지, 정말로 가치 있는 무언가를 얻을지 확신하지 못했지만 말이다. 하지만 내 직감은 그렇게 될 것이라고 말했다. 나는 질문에 대한 답을 이미 발표된 자료에만 의존하는 대신 한 발자국 더 나아가기로 했다.

연쇄 살인범을 직접 만나 질문을 던지기로 한 것이다.

하지만 당연히도 나는 어디서부터 시작해야 할지 몰랐다. 연쇄 살인범을 직접 만난다고? 의과대학에서 그런 걸 배우지는 않았다. 그래서 나는 누구나 할 수 있는 방법부터 시작했다. 바로 구글 검색이다.

조사 결과 나는 FBI 수사지원 부서에서 특수요원들을 감독했던 앨런 브랜틀리에 대해 알게 되었다. 브랜틀리는 1983년에 대학을 졸업하고 노스캐롤라이나 중앙 교도소에서 심리학자로 일하다가 FBI에 합류했다. 이곳에서 브랜틀리는 범죄 프로파일링 분야 선구자들의 업적을 바탕으로 20년 넘게 수많은 폭력적인 범죄자들을 인터뷰했다. 그리고 그는 동물학대와 인간 대상 폭력의 연관성을 확인했다는 이유로 자주 인용되는 사람이다. 그러니 연쇄 살인범과 동물을 잇는 연결고리를 찾으려면 브랜틀리에게 연락하는 것이 적절하다. 그는 폭력성이 강한 살인범들과 인터뷰할 때 정신의학이라는 내 배경 지식을 잘 활용하는 방법에 대해 유용한 조언을 해주었다.

그런 다음 나는 동물을 학대했던 전력이 있고 자기 범죄를 인정하는 연쇄 살인범들에 대해 조사했다. 후자의 기준은 그 범죄자가 나에게 사실대로 말할지 여부를 결정하기 때문에 중요했다. 그 결과 물망에 오른 대상 가운데는 현재 오리건 주 교도소에서 가석방 없는 종신형으로 복역 중인 키스 제스퍼슨이 있었다. 살인 행각에 대한 제스퍼슨의 사전 인터뷰를 살펴보니 그가 동물학대 전력에 대해서도 나에게 솔직하게 얘기할 것이라 짐작되었다.

제스퍼슨은 1990년에서 1995년 사이에 여덟 명의 여성을 강간한 뒤에 목 졸라 살해했다. 결혼해 세 아이의 아버지였던 제스퍼슨은 장거리 트럭 운송 회사에서 기사로 일하며 대부분의 희생자들을 만났다. 그는 성매매 여성이나 단기 체류자처럼 실종된 사실을 알아차리기까지 오래 걸리는 대상을 먹잇감으로 삼았다.

제스퍼슨은 사람들의 관심을 끌고자 트럭 정류장의 화장실 벽에 메모를 남긴다든지 기자들에게 범행에 대해 뽐내는 편지를 보냈다. 이런 편지에 서명할 때마다 미소 띤 얼굴을 그렸기 때문에 기자들은 제스퍼슨을 '웃는 얼굴의 살인자'라고 불렀다. 5년에 걸친 제스퍼슨의 살인 행각은 경찰이 그와 직접 연결 지을 수 있는 희생자가 나왔을 때 비로소 끝이 났다. 여자친구인 줄리 앤 위닝햄이 살해되었을 때였다.

나는 제스퍼슨에게 편지를 써서 내가 인간과 동물의 공감능력을 연구하는 의사라고 소개한 다음 만나서 얘기를 들을 수 있는지 물었다. 브랜틀리의 조언에 따라 나는 제스퍼슨에게 어떤 내용을 얘기할지에 대해서는 본인이 결정하게 될 것이라고 말했다. 또한 나는 고심하고 주저한 끝에 브랜틀리와 상의하지 않았던 일을 했다. 편지와 함께 내 증명사진을 봉투에 슬쩍 넣었던 것이다. 이렇게 하면 제스퍼슨이 단지 내가 여자라는 이유로 인터뷰에 응할지도 모른다. 그렇지만 기회를 잡을 수 있다면 나는 기꺼이 그렇게 할 것이었다. 브랜틀리가 조언했듯이 나는 제스퍼슨의 신뢰를 얻어야 했다. 사진을 보여 주어 솔직하게 나를 드러내면 더 도움이 될 것이다.

편지를 부치고 나서 일주일도 채 안 되어 나는 우편함에서 키스 제스퍼슨의 답장을 받았다. 나는 그렇게 답장이 빨리 도착한 데에 놀라 봉투를 뜯었다. 그 안에는 내가 교도소를 방문할 때 적어야 할 방문객 신청서와 함께 여섯 장 분량의 손으로 쓴 편지가 들어 있었다.

제스퍼슨은 나를 직접 만나기 전에 내가 어떤 사람인지 판단하기 위해 전화로 대화하고 싶어 했다. 좋다. 그러면 나 역시 그 사람에 대해 가늠할 수 있으리라. 편지를 받고 며칠 뒤부터 나는 매주 전화 통화를 했다. 하지만 그와 나눈 대화는 지금껏 내가 경험한 것 가운데 가장 소름끼치고 충격적인 내용이었다.

"모든 살인자는 연쇄 살인마죠." 제스퍼슨은 이렇게 말했다. 우리는 약 3주에 걸쳐 전화와 편지로 대화를 나눴다. "다만 범죄자의 대부분이 첫 범행 때 잡히는 것뿐이에요."

"왜죠?" 내가 물었다.

"나는 지금껏 누군가를 죽인 사람들은 다들 다시 살인을 하고 싶어 한다고 생각해요. 그런 기질이 피 속에 있으니까요."

키스 제스퍼슨이 생명을 처음으로 죽였던 것은 아홉 살이 되기 전이었다. 1955년 브리티시컬럼비아 주에서 태어난 제스퍼슨은 과수원과 농지로 둘러싸인 시골에서 자랐고 집에서 개, 말, 오리, 양 등의 동물을 길렀다. 하지만 개나 가축이 아닌 동물은 성가신 존재로 간주되었다. 그의 아버지는 제스퍼슨과 형제들에게 공기총을 주어 쓸모없는 동물들을 사냥하게 했다. 제스퍼슨은 어린 나이에 라이플총과 활 다루는 법을 배웠다.

제스퍼슨은 많은 동물을 죽였는데 특히 땅다람쥐가 가장 빈번한 희생양이었다. 지역 농부들은 땅다람쥐나 다른 동물들을 죽이면 제스퍼슨과 형제들에게 용돈을 주기도 했다. "우리는 그 사냥이 동물을 해친다고 생각하지 않았죠. 우리 마을에 도움이 되는 존재가 아니었기 때문에 죽인 거였고 모두가 사냥에 가담했어요."

가끔 제스퍼슨은 일상적으로 땅다람쥐를 비롯한 동물들을 마구 해치웠다. 죽이는 것을 신나게 즐기기도 했다. "우리가 동물들을 곤봉으로 때려죽이면 아버지가 비디오로 촬영했어요. 모두 즐겁게 웃었죠. 아버지는 영상에 '여기 타고난 땅다람쥐 사냥꾼들이 있다'고 내레이션을 곁들었어요."

나는 움찔하고 놀랐다. "땅다람쥐를 얼마나 죽였나요?"

"수천 마리요."

예상치도 못한 숫자였다. "수천 마리라고요?"

"맞아요." 제스퍼슨이 대답했다. "우리는 주말에 총을 한 500발 쐈어요. 그게 다 땅다람쥐를 맞히지는 않았을 테지만 절반만 맞혔다 해도 250마리는 죽었겠죠."

"땅다람쥐를 쏠 때 잠시 주춤했던 적이 있었나요? 당신이 그 동물에게 고통을 준다고 생각했던 적은요?"

"땅다람쥐는 그냥 표적일 뿐이었어요. 죽이고 다음 표적으로 넘어가는 거죠."

제스퍼슨은 나이가 좀 더 들어서 아버지 소유의 건물에서 고양이를 죽인 적도 있다고 말했다. 건물의 세입자가 물이 새는 배관을 고쳐 달라고 그에게 전화를 했다. "그래서 내가 찬장 밑의 싱크대를 고쳤죠." 제스퍼슨이 말했다. "그런데 찬장 안에 고양이가 있었어요. 그 고양이는 내 손을 꽉 붙들더니 할퀴었죠. 그래서 나는 고양이를 들고 밖으로 뛰쳐나가 포장도로에 힘껏 던졌어요. 그런 다음 고양이 목을 졸랐죠."

"고양이를 왜 죽인 건가요? 이미 떨쳐냈으니 거기서 끝내고 놓아 줄 수도 있었잖아요."

제스퍼슨은 동의했다. "고양이가 도망치게 놔둘 수도 있었죠. 하지만 그냥 죽이고 말았어요. 화가 난 나머지 참을 수 없었죠. 내가 문제였어요."

"고양이를 죽이고 후회하진 않았나요?"

"당시엔 그렇지 않았어요. 이 고양이가 날 할퀴었기 때문에 그 복수를 한다는 짜릿한 느낌이 있었죠."

제스퍼슨은 교도소에서 오리건 주의 신문에 이 고양이 살해 건에 대해 편지를 보낸 적이 있다고 말했다. 두 명의 현지 축구 선수가 저지른 또 다른 고양이 살해 사건을 접하고 보낸 편지였다. 흥미가 동한 나는 메모를 했다.

고양이를 죽였을 때 제스퍼슨은 스물한 살이었다. 나중에 그는 트럭을 더럽혔다는 이유로 감자 칩에 스트리키닌을 발라 갈매기 떼를 독살하기도 했다. "난 갈매기 50마리를 죽였고 그 뒤로 그 일을 잊었죠. 나중에는 화살로 개를 죽이기도 했어요. 어떤 개가 쓰레기를 뒤지고 있어서 어느 집 개인지 쫓아갔죠. 결국 주인집을 찾아 개를 잘 간수하라고 말했더니 주인은 나에게 엿이나 먹으라고 했어요. 그래서 나는 화살을 재서 개의 옆구리에 쏘았죠. 화살은 개를 관통해서 전봇대에 꽂혔어요."

1963년에 정신과 의사 존 맥도널드John M. Macdonald는 어린 시절의 특정 행동이 나중에 폭력으로 이어질 수 있다는 연구를 최초로 발표했다. 맥도널드는 콜로라도 정신병원에서 근무하면서 정신질환을 앓는 환자 48명이 어린 시절에 보였던 행동을 정신질환이 없는 환자들과 비교했는데, 전자는 모두 누군가를 죽이겠다고 위협한 적이 있었다. 연구 결과 맥도널드는 폭력성이 가장 심한 환자들 사이에서 반복적으로 발견되는 세 가지 특징을 찾아냈다. 다섯 살 넘은 나이에 자다가 이불에 소변을 보는 것, 방화, 어린 시절 동물에 대한 학대가 그것이었다. 이런 특징은 '맥도널드의 3요소'라고 알려졌다.

당시 동물에 대한 학대는 범죄학자들에게 그렇게 중요하게 다뤄지지 않았고 정신의학적으로도 문제가 되지 않았다. 미국심리학회는 개정 〈DSM-3〉을 발간한 1987년에야 동물학대를 정신질환의 징후로 인정했다. 이때가 되어서야 비로소 동물학대는 성인과 아동, 청소년기에 (일반적으로 소시오패스라 부르는) 반사회적 인격장애를 진단하는 기준으로 추가되었다.

20년이 더 지나 로버트 K. 레슬러Robert K. Ressler가 맥도널드의 연구를 확장하면서 범죄학자들은 동물학대를 다른 형태의 폭력적인 행동과 더 쉽게 구별하게 되었다. 당시 미국 육군 헌병대에서 범죄수사관으로 근무한 레슬러는 1970년 FBI에 합류했다. 그는 폭력적인 살인 사건과 동물학대가 강하게 연관되어 있음을 보고한 최초의 FBI 수사관이었다. 레슬러는 동료들과 법의간호학 전문가인 앤 버지스Ann Burgess의 도움을 받아 FBI에서 폭력 범죄자 연구 프로그램을 처음으로 개발했다. 이들은 전국 교도소를 방문해 (뱀파이어 살인자라 알려진) 리처드 트렌튼 체이스, 에드먼드 켐퍼, 테드 번디, (샘의 아들이라 알려진) 데이비드 버코위츠 같은 범죄자들을 인터뷰했다. 이렇게 유죄 판결을 받은 연쇄 살인범과 성폭력을 동반한 살인범을 총 36명 조사했다. 그런 다음 레슬러와 동료들은 이 살인범들이 어린 시절, 청소년기, 성인기에 소변으로 침대를 적시는 것이나 방화, 동물학대와 같은 특정 행동을 얼마나 많이 했는지 살폈다. 그 결과 살인범 세 명 가운데 한 명 이상이 어린 시절과 성인기에 동물을 학대했다고 밝혔다. 그리고 거의 절반은 10대 시절 동물들에게 잔인하게 굴었다.

레슬러가 얻은 결과와 달리 이후 맥도널드 3요소에 대한 연구에서는 일관적이지 않은 결과가 나왔다. 오늘날 심리학자들은 어린 시절에 침대를 적시거나 불을 지르는 행동이 미래의 폭력적인 행동을 예견하지는 않는다고 여긴다. 하지만 동물학대는 쉽게 묵과할 수 없다. 다른 두 행동과 달리 동물학대는 생명에 대한 폭력 행위다. 실제로 2001년 동물학대와 다른 폭력 행위 사이의 연관성에 대한 권위자인 심리학자 프랭크 애시언Frank Ascione은 기존 자료를 검토하고 이렇게 결론지었다. "이 연구들을 종합하면, 폭력적인 범죄를 저지른 성인 가운데 4분의 1에서 3분의 2가 동물학대를 발달상의 특징적 이력으로 보인다."

애시언이 얻은 수치가 넓은 범위에 걸쳐 있는 것은 동물학대를 연구할 때 몇 가지 방해물이 있기 때문이다. 첫째는 동물학대를 정의하기가 어렵다는 것이다. 예컨대 침대에 실례를 하는 것이 무엇인지는 직당히 정의할 수 있는 데 비해 동물학대는 그렇지 않다. 애시언은 이 개념을 "동물에게 불필요한 고통이나 곤란, 죽음을 의도적으로 유발하는 사회적으로 용납할 수 없는 행동"이라고 정의했다. 하지만 이 정의는 가장 자주 쓰이기는 해도 너무 협소하다는 비판을 받는다.

이 정의에 따르면 고양이를 목 졸라 죽이거나 즐거움을 위해 개나 고양이를 쏘아 맞추는 행동은 학대로 간주된다. 하지만 땅다람쥐나 코요테를 쏘는 경우라면 어떨까? 만약 제스퍼슨이 코요테를 골칫거리라고 여겨 총으로 쏘아 죽였다면 그것은 '사회적으로 용납 가능한' 행동이라고 여겨질 가능성이 있다. 그러면 즐거움을 위해 야생동물을 사냥하는 행위는 정의상 동물학대일까? 만약 그렇다면 사람들의 취미 사냥을 어떻게 받아들여야 할까? 그리고 만약 그렇지 않다면 어째서 개나 고양이 같은 특정 동물에 해를 끼치는 경우는 학대로 여기고 다른 동물에 대해서는 그렇게 하지 않는가? 동물학대에 대한 정의는 동물에 대한 우리의 관점이 변덕스럽게 바뀔 때마다 따라서 바뀌기 쉽다. 다시 말해 오늘 사회적으로 용납 가능한 행동이 내일은 그렇지 않을 수 있다.

두 번째 장애물은 어떤 사람이 과거에 동물을 학대했는지 여부를 판단하기가 쉽지 않다는 것이다. 그 사람이 진실을 말하지 않거나 사건을 정확히 기억하지 못할 수 있다. 친구나 교사, 가족 같은 주변 사람들에게 그 사람의 과거를 질문하는 데도 비슷한 문제가 따른다. 예컨대 부모들은 자식이 동물에게 잔인하게 대한 행동을 과소평가하는 경향이 있다. '아이라면 으레 그런 짓을 하는 법'이라고 여기는 것이다.

또한 법원이나 의료 기록을 검토하다 보면 동물학대에 대한 질문을 누가 처음에 시작했는지, 어떤 방식으로 질문을 던졌는지, 그 답변이 어떻게 기록되었는지가 중요하다. 애초에 동물학대 여부에 대한 의혹을 제기하는 게 더 중요하지만 말이다. 동물학대와 인간 대상 폭력이 연결되어 있다는 인식은 높아졌지만 여전히 법 집행, 의료, 사회과학 분야에서 이런 질문이 충분히 던져지지 않고 있다.

이런 이유들 때문에 관련 연구에서는 동물학대의 빈도를 낮게 추정하기 쉽다. 앨런 브랜틀리는 레슬러의 연구를 살피면서 "실제 동물학대의 빈도는 훨씬 더 높았다고 여겨진다"고 말했다. 이렇 듯 이 주제에 대한 연구에 한계가 있다 하더라도, 동물학대 전적 은 폭력적인 성인들에게서 가장 일관되게 나타나는 특징이다. 어 린 시절에 반복되는 동물학대 행위는 성인 시기에 나타날 폭력의 전조다.

"이런, 빌어먹을!"

나는 거실에 앉아 제스퍼슨이 최근 보낸 편지를 읽던 참이었 다. 나는 그와 두 달 조금 넘게 편지를 주고받았다. 나는 아이리시 브렉퍼스트 홍차를 진하게 끓여 편안한 의자에 자리를 잡았다. 자 신의 폭력을 묘사하는 제스퍼슨의 이야기를 듣다 보면 감정적인 타격이 있기 때문에 차를 마시며 마음을 든든히 먹어야 했다. 게다 가 제스퍼슨은 항상 예의를 차리긴 했어도 전화나 편지에서 나에 게 성적 자극을 주는 말을 계속했다. 나는 몇 번이나 그만두라고 했지만 잠시 멈출 뿐이었고 그의 자제력은 결코 오래가지 않았다.

나는 이번 편지에도 비슷한 내용이 있으리라고 생각했다. 하지 만 짐작은 빗나갔다. 제스퍼슨은 더 이상 나와 대화하고 싶지 않다 고 적었다. 나는 망연자실해졌다. 제스퍼슨이 왜 갑자기 연락을 끊으려 하는지 이해가 가지 않았다. 전날에도 통화를 했는데 대화는 문제없이 진행되었다. 뭐가 잘못된 것일까?

나는 아직 제스퍼슨과 대화를 끝낼 준비가 되지 않았다. 그동안 제스퍼슨이 사실만을 말하지 않았으리라 여기고 답변의 일관성을 확인하고자 같은 내용을 다른 방식으로 묻기도 했다. 하지만 아직 물어볼 내용이 많았다. 나 혼자 한 사람을 조사한다고 해서 공감능력이 어떻게 억제되는지에 대한 확정적인 결론을 내릴 수는 없겠지만, 내가 제대로 된 질문을 던진다면 대화 과정에서 분명 도움을 얻을 것이다.

나는 저녁에 제스퍼슨에게 음성 메시지를 남겼다.

"안녕하세요, 제스퍼슨 씨. 음, 나는 아크타르 박사입니다. 신경 쓰이는 게 있어 저랑 더 이상 얘기하고 싶지 않다는 당신의 편지를 받았어요. 걱정이 있다면 제가 해결할 수 있도록 저에게 전화를 주시겠어요?"

나는 이쯤에서 멈췄어야 했다.

"뭐가 잘못됐는지 모르겠어요." 내가 불쑥 내뱉었다. "여기에 대해 얘기를 하게 전화를 주세요. 그러면 대화를 이어나갈 수 있을 것 같네요. 이번 주 토요일도 좋고 주중 어느 때도 괜찮아요. 언제든지 가장 편할 때 전화해요. 그러면…"

나는 중간에 전화를 끊었다. 남편 패트릭이 엿듣는 걸 봤기 때문이었다. "여보, 처음에는 강한 어조로 말하다가 절박해지는 말투가 마치 방금 헤어진 남자친구에게 돌아오라고 애원하는 것 같아." 패트릭이 웃음을 터뜨렸다.

그 말이 맞았다. 도대체 내가 왜 그랬을까? 예전에 제스퍼슨과 대화를 나눌 때 나는 언제나 자신 있고 성실한 태도로 말했다. 하지만 아까는 무척 긴장했다. 제스퍼슨에게 믿음을 얻었다고 생각했는데 거절당한 기분이었다. 나는 패트릭에게 중얼거렸다. "정말 바보 같아. 어떻게 해야 하지?"

나는 누군가에게 거절당한 뒤 민망한 음성 메시지를 남긴 사람이라면 할 법한 조치를 취했다. 통신 회사에 연락해 제스퍼슨이 내 메시지를 아직 듣지 못했다는 사실을 알아내고 그 메시지를 지워 달라고 했다. 회사에서는 그렇게 해주었다.

그리고 나는 다시 한 번 음성 메시지를 남겼다. 하지만 이번에는 패트릭의 도움을 받아 미리 내용을 적은 다음 그대로 읽었다.

과연 제스퍼슨이 전화를 줄까?

나는 밤새 제스퍼슨이 갑자기 나와 연락을 끊으려 했던 이유를 곰곰이 생각했다. 어쩌면 내가 결국 자기를 만나러 오지는 않을까 봐 신경이 쓰였는지도 몰랐다. 마지막 편지에서는 여기에 대해 화가 난 기미도 보였다.

제스퍼슨은 제대로 짚었다. 나는 아직 교도소에 면회를 요청하는 신청서를 작성하지 않았다. 제스퍼슨과 만나면 그의 비언어적인 단서를 보면서 중요한 통찰을 얻을 수 있다는 사실을 머리로는 안다. 하지만 감정적으로 나는 그를 만나고 싶지 않았다. 전화로도 충분하니 꼭 만날 필요가 있을지 의문이 들었다. 그래도 제스퍼슨은 스카이프 영상통화도 아닌 직접적인 만남을 원했다.

제스퍼슨은 여성과 관련한 문제를 갖고 있었다. 여성을 불신했고 여성의 거절을 받아들이기 어려워했으며 여성을 통제하고자 하는 욕구를 드러냈다. 나중에 내가 범죄심리학 분야의 권위자인 에릭 히키 Eric Hickey 박사와 여기에 대해 논의했을 때 그 역시 동의한 사실이었다. "제스퍼슨은 당신과 함께 있을 때 관계를 지배하고 통제하려 할 겁니다. 만약 어떤 식으로든 장악력을 잃었다고 느낀다면 작별 인사를 하겠죠. 아니면 적어도 통제력을 되찾고자 당신과 게임을 하려 할 거예요. 당신이 떠나는 걸 바라는 게 아니라, 자기가 인터뷰를 통제하고 있다는 사실을 알아주길 바라는 거죠."

어쨌든 나는 답변을 오래 기다릴 필요가 없었다. 제스퍼슨은 바로 다음날 아침에 전화했다. 비록 방문 약속을 하지는 않았지만 내가 '당신이 무엇을 걱정하는지 살펴볼 기회를 달라고' 하는 것만으로도 기분이 좋아졌는지, 우리는 예정된 대화를 계속할 수 있었다.

범죄 영화나 드라마를 보아도 알 수 있듯, 제스퍼슨 같은 살인자들이 타인을 지배하고 통제하려 한다는 사실은 널리 알려져 있다. 하지만 사람들은 살인자들이 왜 그런 필요성을 느끼는지는 잘 모른다.

제스퍼슨에 대해 가장 놀라운 사실은 그가 항상 동물에게 잔인하지는 않았다는 점이다. 아마도 이때 거절에 대한 두려움과 외부를 통제해야 한다는 생각이 관여했을 것이다. 지그문트 프로이트에 따르면 아이들은 자기를 동물과 강하게 동일시한다. 그런데 이런 동일시는 동물에게 친절하게 대하면 보상을 얻지만 동물을 학대하면 줄어든다.

제스퍼슨은 여섯 살 무렵 날개가 부러진 까마귀를 도운 적이 있었다. 그는 침실에 있는 상자에 까마귀를 넣어 보살폈다. 하지만 어느 날 그의 형이 까마귀를 치료하겠다는 희망을 산산조각 냈다. "형은 그 새를 살려 두는 게 아무 소용없다고 말했죠." 제스퍼슨의 형은 상자를 창문 밖으로 던져 까마귀를 죽였다. 제스퍼슨은 형의 비행기 장난감을 던져 보복했지만 아버지로부터 벌을 받았을 뿐이었다.

제스퍼슨이 동물과 맺은 가장 친밀한 관계는 그의 개 듀크와의 관계였다. 제스퍼슨이 다섯 살 때 그의 가족이 듀크를 입양했다. 제스퍼슨은 친구가 적었기에 둘은 떼려야 뗄 수 없는 사이가 되었다. 나는 실베스터를 떠올렸다. 다른 사람과의 교제가 없거나 충분하지 않아 동물과 함께하기를 바라는 아이가 얼마나 많은가? 〈뉴욕타임스〉 기사에 따르면 7에서 10세까지의 아이들은 인생에서 가장 중요한 열 명을 나열할 때 평균적으로 두 마리의 반려동물을 포함시킨다.

제스퍼슨과 나는 둘 다 동물과의 우정을 쌓았고, 제스퍼슨 역시 나처럼 동물들을 건강하게 보살피려 애썼다. 공통점은 또 있다. 우리 둘 다 동물학대를 목격했다. 제스퍼슨은 스스로 동물을 학대하기도 했지만 나처럼 형이나 아버지 같은 권위 있는 사람이 동물을 학대하는 장면을 목격했다. 자기가 학대를 저지르기 전에 주변 사람이 학대하는 모습을 본 것이다. 심리학자 랜들 록우드Randall Lockwood에 따르면 동물학대를 목격한 아이들은 "그 동물에 대한 공감으로 생겨나는 고통을 견딜 수 없기 때문에 점점 반려동물에 대한 호의와 친절함을 억누르는 경우가 많다." 어른이 된 제스퍼슨은 형이 까마귀를 죽였을 때 느꼈던 고통을 나에게 표현하지 못했지만 어린 시절의 그는 그 고통을 깊이 느꼈을 것이다.

인간의 행동은 너무 복잡하기에 완벽한 설명은 아니겠지만, 록우드의 이론은 대니얼이 갑작스럽게 살인을 저지른 이유를 설명해 줄지도 모른다. 인디애나 주의 펜들턴 교도소에서 대니얼을 만났을 때, 나는 그렇게 동물에게 살갑게 대하는 사람이 자기 이복형제를 끔찍하게 살해했다는 사실을 알고 소름이 돋았다. 가정폭력의 희생자들이 상당수 그랬듯이 대니얼은 동물에게서 위안을 얻었다. 하지만 대니얼의 의붓아버지는 그가 두터운 유대를 쌓은 고양이 한 마리와 그 밖의 동물들을 할머니에게 맡기라고 강요했다. "고양이 아이단은 내가 집안에 있으면 항상 내 어깨에 올라가 앉았죠. 의붓아버지가 고양이를 할머니 집에 맡기라고 한 뒤로는 아이단을 만나러 그 집에 가곤 했어요. 그러다가 내가 일주일 만에 방문하자 할머니는 아이단이 죽었다고 했어요. 차에 치였다고요." 반복적으로 동물을 잃어야 했던 경험은 대니얼이 제정신을 잃고 충동적인 살인을 저질렀던 실마리를 제공할까?

제스퍼슨은 양심의 가책 없이 사람과 동물을 죽였다. 그리고 대니얼은 비록 다른 사람을 난폭하게 살해한 적이 있지만 동물에 대한 공감과 연민은 여전히 강하다. 반면에 나는 동물이나 사람을 학대한 적이 없으며 모든 생명에 대한 공감능력은 여전하다. 어째서 대니얼과 나, 제스퍼슨은 각기 다른 방향으로 나아갔을까? 단지 성별의 차이만으로는 설명할 수 없다. 여자아이와 남자아이 모두 동물을 학대한다. 한 가지 이론은, 빈번하지 않거나 가벼운 동물학대를 목격하면 그 동물에 대한 공감과 연민이 유발되는 반면, 동물학대에 빈번하게 노출되면 점점 그 고통에 무감각해진다는 것이다. 그리고 여자아이든 남자아이든 동물학대를 자주 목격하면 스스로 동물을 학대하게 될 가능성이 더 높아진다. 제스퍼슨은 어린 나이에 나보다 훨씬 자주 동물학대를 목격했던 반면 대니얼은 동물학대를 목격하지는 않았다. 이것이 우리 세 사람의 차이를 일부 설명할 수 있을 것이다.

그리고 다른 이유도 있는 듯하다. 내 주변 사람들은 실베스터에 대한 나의 애정을 무시하지 않고 함께 놀도록 허락해 주었다. 하지만 대니얼의 부모님은 그렇지 않았다. 제스퍼슨의 가족, 이웃, 친구들은 훨씬 더 나아갔다. 동물에 대한 제스퍼슨의 애정을 지지하지 않았을 뿐 아니라 파괴하기까지 했다. 그의 주변 사람들은 제스퍼슨이 동물에 대한 공감능력의 스위치를 <u>끄</u>도록 적극적으로 부추겼다.

제스퍼슨에 따르면 그의 이웃과 친구들은 동물을 다치게 하고 죽이는 것을 아무렇지도 않게 생각했다. "어떤 이웃 사람들은 고양이를 돌멩이와 함께 마대자루에 넣은 다음 강에 던졌죠. 비둘기 새끼를 밟아 죽인 사람도 있었어요." 그밖에도 제스퍼슨은 동물학대를 여러 번 목격했다. 동물이 학대받거나 방치되는 모습을 보고 자란 아이들은 동물에 대한 그런 대우가 용인 가능하다고 생각하며 그 행동을 모방할 가능성이 높다.

다른 누구보다 동물에 대한 제스퍼슨의 공감능력을 누르고 잔인성을 키운 인물은 그의 아버지일 것이다. 그의 아버지는 동물은 본인의 소유물이기에 원하는 짓을 뭐든 할 수 있다고 여겼다. 제스퍼슨이 성인이 되어 고양이를 목 졸라 죽였을 때도 그의 아버지는 대수롭지 않게 반응했다. 제스퍼슨은 아버지에 대해 무척 상반된 인식을 갖고 있었다. 때로는 자신의 멘토로 묘사하기도 했지만 때로는 주변을 지나치게 통제하는 사람으로 묘사했다. 그의 아버지는 알코올 중독에 빠졌으며 제스퍼슨이 자기를 화나게 하면 피가 날 때까지 채찍질을 하는 등 가혹하게 벌주었다.

폭력은 폭력을 부른다. 신체적, 감정적, 성적 학대와 폭력이 발생한 문제 가정에서 동물이나 사람을 학대하는 사람이 나오곤 한다. 자기 인생의 다른 부분에 대한 통제력이 미약할 때 타인에 대한 폭력은 무언가를 통제한다는 만족감을 얻는 강력한 수단이 된다. 대니얼과 제스퍼슨의 경우에 그것은 의붓동생과 동물, 여성을 살해하는 방식으로 나타났다.

첫 번째 통화를 한 지 4개월쯤 지나 제스퍼슨은 내가 자기와 면회하기 위해 제출했던 서류가 통과되었다고 편지를 보냈다. 하지만 처음에는 여자 방문객이 온다고 기뻐하던 제스퍼슨은 내가 아무런 약속을 잡지 않자 2주 뒤 다시 연락을 끊자고 했다.

면회 약속을 잡아야 제스퍼슨과 대화를 계속할 수 있다면 그렇게 해야 했다. 나는 걱정하지 말라는 음성 메일을 남기며 방문할 시간을 잡고 싶다고 말했다. 이번에는 연락을 재개하기까지 시간이 좀 더 걸렸다. 3일 뒤 제스퍼슨이 전화했고, 나는 이제 그를 방문할 준비가 되었다고 말했다. 10분에 걸친 통화를 마치고 3주 뒤 나는 자동차를 빌려 오리건 주 교도소로 향했다.

세일럼에는 오리건 주정부가 있지만 지역 주민들은 이곳을 교도소의 도시라고도 부른다. 세일럼에는 교도소가 모두 다섯 곳이 있는데 그 가운데 오리건 주립 교도소가 가장 크고 오래되었다. 도시 한가운데에 자리한 약 78만 제곱미터의 보안이 철저한 이 교도소는 남성들만 수감되며 사형수들이 독극물 주사로 처형되는 곳이기도 하다.

목요일 오후, 나는 교도소를 둘러싼 높은 철근 콘크리트 벽을 바라보다 본관에 들어갔다. 일단 경비를 통과하자 직원 한 명이 면회실로 안내했다. 생각보다 넓고 환한 실내에는 편안한 소파와 의자, 커피 테이블이 늘어서 있었다. 수감자들이 방문객을 기다리며 소파와 의자에 앉아 있는 모습이 보였다.

제스퍼슨은 창문 아래 의자에 앉아 있었다. 내가 가까이 다가가자 그가 일어섰다. 덩치가 엄청나게 큰 사람이었다.

우리는 악수를 나눴다. "인터넷에 올라간 사진을 보고 당신을 바로 알아봤어요. 이렇게 만나 줘서 고맙습니다." 나는 맞은편 의자에 앉았고 우리는 몇 초 동안 서로를 관찰하며 침묵을 지켰다.

두피 가까이에 흰 머리가 난 제스퍼슨은 청바지에 흰 운동화, 파란색 버튼다운 긴팔 셔츠 차림이었으며 셔츠에는 '오리건 주립 교도소 수감자'라고 적혀 있었다. 그는 딱딱한 표정으로 나를 응시했다.

나는 조금 긴장되었다. 엄청난 거리를 달려 이곳에 도착했는데 정작 이 사람에게 무슨 말을 해야 할지 머리가 하얘졌다. 나는 벌떡 일어났다. "자판기에서 뭐라도 좀 마실래요?"

"마운틴 듀가 있나요? 나는 방문객과 만나는 동안은 의자에 앉아 있어야 해요. 일어나서 돌아다닐 수가 없어요." 나는 음료수를 건넸다.

"오랜만에 여자 손님을 맞네요. 당신이 와서 정말 좋아요."

하지만 제스퍼슨은 기뻐 보이지 않았다. 나는 그의 얼굴에서 어떤 감정도 읽지 못했다.

"당신이 나를 방문해서 남편이 걱정하지는 않던가요?"

나는 제스퍼슨의 질문을 무시한 채 면회 중인 주변 수감자들을 살폈다. 변호사로 보이는 여성과 얘기를 나누는 수감자도 있고 방문객과 카드놀이를 하는 수감자도 있다.

내가 침묵하자 제스퍼슨이 다시 묻는다. "당신이 나와 결혼하려 할까 봐 남편이 걱정하지 않던가요?"

나는 웃었다. "그럴 리가요."

그러자 제스퍼슨도 나에게 미소를 지었는데 그 모습을 보고 나는 놀랐다. 그동안 통화하는 내내 웃었던 적이 없기 때문이었다. 나는 이제 완전히 긴장을 풀고 대화를 자연스럽게 진행해 갔다. 나는 원래 교도소 잔디밭의 거위를 쫓아내려고 데려왔지만 비공식적인 교도소 마스코트가 되었다는 개, 펠릭스에 대해 물었다.

"펠릭스는 이곳에 큰 활기를 가져다주죠." 제스퍼슨이 말했다. "펠릭스 덕에 조금 더 인간다워진 기분이에요. 개는 나를 섣불리 판단하지 않죠. 가끔은 사람들이 먹이를 너무 많이 줘서 펠릭스가 살이 찌기도 해요."

"당신은 몇몇 개들을 무척 좋아했지만 다른 개들은 죽였어요. 왜 그런 차이가 생겼죠?"

"상황에 따라 달라졌던 거죠. 내가 밖에 있는 모든 동물을 죽이러 다닌 건 아니에요. 필요할 때 이유가 있어 몇 마리를 죽였죠. 죽일 때는 아무 생각이 없었어요."

"어떤 이유죠?"

"아버지 건물에서는 세입자들이 개와 고양이를 키우는 통에 다른 동물들이 목줄도 하지 않고 들어와 돌아다녔어요. 아버지는 동물을 쫓아내라고 나에게 총을 주었죠. 어느 날 길 잃은 개를 보고 총을 쏘아 죽였지만 사실은 옆에 주인이 있는 개였어요. 나는 개를 죽인 것에 대해서는 전혀 신경이 쓰이지 않았지만 주인을 보자 약간 마음이 쓰이긴 했어요."

나는 대화 주제를 펠릭스로 바꿨다. 제스퍼슨은 모범수들이 수감되는 A블록에서 생활하면서 펠릭스와 자주 마주쳤다. 재미있게도 연쇄 살인범들은 모범수로 여겨지는 경우가 종종 있다. "랜들

우드필드도 A블록에 수감되었죠. 그 사람은 죄를 인정하지도 않고 오만해요."

나는 세탁 카트에 찧어 다쳤다는 제스퍼슨의 손가락을 보다가 이제 단순한 잡담에서 한 발자국 더 나아가기로 했다.

"당신도 여자들을 죽였잖아요. 왜 그랬죠?"

제스퍼슨은 의자에 등을 기대고 잠시 생각에 잠겼다. "그들에게도 약간의 오만함이 있었죠. 무엇이든 말하거나 행동할 수 있고, 그렇게 하고도 자기에게 아무 일도 일어나지 않을 거라고 생각했으니까요. 남자들이라면 내 덩치를 보고 나를 건드리면 안 된다는 사실을 알죠." 제스퍼슨은 몸을 앞으로 기울였다. "그리고 난 여자에게 약해요. 여자들의 생김새, 느낌, 냄새를 좋아해요. 난 로맨틱한 사람이죠. 그러니 로맨틱하게 발전될 느낌이 있었는데 결국 그렇게 되지 못하면 나는 화가 났죠."

머리 위 열린 창문으로 빗방울이 떨어지고 찬바람이 불었다. 나는 스웨터로 몸을 꼭 여몄다. 우리가 전화 연락을 시작한 이후로 제스퍼슨은 여성을 대상으로 한 살인 전력에 대해 얘기하려 하지 않았는데, 자기를 직접 만나러 왔으니 그 보상으로 나에게 정보를 주려는 듯했다. 하지만 지금도 나에게 그 이야기를 할 준비가 되어 있는 것 같지는 않아서 나는 화제를 바꾸었다.

"그러면 다른 걸 다시 물어볼게요. 왜 그 고양이를 죽였다고 신문사에 편지를 썼나요?" 2000년대 이전의 신문 기록 보관소는 그렇게 잘 정리되어 있지 않아서 아직 그 편지 원본을 찾지 못한 상태였다.

"그 고양이는 누가 키우던 동물이었으니까요."

"고양이가 누군가의 반려동물이 아니었다면요? 다르게 생각할 건가요?"

"그래도 여전히 누군가의 반려동물일 거예요. 동물은 지역사회의 일부니까요. 모든 동물은 어느 개인의 것이거나 사회 전체의 것이죠."

'사회 전체의 것'. 나는 그 말을 곱씹었다. 내 여동생이 코스타리카 여행을 갔을 때 렌터카 사무실의 직원이 차 열쇠를 건네며 "우리 동물을 해치지 않도록 조심해요"라고 말했다고 한다. 여행하는 내내 여동생은 코스타리카 사람들이 동물을 돌보는 데 책임감을 나누어 맡는다고 느꼈다. 우리가 코스타리카 사람들처럼 모든 동물을 사회 전체의 동물로, 다시 말해 우리 모두가 돌보는 동물로 여긴다면 동물에 대한 폭력을 훨씬 덜 용납하게 될까?

나는 제스퍼슨에게 물었다. "당신은 다른 동물들도 죽였는데 왜 하필 고양이에 대해 투고했나요?"

"단순한 고양이가 아니었어요. 내 인생을 바꿔 놓은 지렛대 받침점이었죠. 고양이를 죽이는 것과 사람을 죽이는 건 크게 다르지 않아요. 나중에 내가 살인자가 되었을 때 그 사건은 나에게 영향을 미쳤어요. 전에도 목을 졸라 죽여 봤으니까 이번에도 효과가 있으리라 생각했죠. 고양이를 죽였던 경험이 나를 둔감하게 만들었어요."

나는 제스퍼슨의 이런 생각에 동의하지 않는다. 그는 고양이를 죽이기 훨씬 전부터 생명을 해치는 데 둔감해졌다. 하지만 고양이와 여덟 명의 여자를 목 졸라 죽이는 것은 다른 방식으로 살해하는 것보다 더 큰 만족감을 주었을지 모른다. 한 연구에 따르면 가학적인 연쇄 살인범의 거의 3분의 2가 살인을 저지르기 전에 동물을 해치거나 죽였으며, 동물을 죽인 사람의 절반 정도는 고문을 한 다음 목숨을 빼앗았다. 이 살인자들은 희생자가 고통을 받는 데 기쁨을 느꼈으며 동물과 인간 피해자에게 종종 동일한 고문과 살해 기술을 사용했다. FBI의 앨런 브랜틀리에 따르면 제스퍼슨 같은 살인자들은 '모든 감각을 동원하는 것을 좋아한다.' 시각, 청각, 후각, 촉각을 통해 희생자들에게 가까이 다가가는 것이다. 누군가를 목 졸라 죽일 때 희생자들이 몸부림을 치며 눈과 표정에서 생명이 빠져나가는 모습, 엄청난 공포에 빠진 모습은 가학적인 특징을 지닌 살인자들에게 무척 자극적이다.

제스퍼슨은 말을 이어갔다. "사람들은 동물과 인간을 따로 떼어 놓고 생각하는 경향이 있죠. 하지만 생명은 다 똑같아요. 다들 살아남기 위해 몸부림을 치죠."

다음날 나는 제스퍼슨과 최대한 오랜 시간 면회하기 위해 면회실의 문이 열리자마자 들어갔다. 제스퍼슨은 그런 모습에 기분이 좋았는지 자기가 죽였던 희생자 여성들에 대해 기꺼이 이야기하려 했다.

제스퍼슨은 첫 번째 인간 피해자인 타운저 베넷을 살해한 다음 거실에 흩뿌려진 피를 청소하려고 기계를 빌렸다고 이야기를 꺼냈다. "나는 술집에서 그 여자를 만나 내 집으로 데려갔죠. 그 여자도 나에게 관심이 있는 줄 알았어요. 하지만 사실은 그렇지 않았고 그녀가 잠자리에 관심이 없다고 하자 나는 화가 솟구쳤어요. 그래서 얼굴을 후려갈겼죠."

나는 제스퍼슨이 저지른 살인 사건에 대해 이미 전부 읽었다. 하지만 당사자가 바로 내 앞에 앉아 자기가 했던 일을 설명하고 그걸 직접 듣는 건 아주 다른 경험이었다. 잠자코 듣고 있기가 무척 괴로웠다. 제스퍼슨은 아무런 감정도 없이 자기가 베넷에게 어떻게 계속 주먹질을 했는지 말해 주었다. 베넷은 코가 부러지고 얼굴이 피투성이가 되었으며 피가 벽과 천장 곳곳에 흩뿌려졌다.

오, 맙소사.

하지만 제스퍼슨은 내 표정에 분명 드러났을 혐오를 알아차리지도 못하고 계속 말을 이어 갔다. "그러다가 나는 주먹질을 멈췄고 내가 무슨 일을 저질렀는지 봤어요. 그리고 '이 일로 교도소에 가고 싶지 않아'라고 생각했죠. 그래서 그 여자를 죽였어요. 목 졸라 죽이는 데 4분쯤 걸렸죠."

나는 구역질이 났다. 내가 벌떡 일어나자 제스퍼슨이 눈길을 보냈고 나는 화장실에 간다고 변명했다. 토하고 싶었지만 헛구역질만 났다. 나는 훈련받은 신경과 의사로 심각한 정신질환과 소시오패스 같은 인격장애를 가진 환자를 다룬 경험이 있다. 일부는 폭력성을 띠었다. 그래도 나는 언제나 냉담하고 건조한 태도를 유지했다. 그들을 치료하는 데 도움이 되는 역할을 확실히 수행했다. 하지만 이번에는 달랐다. 나는 제스퍼슨을 담당하는 의사가 아니었고 우리 사이에는 의사 가운과 클립보드가 없었다. 방문하는 내내 제스퍼슨은 묘하게 조용한 태도로 내 얼굴에서 시선을 좀처럼 거두지 않고 유심히 지켜봤다. 내가 어떤 반응을 보이길 바란다면 그렇게 해주지 않을 것이다. 나는 차가운 수돗물에 얼굴과 손을 씻고 다시 돌아갔다.

나는 앉아서 침묵을 지켰고 얼굴은 무표정했다. 제스퍼슨은 아까 이야기가 끊어진 곳부터 다시 시작해 여자들을 강간하고 살해했던 방법을 자세히 설명했다. 살인에 대한 묘사를 들으면서 나는 제스퍼슨의 인생이 윌리엄 호가스William Hogarth의 판화 〈잔인함의 네 단계〉 속 주인공인 톰 네로와 소름끼치게 일치한다고 느꼈다. 사회평론가이자 화가였던 호가스는 1751년에 4부작 판화를 발표했는데, 각각의 판화는 아마 로마 폭군의 이름에서 따 왔을 주인공 네로를 통해 동물학대가 어떻게 더 큰 사회적 폭력의 일부인지를 보여 준다.

'잔인함의 첫 단계'는 동물학대에 참여하는 한 무리의 소년들을 보여 준다. 네로는 겁에 질린 개의 항문에 화살을 밀어넣고 다른 소년들은 그만하라고 애원한다. '잔인함의 두 번째 단계'에서는 동물학대가 더욱 널리 퍼지고 제도화된다. 네로는 일상적으로 동물을 학대하는 사람으로 진화한다. 네로는 자기가 끄는 수레에 깔린 말을 때리며, 다른 남성은 양 한 마리를 때려죽인다. 성난 황소는 자기를 괴롭히는 사람을 밀어붙인다. 여기에는 인간에 대한 폭력도 묘사되어 있는데, 마부는 아이가 마차에 깔려 있는 동안 낮잠을 자고 뒤쪽에는 투우와 권투 시합을 선전하는 포스터가 붙어 있다. 그리고 '완전한 잔인성'에서는 네로가 고속도로 강도가 되고 임신한 자기 애인을 살해한다. 마지막 연작인 '잔인함의 대가'에서는 네로가 살인죄로 유죄 판결을 받고 교수형에 처해지며 그의 몸은 공개적으로 해부된다. 그리고 아이러니하게도 개 한 마리가 그의 심장을 먹는다.

오전 면회 시간이 끝날 무렵 제스퍼슨은 오후에도 만날 것인지 물었다. 나는 내가 여기서 뭘 하는지 회의가 들었다. 제스퍼슨에 대한 건 전부 잊고 싶었다. 하지만 나는 "잘 모르겠어요"라고 답할 뿐이었다.

나는 오후에 다시 돌아왔다. 제스퍼슨에게 시간을 할애해 최대한 많은 것을 배우지 않으면 나중에 후회할 것 같았다. 제스퍼슨은 크리비지 카드 게임을 준비하고 있었다. 아침에 나눈 대화에 정신적으로 지쳤던 나는 말을 하고 싶지 않아 게임에 응했다.

하지만 제스퍼슨은 남은 시간 동안 게임을 제대로 가르쳐 줄 수 없다고 말했고 우리는 새로운 규칙을 만들었다. 그래도 그 게임에 관심이 없던 우리는 하던 얘기를 계속하기로 했다.

좋다, 다시 그 얘기를 하자. 일단 차 한 잔이 필요했다. 나는 일어나서 자판기에서 뜨거운 홍차를 뽑았다. 하지만 그 차는 인스턴트 디카페인 커피 몇 알로 맛을 낸 것처럼 밍밍했다.

"비밀을 하나 알려 줄게요." 내가 다시 앉자 제스퍼슨이 말했다. "좋아요." 나는 차 한 모금을 겨우 들이마셨다. 무슨 말을 하려고 그러는 걸까?

"열세 살 무렵 형제들과 내가 모닥불 주위에 둘러앉아 있을 때 아버지가 어느 날 밤의 사건에 대해 말했죠. 차를 타고 길을 가는데 거기서 나쁜 일이 생겼을 것 같다는 예감이 들었대요. 차를 세우자 경찰이 다가와 전날 밤 여기서 누가 차에 치여 죽었으니 안전하지 않다고 했죠. 우리는 아버지의 말을 듣고 섬뜩하다고 생각했어요. 하지만 아버지는 이후로도 계속 우리에게 똑같은 얘기를 했죠. 그러다가 열여덟 살 때 아버지는 술에 취해 그 남자가 죽던 날 밤 자기가 그곳을 운전하고 있었다고 말했어요. 뭔가 차에 치였다고 생각했지만 계속 차를 몰았다고요."

"당신 아버지가 남자를 차로 치여 죽였다고 생각해요?"

"나는 아버지에게 왜 경찰서에 가서 그건 사고였다고 사실대로 말하지 않았냐고 물었죠. 하지만 아버지는 그냥 잊어버리라고 했어요. 비밀리에 벌어진 일이고 아무도 모르는 한 괜찮다고요."

나도 그런 일이 어떻게 이루어지는지 안다. 실베스터도, 나도 비밀리에 아무도 모르게 학대를 당했다.

"사슴이 우는 소리를 들은 적이 있나요?" 제스퍼슨이 갑자기 화제를 바꾸며 묻는다.

"아뇨. 사슴이 우는지도 몰랐어요."

"내가 사슴을 활로 쐈을 때 너무 높이 앞쪽으로 맞혔어요. 한동안 더 쫓아가서 한 번 더 화살을 쏘고야 죽일 수 있었죠. 그때 사슴은 소리치며 울고 있었어요. 화살이 어깨뼈에 꽂혀 생명에는 지장을 주지 않은 채 울음소리를 냈기 때문에 나는 그걸 듣고 따라갈 수 있었죠. 몇 시간을 추적한 뒤에야 제대로 한 방을 맞히고 사슴을 쓰러뜨렸어요. 그리고 1982년 가을 캐나다에서 그 일을 겪은 뒤로 나는 사슴이나 엘크 사냥을 나가지 않았죠."

"왜 그 일이 당신에게 영향을 주었다고 생각하나요?"

"사슴이 우는 소리를 들었으니까요. 처음에는 그 동물이 소리를 내지 않으니 괜찮다고 생각해서 사냥을 나갔죠. 하지만 실제로 울부짖는 소리를 들으니 구역질이 났어요. 그 동물의 목소리를 들은 거예요."

그때 오늘 면회 시간은 끝났다는 방송이 흘러나왔다. 이제 나는 내일 아침 비행기로 집에 돌아가 다시는 제스퍼슨을 만나지 않을 것이다. 우리는 일어나서 악수를 하고 작별 인사를 했다.

이번에도 패트릭 말이 맞았다. 이틀이 지나고 20년 만에 처음으로 탈룹 삼촌이 꿈에 나왔다.

내가 왜 제스퍼슨을 만났을까? 바라던 바를 얻었나? 나는 집으로 돌아와서 제스퍼슨을 실제로 만나는 것에 대해 가볍게 여겼던 내 태도를 뉘우쳤다. 하지만 나는 그가 이렇게 감정적인 혼란을 일으켰더라도 만날 가치는 있었다는 결론을 내렸다. 그 사람뿐만 아니라 나 자신에 대해서도 생각보다 훨씬 많이 배우게 되었기 때문이다.

나는 제스퍼슨에게 처음 편지를 썼을 때 그에 대한 선입견을 갖고 있었다. 제스퍼슨이 동물과 맺었던 유일한 관계는 잔인함을 매개로 했을 것이라고 짐작한 것이다. 하지만 제스퍼슨은 잔인성과 무심함 말고도 예상치 못한 인간다운 순간을 드러냈다.

제스퍼슨은 어린 시절 동물에 대해 가졌던 자연스런 공감과 연민을 성인이 된 뒤에도 가끔씩 보여 주었다. 사슴 울음소리에 대해 말할 때가 그런 예다. 하지만 제스퍼슨은 동물에 대한 친절이 고통스러운 결과로 이어질 수 있다는 사실을 일찍부터 배웠다. 이웃과 가족은 동물에 대한 폭력이 용인될 수 있다는 것을 너무도 당연하게 알려 주었고, 동물에게 잔인하게 대한 후 아버지가 더 관심을 보일 때마다 그의 행동은 강화되었다. 결국 어린 시절에 품었던 동물에 대한 공감과 연민은 여러 해에 걸친 잔인한 행동의 무게로 무너졌다.

제스퍼슨은 정신과 의사에게 정식으로 검사받은 적은 없지만 APD(반사회성 인격장애)가 있다는 진단을 받았다. 흔히 소시오패스나 사이코패스로 간주되는 APD는 무엇보다 타인에 대한 공감이 부족하고 자신이 저지른 행동에 대해 후회가 거의 없는 것이 특징이다. 하지만 아무리 그런 진단을 받았다 해도 폭력 행위를 저지른 이유에 대해 APD 한 가지로만 설명하는 것은 지나치게 단순하다. APD가 폭력을 일으켰는가, 아니면 폭력이 APD를 일으켰는가? 어떤 게 먼저일까?

우리는 동물과의 관계를 포함해 제스퍼슨의 인생 전체를 살펴야 한다. 1964년에 인류학자 마거릿 미드Margaret Mead는 이렇게 말했다. "한 아이에게 일어날 수 있는 가장 위험한 사건은 동물을 죽이거나 고문하고 책임감을 느끼지 않는 것이다."

물론 동물을 해치는 것과 사람을 해치는 것 사이에 일대일의 직접적인 상관관계는 없다. 데이브가 실베스터를 해친 이후로 사람을 학대하는 데까지 나아가지는 않았다. 여기에는 가족 역학, 정신 상태, 유전 등 고려해야 할 복잡한 요소가 많다. 하지만 동물에게 폭력을 가하고 그렇게 하도록 적극적으로 또는 소극적으로 부추기는 사람들은 인간에게도 그렇게 할 가능성이 높다는 증거가 점점 쌓이고 있다.

공감능력은 우리의 도덕적 발전에 필수적인 요소다. 그것이 없으면 우리는 타인의 삶과 고통, 그리고 그 고통을 덜어 주고 싶은 마음을 상상할 수 없다. 범죄학자 피어스 베인Piers Beirne은 동물에 대한 공감과 인간에 대한 공감이 강하게 연관되어 있다고 주장했다. 제스퍼슨에게 여성과 동물은 둘 다 착취하기 좋은 취약한 존재였다. 그가 살해한 여성 성노동자와 노숙자들은 사회의 변두리에 있었고 누구나 쉽게 무시하고 지나칠 만한 존재였다. 이 점은 대부분의 동물과 다르지 않다. 만약 누군가 일찍부터 제스퍼슨의 삶에 개입해 동물에 대한 상냥한 품성을 키워 주었더라면 그는 여성을 자기가 해칠 대상이 아닌 공감의 대상으로 바라보는 법을 배웠을지도 모른다.

제스퍼슨과의 대화는 나 자신의 학대 경험에 대한 감정적인 반응을 다시 일깨웠다. 여성을 강간하고 살해한 데 대한 그의 묘사가 한 몫 했다. 나는 내가 연쇄 살인범을 통해 스스로에 대해 이렇게 많이 알게 될 줄은 미처 몰랐다. 폭력은 단지 개인의 심리에서 오는 것이 아니라 사회적, 문화적 산물이다. 제스퍼슨은 주변 문화를 통해 폭력에 익숙해졌다. 그리고 나 역시 그랬다. 나는 착한 파키스탄 소녀가 되어 연장자와 권위, 전통을 존중하라고 배웠다. 연장자가 무언가 하라고 지시하면 따라야 한다. 어른이 침실에 같이 가자고 해도 마찬가지다. 비록 탈룹 삼촌의 행동에 상처를 받기는 했어도, 시간이 흐르면서 나는 그것이 내가 살던 주변 환경에서 특별한 일이 아니었다는 사실을 알게 되었다.

그래서 이제는 데이브가 실베스터를 해쳤을 때 어째서 내가 데이브에게 더 따져 묻지 않았는지 알 것 같다.

"이건 정상이야." 데이브가 한 말이다.

인류 역사에서 이 한 마디는 사람들의 고의적인 무지를 옹호해 왔다. 이 말은 차별을 용인하고 힘없는 자들에 대한 지배를 부채질했다. 그리고 나 자신을 속여 실베스터와 나를 향한 학대를 받아들이게 했다.

폭력이 평범하다고 여겨질 때 그것을 인정하기는 어렵다. 내가 어렸을 때 실베스터나 나를 향한 폭력을 완전히 인식하지 못했던 것처럼 제스퍼슨도 마찬가지였다. 다만 나는 이제 제스퍼슨의 인생을 살펴보며 그가 살인을 저지르게 한 경고 신호를 볼 수 있다. 제스퍼슨은 옳고 그름을 알았으며 누굴 죽일 때마다 나름의 근거를 갖고 있었다. 그렇다면 동물에 대한 학대를 정당화했던 것이 그가 여성 살해를 정당화하는 것으로 어느 정도 이어지지 않았을까? 그는 자기가 동물을 학대했던 행동을 이웃과 가족의 행동을 포함하는 문화적 배경을 들어 옹호했다. "그땐 모두가 그랬다" "먹고살려면 어쩔 수 없었다"와 같은 변명이 그랬다. 문화적 규범이 한 가지 종류의 학대를 간과하거나 정당화할 때, 다른 형태의 학대에 대한 문이 열리는 것이 아닐까? 사회의 일원인 우리는 제스퍼슨 같은 사람을 탄생시키는 데 다 같이 책임과 과실이 있는 게 아닐까?

"제스퍼슨 같은 잔인한 살인마들은 커다란 빙산의 일각일 뿐입니다." 히키 박사가 나중에 나에게 말했다. "그들은 앞으로 닥칠 일의 전조이죠. 우리 사회가 어떻게 돌아가는지 말해 줍니다."

제스퍼슨을 만난 지 한 달이 지나 나는 마침내 그가 〈스테이츠 맨 저널〉에 보냈던 편지를 찾았다.

1996년 11월 23일, 오리건 주 세일럼에서 경찰은 줄무늬 고양이 한 마리를 때려죽인 혐의로 맥너리 고등학교 학생 두 명을 체포했다. 경찰에 따르면 열여덟 살인 토머스 셰퍼드와 달 더들리는 셰퍼드의 집에서 돌아다니던 고양이를 나무 몽둥이로 때려죽였는데, 그것은 새어머니가 먹이를 챙겨 주던 여러 길고양이 중 한 마리였다. 쓰레기통에서 고양이 사체를 발견한 새어머니가 경찰을 불렀다.

하지만 마을 신문에서 격렬한 논쟁을 일으킨 것은 두 학생의 체포보다는 맥너리 고등학교 축구 감독 톰 스미스의 말이었다. 스미스는 자신이 가장 아끼는 선수인 셰퍼드가 체포되었다는 사실을 알고 기자들에게 이렇게 말했다. "이성적으로 생각해 봅시다.

셰퍼드는 누굴 강간하거나 불구로 만들거나 강도짓을 한 것이 아닙니다. 단지 말 못하는 동물의 목숨을 빼앗는 바보 같은 짓을 저질렀을 뿐이죠."

그로부터 2주 동안 〈스테이츠맨 저널〉은 고양이 살해 사건과 스미스의 발언에 대해 어느 주제보다도 많은 편지를 받았다. 그 가운데는 제스퍼슨이 보낸 편지도 있었다.

동물을 학대하는 행위가 살인자로 가는 징후의 하나라는 사실은 온갖 사법기관의 보고서에 실려 있습니다.

동물에 대한 저의 공격성이 높아진 것은 성인이 된 직후였죠. 아버지는 내가 고양이를 길가에 내던진 다음 목 졸라 죽이는 장면을 목격했습니다. 우리 가족 소유의 임대주택에서 발견된 고양이였죠. 그런데 아버지는 그 행동이 잘못되었다고 꾸짖기보다는 내가 일을 처리하는 방식에 대해 뿌듯하게 여겼습니다. 내가 길 잃은 개와 고양이를 어떻게 처리하는지 다른 사람들에게 자랑하기도 했죠. 이 모든 일은 다시 누군가를 죽이고 싶다는 충동을 내게 심어 줬습니다. 이번에는 사람을 죽이면 어떨까 생각했죠. 그 생각은 몇 년이고 머릿속에 머물렀고, 드디어 어느 날 밤 그 일이 벌어졌습니다. 나는 한 여자를 반죽음이 될 정도로 때린 다음 목을 졸라 목숨을 빼앗았습니다. 이후로 더 이상 학대할 동물을 찾지 않았죠. 대신 죽일 사람을 찾아다녔습니다. 나는 체포될 때까지 살인을 거듭했죠. 이제는 그 대가로 남은 인생을 교도소에서 보내고 있습니다.

나처럼 큰 문제로 번지기 전에, 우리는 누군가에 대한 잔인한 학대를 멈춰야 합니다. 우리의 폭력과 공격성은 무심코 고양이를 때려 죽이는 일에서 끝나지 않고 더 큰 문제를 일으킬 수 있습니다.

- 키스 제스퍼슨

5

동물일 뿐이잖아

데이브는 계속해서 실베스터를 폭행했다. 데이브가 실베스터를 벽에 콱 밀거나 얼굴을 주먹으로 때리거나 작은 몸을 걷어찰 때마다 나는 몰래 눈물을 흘렸다. 하지만 나는 잠자코 있었다.

그로부터 4개월 뒤에 나는 경찰을 부를 생각을 했다. 하지만 지역 경찰서의 전화번호를 찾아본 나는 망설였다. 경찰에게 뭐라고 말해야 할까? 나는 데이브를 좋아했고, 실베스터에게 못된 짓을 했어도 그를 곤경에 빠뜨리고 싶지 않았다. 그리고 만약 경찰이 실베스터가 무슨 짓을 당하는지 신경 쓰지 않는다면 어떻게 할까? 데이브가 하는 행동이 단지 개를 훈련시키는 것일 뿐이라고 동의한다면 말이다. 우리 동네에서는 마약과 총기를 소지하고 판매하는 일이 흔하게 벌어졌고 경찰은 공공연한 적이었다. 비록 불법적인 일을 저지르지 않아도 우리 동네 사람들은 경찰이 뭔가 꼬투리를 잡을까 봐 두려워했다.

그런데도 경찰이 보고 있는 앞에서 추위와 더위 속에 개들이 오랜 시간 사슬에 묶여 있거나 목걸이를 한 고양이가 큰 상처를 입고 동네를 돌아다니는 일이 일어났다. 사람들은 경찰을 두려워하지 않고 동물들을 해쳤다.

결국 나는 경찰에게 신고를 하지 못했다. 긴장이 되었을 뿐 아니라 어차피 신경 쓰지 않으리라 생각했기 때문이다. 경찰은 이렇게 말했으리라. "어차피 동물일 뿐이잖아요." 내 짐작은 옳았을 것이다.

하지만 이후로 동물에 대한 사람들의 태도는 발전했다.

어느 정도는 말이다.

나는 7층 높이의 강당 창문 밖으로 맨해튼의 스카이라인을 바라보았다. 뉴욕 퀸스에 자리한 경찰 아카데미에서 경찰을 대상으로 동물학대에 대한 교육을 실시하는 중이었다. 나는 경찰이 동물학대 신고전화를 어떻게 처리하는지 알아보려고 뉴욕 경찰에 연락했다. 알고 보니 뉴욕은 이 분야에서 시대를 앞서가고 있었다. 마이크 머피Mike Murphy 경사가 이끄는 뉴욕 경찰의 동물학대 조사단은 미국에서 최초로 생긴 동물학대 수사팀이다.

머피는 뉴욕 경찰과 미국동물학대방지협회(ASPCA)가 합동으로 교육하는 이번 연수에 나를 초대했다. 오늘날 경찰은 동물학대를 목격하거나 제보를 받으면 반드시 법에 따라 조사하게 되어 있다. 몇 년 전까지만 해도 그 역할을 대부분 ASPCA가 수행했다. 이제 뉴욕 경찰은 협력을 통해 동물학대 사건을 조사하고 동물학대법을 적용하는 데 큰 역할을 한다. 그에 따라 동물학대를 조사하는 사람의 수가 ASPCA 직원 열여덟 명에서 뉴욕 다섯 개 자치구 전체에 걸친 경찰 3만 4000명으로 늘어났다. 이제 ASPCA는 동물학대 사건에 대해 조사하고 관련 규정을 이해하도록 경찰을 교육시키며, 911 신고전화가 오면 인력과 전문 지식을 집중적으로 지원한다.

토요일 아침, 신참에서 선임, 형사들로 구성된 300명의 남녀 경찰들이 강당으로 들어선다. 나는 뜨거운 커피를 손에 들고 맨 앞줄 근처에 앉았다. 제일 처음 단상에 오른 사람은 머피 경사였다.

브루클린 억양이 섞인 머피의 부드러운 음성은 덩치 큰 체형과 그렇게 어울리지 않는다. 나는 굵고 낮은 목소리가 나오지 않을까 계속 기대한다.

"테드 번디, 제프리 다머, 데니스 레이더." 머피가 말을 꺼낸다. "이들 살인마들은 전부 사람을 죽이거나 불구로 만들고 식인 행위를 하기 전에 동물을 해친 전력이 있습니다. 동물들을 해치는 짓은 사람들을 해치는 짓으로 이어집니다. 그러니 이런 범죄를 조사할 때 꼬치꼬치 캐물어야 합니다. 사람들에 대한 걸 조사할 때 동물에 대해서도 살펴야 하고, 그 반대도 마찬가지입니다."

그런 다음 ASPCA에서 나온 한 젊은 여성이 마이크를 잡는다. "동물학대 사건이 벌어지면 ASPCA에 전화하세요. 핫라인이 있으니 우리가 도와드릴게요." 뉴욕 경찰을 지원하기 위해 24시간 내내 운영되는 ASPCA 핫라인은 경찰관들에게 상황에 어떻게 대처하고 동물을 이송할지를 알려 준다. 이들은 경찰에게 동물을 맨해튼 92번가의 동물병원이나 그 지역의 여러 협력병원 가운데 하나로 데려가라고 지시한다. 병원에 가면 수의사가 무료로 의료 서비스를 제공하고 필요한 법의학적 검사와 서류 작업을 시작할 것이다. 이 조치는 동물 학대자들을 성공적으로 기소하는 데 중요한 역할을 한다.

"언제든 인터넷에 동물학대 장면이 담긴 영상이 뜰 수 있으니 대비해야 합니다." ASPCA 대표가 말한다. "고양이를 약 8미터 높이에서 걷어찬 남자의 영상이 있었죠. 그 동영상은 삽시간에 널리 퍼졌습니다."

ASPCA에서 일하는 한 변호사는 청중에게 이렇게 질문한다. "여기서 동물학대 사건을 조사해 본 분이 있나요?" 손 든 사람은 얼마 되지 않는다. "가장 흔한 형태의 동물학대는 부적절한 곳에서 키우거나 유기하거나 차에 감금하거나 극도의 추위나 더위에 방치하거나 동물끼리 싸움을 붙이는 것 등입니다. 동물학대는 당연히 해야 할 무언가를 하지 않는 것이고 어떤 동물에게도 가해질 수 있죠." 다음으로 변호사는 사진을 보여 준다. 약간 지루한 눈빛을 하고 있던 사람들이 갑자기 정신을 번쩍 차린다. 하나는 표백제에 빠진 고양이의 사진이고 다른 하나는 총에 여러 번 맞은 다람쥐의 사진이다. "주인들은 동물에게 의료적인 보살핌을 제공할 의무가 있어요. 돈이 없다는 건 변명거리가 되지 않죠."

그리고 오전 내내 끔찍한 사진과 영상이 연달아 화면에 나타난다. 두들겨 맞아 피투성이가 된 고양이들, 독약을 먹어 중독된 너구리, 불에 탄 토끼가 나온다. 그 다음 한 강사는 동물들에게 싸움을 붙이는 현장과 여러 장비들을 보여 준다. 배설물과 피로 뒤덮인 콘크리트 투견 구덩이, 개들이 싸움을 준비하기 위해 한 번에 세 시간까지 뛰어야 하는 트레드밀, 개를 강제로 교배시키는 받침대, 각종 기구와 사슬이 나온다. 이 모든 장비는 동물들이 서로 죽이는 모습을 구경하기 위한 목적 하나를 위해 만들어졌다. 이것은 대규모 사업이다.

뉴욕 경찰 역시 동물들에게 싸움을 붙이는 사람들의 활동을 조사한 적이 있었다. 이러한 산업은 미국 전역에 걸쳐, 심지어는 전 세계에 걸쳐 비밀리에 이뤄진다. 투견과 투우를 비롯한 활동은 돈

세탁, 마약 카르텔, 인신매매, 성매매, 도박, 조직 폭력배와 관련되어 있다. 머피는 종종 팀원들을 몰래 파견해 이 네트워크의 강력한 방어망을 뚫고 조사하게 한다. 이런 수사는 몇 달, 몇 년에 걸쳐 실시된다. "동물 싸움이 벌어지는 곳에는 갱단, 총, 마약이 관여하고 많은 돈이 오가죠." 한 발표자가 말한다.

점심시간에 나는 발표자와 사회자들을 위해 마련된 방에서 머피 팀의 형사들과 함께 휴식을 취했다. 2015년에 결성된 전담반에는 형사 여덟 명이 배치돼 있었다. 이들은 다들 여러 해에 걸쳐 뉴욕 경찰에서 일했으며 살인 사건, 갱단 폭력, 마약 범죄를 다뤘다. 모두 경험이 풍부한 형사들이다. 동물학대 수사에 대한 여러 가지를 나에게 열성적으로 설명하는 이들 형사들은 다른 경찰들로부터 더 이상 '심각한 사안'을 다루지 않는다는 이유로 무시당하기도 한다.

이 팀의 일원인 리사 버겐은 내게 자기가 기르는 개, 파코와 페블스의 사진을 휴대전화로 보여 줬다. 두 개는 뒷마당의 유아용 수영장에 느긋하게 몸을 담근 모습이었고 그중 파코는 무척 만족한 표정으로 물을 뿜는 정원 호스를 물고 있었다. "지는 거의 7년 동안 군대에 복무했죠." 리사가 말했다. "그러다가 이 새로운 팀에 대해 듣고 자원했어요."

내가 그 이유를 묻자 리사는 또 다른 휴대전화로 사진 한 장을 보여 주었다. 나는 움찔했다. 불에 타 검게 그을린 개였다. 누군가 개를 담요로 싼 채 불을 붙인 것이다. "바로 이런 이유죠." 리사가 말했다. "동물들은 죄가 없어요. 우리가 말 못하는 동물들의 목소리가 되어 주죠. 그동안 나는 가정폭력 사건을 많이 다뤘어요. 피해자들이 도움을 요청하는 전화를 걸기는 하지만 우리가 출동하면 고소를 취하하죠. 하지만 동물이 피해를 입는 사건이라면 그렇지 않아요. 동물을 대신해서 도와주면 얼마나 학대를 받았는지에 상관없이 고마워하죠."

점심 휴식이 끝나고 우리는 강당으로 돌아가 동물들의 갈비뼈나 두개골에 골절이 생긴 엑스레이 사진을 봤다. 나는 더 이상 슬픈 사진들을 보고 싶지 않아서 대신 수강생들의 반응을 살폈다. 몇몇은 지루해 보이고 다른 몇몇은 화면에 시선을 고정한 채 바쁘게 필기를 했다. 25년간 뉴욕 경찰로 일하다가 ASPCA로 옮겨 지금은 뉴욕 경찰과의 연락 업무를 맡고 있는 하워드 로렌스는 이렇게 말했다. "이 수업은 여태껏 들었던 강의 가운데 가장 훌륭했습니다. 나는 1983년부터 경찰로 일했는데 당시에는 음주운전이라든지 가정폭력을 그렇게 심각하게 여기지 않았죠. 하지만 지금은 사정이 달라졌습니다. 저는 동물학대 사건도 이와 비슷해지기를 기대합니다."

지금의 경찰들은 동물학대가 폭력이라는 훨씬 더 넓은 사회적 그림의 일부라는 사실을 깨닫고 있다. 그것은 키스 제스퍼슨 사건 같은 극단적인 형태의 폭력만이 아니다. 대부분의 동물학대는 일상적인 범죄와 관련되어 있다. 다시 말해 동물을 학대하는 사람들은 다른 폭력적인 행동을 할 가능성이 더 높다. 보안 수준이 최고 단계인 교도소에 수감된 261명의 수감자들을 대상으로 한 조사 결과, 43퍼센트가 동물학대를 저질렀던 것으로 나타났다. 또 다른 연구에 따르면 동물학대는 폭력성이 가장 심한 범죄자들 사이에 널리 퍼져 있었다. 117명의 재소자를 폭력적인 범죄자와 그렇지 않은 범죄자로 나눴을 때 폭력적인 범죄자들의 63퍼센트, 비폭력적인 범죄자들의 11퍼센트가 동물학대를 저질렀다.

그리고 매사추세츠동물학대방지협회(MSPCA)와 노스이스턴 대학 심리학자들의 공동 연구에 따르면 동물 학대자들의 70퍼센트가 그로부터 10년 사이에 대인간 폭력, 재산 피해, 마약 범죄를 포함한 범법 행위를 저질렀다. 이 연구의 결론에 따르면 동물 학대자들은 음주 관련 범죄나 사회 무질서 행위를 저지를 가능성이 세 배 높고, 재산 침해 범죄를 저지를 가능성은 네 배, 타인에게 폭력을 저지를 가능성은 다섯 배 더 높았다. 시카고 경찰국 역시 최근의 한 연구에서 비슷한 결과를 발견했다. 동물학대 혐의로 체포된 332명 가운데 86퍼센트가 이전에 여러 번의 범죄 전과가 있었다. 다시 말해 "동물에 대한 범죄를 저지른 사람들은 인간 피해자들에게도 또 다른 폭력적인 범죄를 저지를 가능성이 더 높았다."

이렇듯 동물에 대한 폭력과 다른 범죄의 연관성이 매우 밀접하기 때문에 FBI는 최근 동물학대를 추적하는 방식을 크게 바꾸었다. 이전에는 동물학대 사례가 보고되었을 때 '기타' 범주로 분류해 최소한의 데이터만 수집했다면 이제는 살인이나 강간과 마찬가지로 동물학대 분야 데이터를 종합적으로 수집한다. 동물학대는 '단순하거나 총체적인 방치' '고의적 학대와 고문' '투견 같은 조직적 학대' '동물 성범죄'의 네 가지 하위 범주로 나뉘며, 그에 따라 FBI는 어떤 범죄가 일어났는지에 대해 더 풍부하고 세밀한 자료를 얻을 수 있다.

ASPCA의 하워드 로렌스로부터 들은 가장 고무적인 이야기는 이제 법 집행자들이 동물 대상 범죄와 인간 대상 범죄가 강하게 연관되었다는 사실을 점점 더 깨닫고 있다는 것이다. 경찰들은 예전보다 개, 고양이, 닭, 기니피그, 햄스터, 새를 비롯해 더 많은 여러 종류의 동물들을 ASPCA로 데려오고 있다.

하지만 동시에 나는 경찰 내부에서 몇몇 변화는 여전히 느리게 진행된다는 사실을 알아차렸다. 오후 늦게 발표를 했던 리사 버겐은 '동물 학대자들'이라는 제목의 몇 가지 사진을 보여 줬다. 상당수는 다머, 번디 같은 아침에 봤던 연쇄 살인범들이다. 그런데 버겐이 애틀랜타 팰컨스에서 쿼터백을 맡았던 미식축구 선수 마이클 빅Michael Vick의 사진을 보여 주자 사람들은 웃음을 터뜨렸다. 나는 도저히 이해할 수 없었다. 2007년에 빅은 투견들을 잔인하게 훈련시키거나 죽인 혐의로 유죄 판결을 받았다. 죄를 인정한 빅은 연방 교도소에서 2년 남짓 복역한 다음 내셔널풋볼리그(NFL)에 다시 합류했다.

버겐은 이 사례를 들면서 투견 분야에 새로운 시대가 왔으며 이제 스포츠계와 연예계의 부유한 인물들이 뛰어들고 있다고 말했다. 발표가 조금 더 이어진 뒤 강의가 전부 끝나자 사람들은 박수를 치고 환호하며 떠나려고 일어섰다. 하지만 나는 여전히 사람들이 마이클 빅의 사진을 보고 웃었던 이유를 알 수 없었다.

뉴욕 경찰에서 4개월 동안 훈련을 받은 뒤 닉은 나에게 방탄조끼를 건네며 이제 범죄자를 체포하러 가자고 말했다. 나는 처음으로 동물학대 전담팀과 나흘에 걸쳐 현장에 출동하게 되었다. 우리는 검은 포드 익스플로러에 탑승했고 닉이 운전하는 동안 생도인 마이크는 그가 혼잡한 거리에서 길을 찾도록 도왔다. 이른 새벽에도 교통은 혼잡했다. 우리는 퀸스와 브롱크스를 연결하는 화이트스톤 다리를 건너 뉴욕식물원을 지나 사우스브롱크스 40번지의 공공주택 개발지에 차를 세운다. 찰리, 차라, 론을 태운 또 한 대의 검은색 SUV가 우리와 합류한다.

닉, 마이크, 나는 차에서 내렸고 형사들은 엉덩이에 찬 권총에 손을 올린 채 나아갔다. 한 형사가 내게 말했다. "어제 우리가 만사를 제치고 이 지역 투견장에 출동했었죠. 코카인과 총이 발견되었어요." 나는 형사들이 4층 창문을 주시하는 모습을 바라봤다. 누군가 말썽을 일으켜 총을 쏘면 곧바로 대응하기 위해서였다.

"누구를 체포하려는 거죠? 투견에 관여하는 갱단인가요?" 내가 물었다.

"68세의 나이 지긋한 여성이에요."

누구라고?

내가 알게 된 바에 따르면 이 여성은 두 마리의 거북을 방치하는 경범죄를 저질렀다. 그리고 자기가 죄를 저질렀다는 사실을 알지 못한 채 더 이상 동물을 원하지 않는다며 동물 보호소에 넘겼다. 그 보호소에서 경찰에 신고했다.

"거북 한 마리는 다리 하나를 잃었고 나머지 거북은 껍질이 납작해졌어요." 거북들은 건강 상태가 무척 안 좋아 보호소에서 이들을 안락사시켰다. 거북의 다리가 검게 변해서 떨어져 나가는 건 주인이 제대로 돌보지 못했을 때 흔히 일어나는 상황이다. 더러운 물에서 24시간 생활하다 보면 종종 세균에 감염되기 때문이다. 두 번째 거북은 아마도 심하게 영양이 부족하고 햇빛에 노출되지 않아 '부드러운 껍질 증후군'에 걸렸을 것이다. 이렇게 두 거북이 심하게 아프다는 사실을 주인이 알아채지 못했을 리 없다. 몸이 썩어가는 거북을 뻔히 보면서도 아무 것도 하지 않은 것이다.

우리는 연쇄 살인범이라든지 심한 정신질환자들, 무척 특이한 사람들이 폭력 사건의 가해자일 것이라 여기기 쉽다. 사회의 그늘진 곳에서 웅크린 괴물들이 문제라고 믿는 것은 우리에게 일종의 뒤틀린 위안을 준다. 이들은 분명 비정상적인 사람들이다. 하지만 만약 '정상적인' 사람들이 동물을 학대한다면 어떨까?

뉴욕 경찰청에서 훈련이 끝날 무렵 나는 몇몇 고참 경찰에게 사람들이 마이클 빅의 사진을 보고 웃은 이유를 물었다. "그런 훌륭한 미식축구 선수가 연쇄 살인마들처럼 학대를 저지르지는 않았을 테니까요." 경찰들의 대답이었다.

무엇이 잔인한지는 보는 사람의 눈에 달렸다. 여러 시대를 지나면서 문화에 따라 폭력이 무엇인지에 대한 정의가 달라졌다. 특히 가정폭력이나 아동학대 사례에서 그렇다. 그동안 여성에 대한 폭력이 무엇인지를 남성들이 결정했고, 아동학대가 무엇인지를 어른들이 결정했다. 그리고 무척 불행히도 피해자들은 종종 이런 정의를 그대로 믿었다. 오랫동안 가족 구성원이 행하는 어린이에 대한 성적 학대는 일종의 금기였다. 서구 사회에서도 가족의 아동 성학대를 쉬쉬하거나 인식하지 못했는데 파키스탄 가정에서는 어땠겠는가? 우리 부모님들의 경계 레이더는 친구나 가족이 아닌 낯선 사람에게 고정되어 있었다. 아버지는 내가 반팔에 반바지를 입고 외출하려 할 때마다 잔소리를 하셨고 그렇게 하면 나를 보호할 수 있다고 진정으로 믿었다.

물론 우리가 약자에 대한 폭력을 바라보는 시각은 그동안 크게 개선되었다. 아직 가야 할 길이 남아 있지만 말이다. 여성, 유색인종, 동성애자, 아이들에 대한 폭력은 당연히 그 자체로 폭력이다. 하지만 동물학대는 어떨까? 무엇이 동물학대고 무엇이 아닌지를 우리 인간이 정의한다. 많은 뉴욕 경찰들에게 성공한 미식축구 선수는 동물 학대자의 정의에 어울리지 않았다. 그리고 대부분의 사람들에게 쿠키를 굽는 키 작은 할머니 역시 동물 학대자의 상에 들어맞지 않을 것이다. 하지만 우리는 그들의 손에 피해를 본 개와 거북을 중심으로 동물학대에 대한 정의를 내려야 한다.

타라와 형사들은 나이 든 여성을 찾아 공공주택 안으로 들어간 지 10분 만에 아무런 성과 없이 걸어 나왔다. "그 사람은 집에 없어요. 이미 직장에 출근했다는군요."

우리는 45분 더 차를 몰아 다른 학대자를 체포하러 나섰다. 하지만 그도 이미 일터에 출근한 뒤였다. "이제 저 사람들의 직장에 가는 건가요?" 내가 타라에게 물었다.

"아뇨, 주소가 없어요. 체포하려면 다음에 다시 와야 해요." 타라가 답했다.

오후에 나는 니콜레타 카페리Nicoletta Caferri를 만나기 위해 머피, 마이크, 닉과 함께 큐 가든에 자리한 퀸스 지방 검찰청에 갔다. 27년 동안 지방 검사로 일해 온 카페리는 뉴욕 최초의 동물학대 전담관이다.

카페리가 동물의 권리에 대해 신경을 쓰기 시작한 것은 첫 번째 동물학대 사건을 맡았던 2015년부터였다. "저는 뉴욕의 2심 법원으로 올라가는 사건을 다루고 있었어요. 단순한 동물 방치 사건이었죠. 처음에는 모든 사람들이 나더러 왜 이런 경범죄 사건을 맡았냐고 물었죠." 카페리가 말했다.

이 2015년의 항소심 사건은 피고인 커티스 바질과 그의 개에 대한 건이었다. 발단은 ASPCA의 한 요원이 울타리에 약 1.2미터 길이의 끈으로 묶여 뒤뜰 쓰레기 더미에 갇혀 있는 장모종 저먼 셰퍼드 잡종견을 발견하면서였다. 개는 무척 수척했고 수의사의 진찰에 따르면 머지않아 죽음에 이를 상황이었다. 바질은 이 건으로 유죄 판결을 받고 집행유예 3년과 45일의 사회봉사 명령을 받았다. 하지만 바질은 검찰이 "내가 이 개의 건강을 유지하는 데 필요한 필수품을 제공하지 않았거나 고의로 거부했다는 사실을 입

증하지 못했다"고 주장하며 항소했다. 다시 말해 자기가 잘못을
저질렀는지 몰랐다는 주장이었다.

이 사건은 사람들의 관심을 끌었으며 동물학대 사건이 항소심
까지 넘어간 최초의 사례였다. 결국 바질은 패소했다. 그리고 나중
에 카페리는 이런 사건의 담당 부서가 있어야 한다고 검찰청에 제
안했다. 그에 따라 퀸스 지방 검찰청 수사과에 동물학대 전담반이
창설되었다. 뉴욕에서 최초로 만들어진 부서였다. 카페리는 이 전
담반을 열정적으로 이끌고 있다. "나는 곧 은퇴할 작정이었어요.
하지만 지금은 새롭고 혁신적인 일을 하고 있어서 정말 흥분돼요.
마치 제2의 인생을 사는 것처럼요." 그의 말이다.

카페리에 따르면 이제 사람들은 이런 부서가 필요하다는 사실
을 인정한다. 카페리는 동물에 대한 폭력과 인간에 대한 폭력 사이
의 연관성을 다룬 연구에 대해 알고 있다. 알코올 관련 증상에 대
한 역학 조사(NESARC)에 따르면, 4만 3000명 이상의 성인을 대
상으로 표본 조사한 결과 동물에 대한 잔인성은 반사회적 행동, 특
히 강도, 괴롭힘, 폭력적 위협 행위와 상당한 관련이 있었다. 병적
인 도박, 어린 시절의 행동장애, 성격장애, 평생에 걸친 알코올 중
독 역시 동물학대 전적과 밀접한 관련이 있었다. 그뿐 아니라 약물
남용치료센터에서 193명의 청소년을 인터뷰한 결과 약물 남용 역
시 동물학대와 연관되었다.

아마 동물에 대한 폭력과 인간에 대한 폭력 사이에 가장 강한
연관성을 보이는 사례는 가정폭력과 아동학대일 것이다. 한 연구
에 따르면 어린 시절 동물학대를 목격하거나 실제로 폭력을 행사

한 사람 가운데 60퍼센트가 성인이 되어 가정폭력이나 아동학대를 저질렀다.

카페리는 이렇게 말했다. "사람들은 동물학대 범죄가 일어난 지역사회가 안전하다고 느끼지 않습니다. 그래도 우리가 처음 시작할 때는 신고 사례가 많지 않았지만 지금은 늘고 있어요. 사람들은 우리가 동물학대 범죄를 조사할 것이라는 사실을 압니다."

머피가 고개를 끄덕였다. "우리가 담당한 이후로 체포 건수가 다섯 배는 증가했죠."

"동물을 좋아하는 사람들이 많고 우리는 그들의 지지를 받고 있어요. 동물은 인간에 비해 약한 존재니까요." 카페리가 말을 이었다. "동물학대 전담팀은 우리 말고 오리건과 텍사스 주에도 있습니다. 하지만 특별수사대라든지 ASPCA 같은 훌륭한 조직, 법의학 연구팀을 갖추지 못했죠. 뉴욕은 동물 전담팀의 모범이 될 만한 큰 관할 구역이죠. 우리는 여기에 많은 자원을 쏟아 부었습니다. 몇 년 전까지만 해도 가정폭력범들은 잘 체포되지 않았지만 이제는 전담팀이 생겼죠. 내 생각에는 동물 대상 범죄도 비슷할 것 같습니다. 우리의 모델에 모든 시선이 쏠려 있어요."

머피는 브루클린으로 차를 몰고 가는 길에 전담팀에 대해 조금 더 자세히 설명했다. "현재 우리 팀은 여덟 명의 형사와 한 명의 관리자, 그리고 민간인 한 명으로 이뤄졌어요. 제가 관리자죠." 머피가 내 옆에 앉은 마이크를 향해 고개를 끄덕이며 말했다. "저는 항상 자기가 동물 애호가이기 때문에 우리 팀에 들어오고 싶다는 경찰들의 전화를 받아요. 하지만 훈련을 받고 경험이 많은 형사들만 받아들이죠."

동물학대에 대한 911 신고전화가 들어오면 지역 경찰이 먼저 출동해 사건을 점검한다. 그리고 사건이 복잡하게 뒤얽힌 경우라면 머피의 전담팀으로 넘겨진다. 그의 팀은 뉴욕 전역을 담당하고 있다.

목적지에 도착하자 머피는 이번에는 너구리와 관련된 사건이라고 말했다. "누가 이곳의 건물 관리인이 쥐를 불에 태웠다는 익명의 신고전화를 했어요. 도착한 경찰이 현장에서 덫에 걸린 너구리를 발견했는데 뭔가 액체로 잔뜩 덮여 있었죠."

"너구리는 어떻게 됐나요?" 내가 물었다.

"동물병원에 보냈어요. 산성 물질로 화상을 입었는지 여부를 알기 위해 병리 보고서를 기다리고 있죠."

세상에, 가엾고 불쌍한 일이다.

닉은 번화가의 아파트 앞에 SUV를 주차했다. 건물 문이 잠겨 있었다. 머피가 문을 열려고 시도하지만 소용이 없었다. 그러자 길가의 중국 음식 배달 트럭에 앉아 있던 기사가 우리를 유심히 쳐다보다가 건물 왼쪽으로 난 좁은 길을 가리켰다. 우리는 그 길을 따라 가다 상자와 쓰레기통을 넘어 건물 뒤편에 다다랐다.

시끄러운 번화가에 비하면 이곳은 놀라울 만큼 조용했다. 우리는 작은 뒷문을 발견했고 안쪽은 계단으로 이어졌다. "뒤로 물러서요." 머피가 마이크와 나에게 말했다.

머피가 엉덩이에 찬 권총에 손을 얹은 채 지하실에 들어섰고 닉이 뒤따라 들어갔다. 마이크와 나는 두 사람이 모퉁이를 지나 사라지는 모습을 지켜봤다. 얼마의 시간이 지나 갑자기 안에서 누군가 소리를 질렀다. 무슨 내용인지는 정확히 모르지만 욕설인 것만은 분명했다. 머피가 뭔가 외쳤고 몇 분이 더 지나 머피와 닉, 그리고 키가 크고 마른 한 남자가 모습을 드러냈다.

머피는 남자를 진정시키고 너구리에 대해 물었다.

"그래요. 이 건물을 깔끔하게 관리하려고 덫으로 너구리를 잡았어요. 건물에 한 여자 세입자가 사는데 그 너구리가 3층 창문으로 올라가 여자를 공격했다고요. 그대로 둘 수는 없잖아요. 너구리들은 광견병을 옮긴다고요."

"이봐요." 머피가 말했다. "이 지역에서 그동안 광견병이 돈다는 보고는 없었어요."

"아무튼 나는 내 일을 해야 했어요." 남자가 말했다. 그리고 마당 한구석에 놓인 작은 금속 덫을 가리켰다.

"너구리를 덫에 가뒀나요?" 머피가 물었다.

"맞아요. 난 아무 짓도 안 했어요. 그 동물은 덫에서 그냥 죽었다고요."

"덫에 걸린 채 얼마나 살아 있었죠?"

"살았는지 죽었는지 어떻게 알겠어요? 토요일에 가뒀다가 어제 와 보니 죽어 있었어요." 남자가 대답했다. 사흘 동안 동물을 덫에 가둔 셈이었다.

머피는 그 남자를 당장 체포할 수 있었다. 뉴욕에서 24시간 이상 동물을 덫에 방치하는 것은 범죄다. 하지만 머피는 너구리가 어떻게 죽었는지 알기 위해 병리 검사 결과를 기다리기로 했다. 결과와 상관없이 남자는 기소할 예정이었지만 말이다.

사람도 동물에 속할까? 비록 우리가 이 점을 부인하려 애쓰지만 사람은 당연히 동물이다. 그렇다면 어디까지 동물에 속할까? 미국에서는 주에 따라 조금씩 달라진다.

오리건 주에서는 "인간 이외의 포유류, 조류, 파충류, 양서류, 물고기"가 동물이다. 그리고 미주리 주에서는 동물을 "인간을 제외한 살아 있는 모든 척추동물"로 정의한다. 이에 따르면 내가 최근에 생물학 책을 확인했을 때 동물에 속했던 게, 문어, 바다가재는 동물에서 제외된다. 또 어째서 그렇게 정의했는지는 알 수 없지만 텍사스 주에서는 "떠돌이 고양이나 개를 포함한 길들여진 생물과 이미 포획된 살아 있는 야생의 생물"이 동물이다. 이 기준에 따르면 포획되지 않는 야생동물(기본적으로 모든 야생동물)과 '가축'으로 정의되는 소나 염소, 돼지, 닭은 동물에 포함되지 않는다.

미국의 각 주들에서만 이렇게 혼란스럽게 정의하는 것이 아니다. 동물보호법(AWA)도 마찬가지다. 이 법은 "미국에서 동물의 연구, 전시, 운송, 판매에 관련된 처리를 규제하는 유일한 연방법"이다. 이 법에서는 동물을 다음과 같이 정의 내린다. "연구나 시험, 실험, 전시 목적, 애완용으로 사용되거나 그렇게 의도되었다고 할 수 있는 살아 있거나 죽은 개, 고양이, 원숭이(비인간 영장류 포유동물), 기니피그, 햄스터, 토끼를 비롯한 기타 온혈 동물로, 다음의 경우는 제외한다. ① 새나 라투스 속의 쥐, 연구용으로 사육된 무스 속의 쥐 ② 연구용이 아닌 말 ③ 식품이나 직물의 품질을 개선하기 위한 가축이나 가금류에만 한정되지 않은 기타 농장 동물들, 그리고 식품이나 직물을 얻기 위해서나 동물의 영양, 교배, 관리, 생산 효율성을 위해 활용되는 가축이나 가금류." 정말 골치 아픈 정의다.

다행히도 미국의 각 주에서는 AWA보다 동물을 더욱 폭넓게 정의한다. 뉴욕에서는 "인간을 제외한 모든 생명체"가 동물이다. 다시 말해 앞서 남자가 죽인 너구리는 확실히 동물에 포함되고, 따라서 이 남자는 법을 어겼다.

이제 다음 질문은 남자가 어긴 법이 무엇인가 하는 것이다. 뉴욕 주의 법에 따르면 "야생동물이나 길들여진 동물을 고문하거나 잔인하게 구타하고, 부당하게 다치게 하고, 불구로 만들거나 죽이는" 사람은 A급 경범죄에 해당한다. 이런 경범죄에 대한 벌은 1년 이하의 징역이나 1000달러 미만의 벌금, 또는 징역형과 벌금 둘다이다. 남자가 너구리를 어떻게 해치고 죽였는지에 상관없이 그는 기껏해야 경범죄로 처벌을 받는다.

이때 그가 해친 동물이 너구리가 아니라 개였다고 해보자. 이 경우 남자는 동물학대에 대한 가중 처벌을 받게 되며 이는 최대 징역 2년의 중죄에 해당한다. 형량은 경범죄에 비해 아주 크지는 않아도 중죄로 기소되면 5년의 집행유예를 대신 선택할 수 있다. 이 기간 동안 남자는 반려동물을 소유하거나 함께 생활하거나 가까이 다가갈 수 없다.

어째서 너구리가 아닌 개에게 산을 들이부으면 경범죄에서 중죄가 되는 걸까? 그것은 결국 우리가 해당 동물과의 관계를 어떻게 정의하는지에 따라 달라진다. 뉴욕에서는 너구리와 달리 개는 반려동물이라는 특별한 범주에 들어간다. 고양이도 마찬가지다. 물론 토끼, 쥐, 새, 너구리같은 동물도 사람이 반려동물이라 선언한다면 이 범주에 포함될 수 있다. 다시 말해 누가 돌보는 너구리라면 법적으로 반려동물이라 간주해 그 너구리에 대한 학대는 중죄가 된다. 하지만 이번 경우에는 뜨내기 너구리였기 때문에 남자에 대한 처벌은 그보다 가벼울 것이다.

마찬가지로 누군가 친구에게 화가 났다고 친구의 고양이를 의도적으로 독살한다면 2년 동안 교도소에서 지내게 될 것이다. 그렇지만 만약 실험실에서 연구 목적으로 독살한다면 처벌을 받지 않는다. 뉴욕을 비롯한 모든 주에서 개와 고양이를 포함한 모든 실험동물은 법적으로 반려동물이 아니기 때문이다.

그렇다면 왜 동물보호법은 사람이 그 동물을 동반자로 간주하는지의 여부에 근거해야 할까? 물론 동물을 사랑했던 사람들이 학대 사건을 통해 피해를 입는다. 하지만 이것이 반려동물과 비반려동물에 대한 보호법이 동일하지 않은 데 대한 충분히 논리적인 이유일까? 고아인 아이가 살해된다면 가족이 없다는 이유로 살인에 대한 처벌이 경감되지 않는다. 범인이 아이에게 끼친 해악이 중요하지 아이와 타인의 관계가 중요하지는 않다.

우리가 단순히 동물에게 가한 해악의 성격에 따라 법을 적용하지 않는 이유는 무엇일까? 동물에 대한 규정은 너무 일관적이지 않다. 그 이유는 사실 모든 동물이 궁극적으로 법적 재산으로 간주되기 때문이다. 그동안 동물에 대한 범죄를 인지하는 데 진전이 있었음에도 여전히 동물은 그저 동물에 지나지 않는다. 동물이 어떤 법적 보호를 받을 수 있는지는 우리가 그 동물을 어떻게 이용하느냐에 달려 있다. 동물이 반려동물인가, 실험 도구인가, 오후의 간식거리인가에 따라 달라지는 것이다.

고양이가 독살당했다면 과학의 이름으로 그렇게 되었든, 아니면 주인이 친구를 화나게 해서 친구가 보복한 것이든 상관이 없다. 고양이에게 가해진 효과는 똑같다.

법을 좀 더 자세히 뜯어보면 앞서 살핀 것처럼 미국의 여러 주에서는 특정 동물들을 법적인 보호 대상에서 배제하고 있다. 그렇다면 우리는 다음 질문에 답해야 한다. 동물은 언제 '동물'이 아니게 되는가?

여기에 대해 간단하게 답할 수도, 복잡하게 답할 수도 있다. 쉬운 답은, 법적으로 동물이 아니라고 결정된다면 그 동물은 동물이 아니라는 것이다. 복잡한 답은, 그 동물을 동물이 아니라고 정의하는 게 편리하다면 동물이 아니라는 것이다.

그렇게 해서 우리는 기본적인 동물의 정체성을 부정하고 이것도 저것도 아닌 흐릿하고 막연한 상태에 빠뜨린다. 그러면 우리는 그 동물에게 아무리 해로워도 하고 싶은 짓을 계속 할 수 있다. 동물이 아닌 '물건'들은 먹지 않아도 되고, 움직일 공간도 필요 없으며, 따뜻한 햇볕을 쬐고 즐거움을 느끼지도 못하며, 다쳤을 때 고

통을 받지 않으며, 불안 기쁨 애정을 느끼지도 않는다고 간주되어
버린다. 아니면 그런 욕구나 기쁨, 고통을 느끼기는 해도 충분히
느끼지는 않는다고 여긴다.

　이것이 우리가 자기 자신과 우리 아이들에게 이야기하는 편리
한 '대안 현실'이다.

　나는 머피의 팀과 사흘을 함께 보내면서 형사들과 오래 알고
지낸 사이처럼 무척 가까워졌다. 우리는 시답잖은 농담이나 점심
메뉴를 논의할 정도였다.

　그러다가 나는 크리스에게 이 팀에 들어오게 된 계기를 물었
다. "내가 동물을 좋아하기 때문이죠." 크리스가 즉각 대답했다.
"나는 수컷 고양이 한 마리와 깊은 유대감을 나누고 있어요." 이
팀의 형사들은 다들 자기가 사랑하던 동물에 대한 사연을 하나씩
갖고 있었다.

　오후에 별다른 사건이 없기 때문에 내게는 자유시간이 생겼다.
나는 몇 달 전 뉴욕 경찰 대상의 강의 자리에서 처음 만났던 로버
트 리스먼Robert Reisman 박사에게 전화를 걸었다. 수의사인 리스먼
박사는 ASPCA의 법의학 분야 감독관이다. 나는 박사에게 오늘
다뤄야 할 사건이 있는지 물었다.

　"당신이 흥미가 있을 만한 부검을 하나 할 겁니다. 주인이 직접

사체를 들고 왔지만 어딘지 의심스런 구석이 있습니다. 점심을 먹고 한 시쯤에 시작할 거예요." 리스먼 박사가 대답했다.

나는 가능한 속도를 내서 차를 몰아 ASPCA 임상센터 지하의 부검실에 도착했다. 리스먼 박사가 부검을 막 시작하려는 참이었다. 수술복을 입은 박사는 철제 탁자 위 회색 고무 매트에 놓인 치와와 사체를 살펴보고 있었다.

리스먼 박사는 오하이오 주립대학에서 인턴 과정을 밟고 있는 수의학과 학생 둘을 나에게 소개했다. ASPCA 직원인 하비에르는 컴퓨터에 자료를 입력하고 사진을 찍었다.

탁자 위의 사체는 작고 수척했다. 목덜미에 난 자국과 도드라진 갈비뼈가 학대받았을 가능성을 폭로하는 듯했다. "이 개는 버려진 채 보호소에 보내졌어요. 그곳에서 안락사를 시켰죠." 리스먼 박사가 말했다. "처음에는 개를 데려온 여자가 자기 집 근처에서 개를 발견했다고 했지만 나중에 말이 달라졌죠. 아마 10년 동안 키웠던 자기 개였을 거예요."

리스먼은 동물과 관련한 법의학적 조사를 하는 얼마 안 되는 수의사 가운데 한 사람이다. 코넬 대학교에서 수의학을 공부한 리스먼은 여러 해 동안 일반 수의사로 일하다가 1990년대부터 ASPCA와 일하기 시작했다. 경찰이나 ASPCA 직원이 데려온 수많은 동물을 돌봤던 리스먼은 수의사들이 동물학대 관련 조사에서 많은 일을 할 수 있다는 사실을 깨달았다.

하지만 여러 수의사들이 법의학적 조사를 한 지 수십 년이 지났지만 공식적인 훈련 과정이나 별도의 분야가 확립되지는 않았다. 그래서 리스먼은 아동학대 사건을 별도로 조사하면서 인간 대상 법의학 문헌을 독학했다. 아이들 역시 동물과 마찬가지로 자기 이야기를 할 수 없는 경우가 많았기 때문이다. 리스먼은 아동학대 사례의 조사 지침을 활용해 동물학대 검사에 대해서도 유사한 매뉴얼을 만들었다. 리스먼의 팀은 동물의 일반적인 신체 상태, 몸무게, 부상, 탈수나 기아 징후를 기록해 동물이 학대를 받았는지, 만약 그랬다면 어떻게, 얼마나 오래 학대받았는지를 밝히도록 모든 단서를 찾는다.

리스먼이 치와와 사체를 저울 위에 올렸다. 이 개는 1.2킬로그램으로 평균적인 같은 종 몸무게의 절반밖에 되지 않았다. 리스먼이 턱을 잡고 입을 벌렸다. "이빨이 하나도 없네요. 아래턱 일부도 사라졌고요." 박사는 사체에서 피부 표본을 채취하고 포름알데히드가 든 살균된 병에 집어넣었다. 그리고 부검을 시작하며 연신 액체와 피를 거즈 조각으로 닦아냈다. "법의학적 부검이 일반 부검과 다른 점 가운데 하나는 사진을 많이 찍는다는 것이죠." 리스먼이 학생들에게 말했다. "그러니 가능한 피를 깔끔하게 닦아 선명한 사진을 찍어야 해요." 내가 이전에 인간 부검에 참여할 때면 긴 시간 숨을 참아야 했지만 이 치와와의 몸은 너무 작아서 냄새도 거의 나지 않았다.

리스먼은 사체의 아래턱뼈를 잡아당겨 연 다음 절개했다. "이걸 좀 봐요. 턱뼈가 연결되지도 않았네요. 이 부위에는 연조직밖에 없어요. 아마 심각한 방치로 생긴 골수염 때문일 겁니다."

리스먼이 크기를 기록했고 하비에르가 아래턱뼈를 촬영했다.

"우리는 때때로 뼈에서 증거를 얻곤 합니다. 예컨대 투견으로 키우던 개의 두개골을 보니 구멍이 나 있기도 했죠. 이 치와와의 턱뼈는 연골에 가깝고 상당히 병들어 있습니다. 영양 상태가 좋지 않았을 거예요. 이 사건이 재판에 회부되면 오늘 촬영한 자료가 강력한 증거가 될 겁니다."

수의법의학은 나날이 진화하고 있다. 리스먼 박사는 인간을 대상으로 더 복잡한 사건을 다루는 법의학자들와 협력하며 조언을 구한다. 예컨대 무척 건조한 지역에서 죽어 미라처럼 말라 버린 개의 사체를 분석하기 위해 법의인류학자에게 도움을 청한 적도 있다. 아니면 게인스빌에 자리한 플로리다 대학에서 일하는 법의곤충학자 제이슨 버드Jason Byrd 박사에게 도움을 구하기도 한다. 버드는 인간 사체에 남아 있는 곤충을 분석해 사망 위치와 시간, 근본적인 사인을 알아내도록 돕는다. 최근에 버드는 동물의 사체도 분석하고 있다. 2008년에는 ASPCA에서 버드를 비롯한 플로리다 대학의 법의학자들과 협력해 미국 최초의 수의법의학 학회를 열기도 했다. 리스먼은 처음에 기껏해야 40명쯤 참석하리라 예상했지만 실제로 200명 넘게 참여하는 성황을 이뤘다. 그 결과 국제수의법의학회가 설립되었고 매년 학회를 개최하고 있다.

이윽고 리스먼은 톱과 끌을 사용해 치와와 사체의 두개골을 열었다. 즉시 문제가 드러났다. 좌뇌에 비해 우뇌에서 혈관이 축소되어 있었다. 뇌를 살펴본 결과 이렇게 위축된 이유는 자연적인 기저 질병 때문일 수도 있지만 오래된 외상성 뇌손상 때문일 수도 있다. 대체 이 개에게 무슨 일이 있었던 걸까?

밤에 호텔로 돌아간 나는 쉬이 잠을 이룰 수 없었다. 잠이 깬 채 침대 시트에 누운 나는 리스먼이 부검한 개와 내가 목격했던 다른 동물들에 대해 생각했다. 이 동물들은 얼마나 큰 고통을 견뎌야 했던 걸까?

10여 년 전까지만 해도 이 동물들의 고통은 간과되었을 것이다. 나는 머피의 전담팀과 리스먼을 비롯해 동물학대를 막으려는 여러 멋진 사람들을 만나 정말 다행이라고 생각했다. 모두에게 친숙한 개와 고양이뿐 아니라 불행하게 짧은 생을 마감한 거북 두 마리도 이들의 관심사였다.

우리의 법체계는 분명 동물에 대한 범죄를 인식하는 데 개선이 필요하다. 앞에서 살폈듯 동물보호법은 일반적으로 동물을 인간과 어떤 관계를 맺는가에 따라 다르게 대우한다. 아직은 동물 각자에게 개체성을 부여하지 않는다. 우리가 동물을 보편적으로 살아 있는 존재 그 자체로 인정하기 전까지 법은 계속 혼란스러울 것이다.

그래도 변화의 조짐은 있다. 텔레비전 쇼호스트 밥 바커Bob Barker가 100만 달러를 기부한 덕분에 버지니아 대학 로스쿨은 2009년 동물법을 다루는 과정을 처음으로 개설했다. 그리고 지금은 동물법을 가르치는 로스쿨이 더욱 많아졌다.

법정에서 동물을 인간의 소유물이 아닌 사람과 가까운 무언가로 보려는 움직임도 가끔 보인다. 2000년 무렵부터 미국 몇몇 주에서는 반려동물을 보살피기 위해 부동산이나 신탁금을 남기는 것을 허용하기 시작했다. 또 동물에 대한 양육권 싸움에서도 법원은 그동안 전통적으로 반려동물을 소유물로 취급했지만 이제는 변하고 있다. 예컨대 동물 보호자들에게 양육권, 방문권, 위자료가 공동으로 부여된다. 2013년 뉴욕에서 열린 한 이혼 소송에서 부부였던 두 사람이 조이라는 닥스훈트 한 마리를 두고 양육권 다툼을 벌였다. 원고인 아내는 결혼 전에 자기 돈으로 조이를 샀다는 이유로 조이가 자기 재산이라고 주장했다. 이 분쟁을 담당한 매슈 F. 쿠퍼 판사는 이전에 다른 법정에서 그랬던 것처럼 개를 재산으로 취급하는 대신 인간 아이의 양육권 다툼에 활용되는 '아이의 최선의 이익'이라는 기준을 사용했다.

2016년 1월, 알래스카는 미국 최초로 반려동물 양육권을 법제화했다. 그에 따라 부부가 이혼할 때 애완견, 고양이, 앵무새, 이구아나, 거북, 비단뱀 같은 동물을 돌볼 사람을 결정하는 과정에서 동물의 복지와 행복을 고려하게 되었다. 로드아일랜드 역시 비슷한 법안을 고려하고 있다. 우리는 조금씩 동물을 독특한 자아를 지닌 존재로 인정하고 있다. 물건이나 사물이 아닌 '누군가'로 인식하기 시작한 것이다.

우리는 동물로부터
상처를 받을까?

나는 데이브가 실베스터에게 했던 행동에 아무런 대응도 못했던 나 자신을 합리화하려 했다. 실베스터의 몸이 벽에 부딪쳐도 그렇게 큰 고통을 느끼지 않는다고 확신했던 거였다. 동물은 인간과 다를 테니 말이다. 그러자 적어도 몇 달 동안은 안심이 되었다. 하지만 그러다가 그 사건이 벌어졌다.

일주일 동안 폭풍이 몰아치자 하늘은 깨끗이 청소한 듯 반짝였다. 나는 피자 이모에게 우리 아파트에서 몇 마을 떨어진 개울로 실베스터와 나를 데려가 달라고 졸랐다. 거의 작은 강에 가까울 만큼 큰 개울이었다. 너무 넓고 깊어 군데군데 물이 턱밑까지 올라왔다. 실베스터와 나는 여기서 자주 수영을 했다. 우리 셋은 언덕을 내려가 분주하고 복잡한 길을 건너 쓰레기가 흩뿌려진 길 한가운데의 초록색 오아시스로 걸어 들어갔다. 실베스터는 언제나 그렇듯 목줄을 매지 않은 채 우리보다 앞서 뛰어갔다가 되돌아오고, 앞섰다가 다시 되돌아왔다. 아마 우리 둘은 얼굴에 바보 같은 미소를 짓고 있었을 것이다.

하지만 우리가 도착했을 때 개울물은 불어났고 급류가 일었다. 그래서 우리는 물에 들어가는 대신 개울가를 걸었다. 실베스터는 걷는 것에 만족하지 않았다. 계속 물속으로 뛰어들려는 바람에 이모와 나는 있는 힘껏 말려야 했다. 게다가 30분쯤 지났을 때 한 남자가 제방 위에서 목줄을 한 개를 산책시키는 모습이 보이자 실베스터는 뒤쫓아 갔다. 그러더니 순식간에 울창한 숲속으로 자취를 감췄다.

이모와 나는 실베스터를 부르며 개울가를 헤맸다. 그리고 갈색 강아지를 본 사람이 없는지 집집마다 다니며 오후 내내 찾았다. 하지만 결국 찾지 못했다. 우리는 낙담한 채 집에 돌아왔고, 나는 침대에 웅크린 채 목 놓아 엉엉 울었다. 내 잘못으로 개를 잃어버렸다. 가장 큰 두려움은 실베스터가 개울에서 헤엄치다가 물에 빠져 죽는 것이었다. 슬픔 때문에 제정신이 아니었다. 실베스터가 물에 떠내려가는 모습을 상상하자 거대한 손이 뱃속을 둘로 갈라놓는 느낌이었다. 데이브가 실베스터를 때렸을 때도 마찬가지였다. 나는 실베스터와 함께 고통을 느꼈다.

약 10년 전 나는 신경과학학회에서 척수 부상에 대한 발표를 들었다. 청중석에는 나 같은 신경과 전문의와 신경과학자들이 300여 명 앉아 있었다. 이때 한 연구원 패널이 보여 준 짧은 동영상은 아직도 뇌리에 남아 있다.

고양이의 척추를 으스러뜨린 다음 고양이가 작은 러닝머신 위에서 보인 움직임을 기록하는 실험 영상이었다. 치즈 태비 고양이가 뇌에 전극을 심은 채 똑바로 서려고 애쓰는 모습이 보였다. 고양이는 러닝머신 위에서 마비된 뒷다리를 질질 끌었다. 고양이가 계속 넘어지자 연구원이 다시 붙들어 올렸다. 그러자 고양이는 예상치 못한 행동을 했다. 연구원의 손에 머리를 부빈 것이다.

나는 꼿꼿이 자리에 앉아 연구원이 과연 자기가 한 짓을 인정할지 지켜보았다. 하지만 연구원은 이 영상을 통해 던질 수 있는 윤리적 질문이나 함축을 알아차리지 못한 듯 발표를 계속했다. 고양이는 고통이 절정에 달한 상태에서도 고통을 일으킨 당사자의 손에 위안을 구했다. 어쩌면 이 연구원은 조용하고 사적인 다른 순간에도 고양이에게 고통을 주었을지도 모른다는 생각이 들었다.

나는 부모님 집을 방문할 때 굽이굽이 흐르는 강과 숲이 우거진 언덕, 오래된 마을을 지나 차를 운전한다. 부모님 집 근처에는 넓은 공원이 있고 길가에 네 채의 기다란 회색 건물이 늘어서 있다. 창문도 보이지 않고 눈에 띌 만한 특징이 없는 건물이다. 나는 그 안에서 무슨 일이 벌어지는지 생각해 본 적이 없었지만 어느 날 진실을 알게 되었다.

내가 오클라호마의 학회에서 '공장식 축산'이 일으키는 공중보건상의 위험성을 강연하고 있을 때였다. 매년 전 세계적으로 640억 마리 이상의 동물이 사육되어 죽임을 당한다. 미국에서만 한 시간마다 100만 마리의 동물이 도살된다. 값싼 동물성 제품의 수요가 증가하면서 전 세계적으로 집중적인 공장식 축산이 전통적인 방식을 대체하고 있다. 이 흐름은 '축산 혁명'으로 불릴 만큼 극적이다. 그리고 동물과 인간 사이에 일어난 이런 전례 없는 변화는 인류 역사상 어느 때보다도 수많은 동물에게 고통을 안겼으며 인류의 건강에도 치명적인 해를 끼쳤다.

나는 학회에서 공장식 축산이 (그리고 그에 따른 동물성 제품의 소비 증가가) 다른 분야에 비해 온실가스를 얼마나 더 많이 배출하는지 보여 주었다. 그뿐만 아니라 공장식 축산은 땅과 물을 오염시키고 암, 비만, 뇌졸중을 일으키며 살모넬라와 대장균 감염, 조류독감이 퍼질 위험을 증가시킨다. 그런데 내가 발표하는 내내 짧은 적갈색 머리칼에 안경을 쓴 여자가 굳은 표정으로 내 의견에 동의하지 않는 듯 계속 고개를 가로저었다. 내가 발표를 마치자 여자는 공격에 나섰고 내가 발표한 모든 내용에 반박했다.

"그런 농장을 실제로 방문해 본 적이 있나요?" 여자가 화를 내며 질문했다.

나는 그런 장소들이 일반인에게 개방되어 있지 않기 때문에 방문해 본 적은 없다고 답했다. 하지만 내가 제시한 자료는 존스홉킨스 보건대학과 유엔 식량농업기구가 발표한 명성 있는 연구에서 인용한 것이었다. 그 증거가 너무나 강력해 미국공중보건협회가 공장식 축산을 잠정 중단시킬 정도였다.

진 샌더Jean Sander라는 이름의 이 여성은 오클라호마 주립대학 수의학센터 학장이었다. "당신은 우리 농장에 와봐야 해요." 샌더가 말했다. "당신이 말한 내용과는 전혀 달라요." 3개월 뒤 나는 그 제안을 받아들였다. 하지만 농장은 내가 글로 읽었던 것보다 더 상황이 나빴다.

11월 하순의 음산한 아침, 나는 오클라호마 주의 한 패스트푸드점 주차장에서 샌더 박사를 만났다. 우리는 인사를 나누고 날씨에 대해 불평한 뒤에 차에 올라탔다. 그리고 30분을 달려 닭이 달걀을 낳는 농장에 찾아갔다. 이곳은 원래 샌더가 가려던 농장은 아니었다. 그녀는 원래 타이슨 푸드 사와 계약해 식육용 닭을 생산하는 육계 농장에 나를 데려갈 생각이었다. 그곳은 오클라호마에서 가장 큰 시설이었다.

하지만 내가 털사로 날아가기 며칠 전에 그 공장의 관리자가 방문을 거부했다. 최근 테네시의 한 육계 공장에서 비밀리에 실시한 조사가 기자들의 관심을 끌었기 때문에 이제 외부인을 들이지 않겠다는 것이었다. 그 조사라는 것을 할 때 잠복 수사관들은 농장 직원들이 날카로운 못이 박힌 몽둥이로 병든 닭을 때리는 장면을 영상에 담았다. 그곳도 타이슨 푸드에 닭을 공급하는 시설이었다.

사실 타이슨 푸드의 관리자가 처음에 내 방문을 허락했다는 것 자체가 놀라운 일이었다. 지난 10년간 주정부는 축산 농장을 외부의 관심으로부터 보호하는 법을 제정했다. 그 가운데서도 '어그개그(Ag-gag) 법'은 기자들과 동물보호단체의 농장 취재를 범죄로 규정해 농장에서 일어나는 일을 몰래 촬영하지 못하게 한다. 그동안 이런 비밀 영상은 동물학대뿐 아니라 미국에서 가장 대규모의 육류 리콜을 일으킨 위반 사항을 밝혀냈다. 〈애틀랜틱 *The Atlantic*〉지의 사설에 따르면 어그개그 법은 축산 산업계가 내부 정보 유출을 얼마나 필사적으로 막고 있는지를 보여 준다.

내가 시설에 들어갈 수 있도록 허락받은 이유는 순전히 샌더 덕분이었다. 오클라호마의 여러 축산 농장 관리자들은 오클라호마 주립대학과 제휴를 맺었고 그래서 샌더를 자기편으로 여긴다. 아무리 그래도 진이 우리를 들여보내 줄 시설을 찾는 데는 몇 달이 걸렸지만 말이다.

운전하면서 진은 우리가 처음으로 방문하는 이 시설은 가족이 운영하는 소규모 농장이라고 설명했다. 진도 농장 주인을 처음 만난다고 했다. 진과 나는 서로의 가족과 직업에 대해 다정한 대화를 나눴다. 하지만 나는 이번 방문에 대해 마음을 놓을 수가 없었다. 이 농장이 어떤 곳인지 사진과 영상으로 본 적이 있는데 굳이 자세히 들여다보고 싶지 않았다. 하지만 그래도 이곳을 방문하자는 진의 권유는 일리가 있었다. 공장식 농장이 어떤 모습인지 살필 흔치 않은 기회였기 때문이다.

우리는 웬델 씨가 일러준 대로 모퉁이의 큰 바위를 끼고 좌회전을 한 다음 언덕 아래로 차를 몰고 내려갔다. 그러자 2층짜리 하얀 판잣집과 나란히 길게 늘어선 헛간이 보였다. 진입로에 차를 세우자 몸이 구부정한 백발의 남성이 무릎이 불편한 듯 조심스레 우리를 향해 다가왔다. 차에 내려서 가장 먼저 눈에 띈 것은 바로 앞 헛간에서 들리는 닭 떼의 울음소리였다. 그리고 익숙한 냄새가 훅 끼쳤다. 마치 어렸을 때 살던 앨링턴의 아파트로 돌아간 듯했다. 땀 냄새, 양파 냄새, 화장실의 묵은 악취가 공기를 뒤덮었다.

그리고 허버트 웬델이 우리에게 다가와 열정적으로 손을 흔들며 악수를 했다. 불그죽죽한 뺨과 유쾌하게 손님을 반기는 모습을 보니 내 시아버지가 생각났다. 허버트는 진과 나를 자기 가족에게 소개했다. 두 아들은 낯을 가렸지만 손녀는 꽤 활발했다. 최근에 수의대를 졸업하고 오늘 농장 안내를 돕기 위해 온 손녀였다. 농사를 짓는 집안 출신인 허버트는 가족 중 가장 먼저 축산업에 뛰어들었다. 1957년에 닭 한 마리를 사서 키운 이후로 지금은 3만 마리까지 늘었다.

　인사치레를 마친 진은 나에게 일회용 작업복과 장화, 장갑을 건넸다. 우리가 이곳 농장에 전염병을 옮기지 않게 하려는 조치였다. 하지만 미국의 공장식 농장에서 조류독감이 얼마나 흔한지를 감안하면 효과가 없는 게 분명한 방법이었다. 그래도 진과 나는 그것들을 전부 착용한 뒤에 허버트와 그의 손녀를 따라 두 채의 헛간 가운데 가까운 곳으로 들어갔다.

　그러자 밖에서 맴돌던 냄새가 더욱 강렬해지며 숨이 막힐 것 같았다. 나는 즉시 일행에서 벗어나 무릎을 껴안고 주저앉아 입을 막았다. 머리가 욱신거리고 속이 메스꺼워서 토할 것 같았다. 의사로 일하면서 악취에는 이골이 났지만 이런 냄새는 정말 처음이었다. 그 냄새를 최대한 묘사하자면 다음과 같다. 고양이 화장실을 한 달 동안 청소하지 않은 채 거기에 역시 한 달 묵은 다른 고양이 열 마리의 배설물을 넣는다. 여기에 썩은 달걀과 부패한 사체를 집어넣은 다음 유황을 첨가하고 그 속에 머리를 처박는다고 상상해 보라. 그러면 이곳의 악취를 어렴풋하게나마 짐작할 수 있을 것이다.

　나는 내가 구역질하는 모습을 다른 사람이 보지 못하도록 얼굴을 가렸다. 토하기라도 하면 허버트의 기분을 상하게 할까 걱정이 되었다. 하지만 나 외에 아무도 그 냄새에 신경 쓰지 않는다는 사실은 놀라웠다. 암모니아와 배설물 냄새가 풍선처럼 입안을 가득 채웠고 그 냄새는 코로 올라갔다가 목구멍을 통해 폐까지 스며들었다. 그 냄새 말고는 다른 냄새를 느낄 수 없었다.

　나는 각고의 노력으로 목구멍 뒤로 담즙을 삼키고 허리를 곧게 세웠다. 다른 감각이 조금씩 느껴지기 시작했다. 얼굴에 파리가 내려앉는 촉각, 누군가를 부르는 외마디 소리가 들렸다.

그리고 희미한 조명 사이로 철조망 우리가 2층 높이로 쌓인 모습이 보였다. 각 우리에는 다섯 마리의 닭이 들어 있고, 이 건물에만 통틀어 2만 5000마리의 닭이 있었다. 닭들이 꽉 들어찬 나머지 우리 위로, 옆으로, 심지어는 아래로 머리가 튀어나왔다. 한 발짝 움직일 공간도 없고 날개를 펼 수도 없었다.

진에 따르면 처음에는 닭 한 마리당 54제곱인치(1제곱인치=6.4516제곱센티미터)의 공간이 규정되었지만 이제는 동물복지를 생각해 60에서 65제곱인치로 늘었다. 65제곱인치는 편지지 한 장의 3분의 2 정도 되는 넓이다. 닭들은 내 노트북 화면 정도의 공간에서 평생을 살아가도록 강요받지만 그나마 이게 예전보다 나아진 기준이다.

이 건물 벽은 플라스틱으로 되어 있어 바깥의 추위를 거의 막지 못한다. 기온은 쌀쌀하지만 내부 공기는 습도가 높다. 우리는 줄지어 걸었고 나는 악취를 덜 느끼기 위해 입으로 숨을 쉬었다. 닭들은 허둥지둥 우리 뒤쪽으로 도망쳐 숨었다. 닭들은 우리를 무서워했다. 그리고 나는 허버트가 말했던 것처럼 닭들이 서로를 죽일까 봐 두려웠다. 더 가까이 가서 보면 대부분의 닭들은 붉은 속살이 드러나 있었는데 몸이 철창에 문질러지면서 깃털이 뽑혔기 때문이다. 무척 고통스러웠을 게 틀림없다.

이렇게 한데 밀집해서 키워지는 닭들은 미쳐서 서로를 쪼아 죽이는 경우가 많다. 이를 막기 위해 일꾼들은 한손에 병아리를 잡고 뜨겁고 김이 나는 칼날 사이에 부리를 넣어 잘라낸다. 일꾼들은 병아리에게 완전히 의식이 있는 동안 부리를 3분의 1에서 2분의 1로 잘라 내는데, 업계에서는 이것을 '부리 다듬기'라 부른다. 하지만 닭의 부리를 뜨겁게 달군 칼날로 자르는 이 과정은 우리가 손톱을 다듬는 것과는 같지 않다. 새의 부리는 민감하고 신경이 집중되어 있으며 고통을 비롯한 여러 감각을 느낀다. 다시 말해 손톱보다는 마취도 없이 발가락을 자르는 것과 비슷하다. 닭은 부리에 여러 기능을 의존하며 부리가 잘리면 평생에 걸친 막대한 고통에 시달리곤 한다.

허버트는 이 시설이 어떤 식으로 돌아가는지 설명했다. 건물의 테두리를 따라 설치된 컨베이어벨트는 닭이 낳은 알들을 자동으로 모은다. 우리를 따라 난 도랑에는 모이가 들어 있다. 사육 과정은 전부 기계화되어 닭이 태어나서 죽을 때까지 사람의 손을 거치지 않아도 된다. 다시 말하면 이곳에서 닭들의 일생은 다음과 같다. 1년 반 동안 겹쳐 쌓인 우리 속에 웅크리고 있다가 누가 자기를 죽이러 오는 날을 맞는 것이다.

진의 설명에 따르면 이곳은 그나마 소규모 시설이었다. 평범한 크기의 양계장은 닭을 10만 마리 정도 기르며 대규모 양계장은 20만 마리까지 수용한다. 나는 이곳에서 나는 오물의 냄새와 닭들이 느낄 공포에 압도된 나머지 그런 큰 농장들은 과연 어떨지 상상조차 할 수 없었다.

그때 허버트가 불쑥 끼어들었다. "여기서는 우리를 위아래로 계속 쌓아두죠. 그래야 닭의 배설물이 아래로, 아래로 계속 떨어지니까요." 나는 처음으로 우리의 맨 아래 바닥을 살펴보았다. 살아 있는 무언가가 보였다.

구더기였다. 수백, 수천 마리의 구더기가 바닥에서 꿈틀거렸다. 나는 펄쩍 뛰어 다리를 들어올렸다. 운동화에 부츠를 겹쳐 신은 신발 바닥에 뭉개진 구더기 사체가 붙어 있다. 나는 양쪽 발을 살펴려고 폴짝폴짝 뛰다가 미끄러져 넘어졌다. 영화 〈폴터가이스트 *Poltergeist*〉에서 유령의 집 바닥이 폭발하면서 해골이 비명을 지르며 어머니에게 달려들고, 자식을 구하려던 어머니의 발이 진흙 구덩이로 미끄러지는 장면이 생각났다.

———

내게는 다큐멘터리 제작자인 이웃이 있다. 내가 그동안 어떤 영화를 만들었는지 묻자, 그는 실험실에 동물을 파는 회사를 위한 영상 광고를 제작한다고 대답했다. 하지만 이 회사가 파는 것은 동물뿐만이 아니었다. 카탈로그에는 뇌정위 고정기, 고정용 깔대기, 방사선 조사장치, 공포 조건화 장치, 충격 시험기도 있다. 또 농장에 공급하는 카탈로그에는 족쇄, 전기 충격기, 피를 흘려보내는 테이블, 가죽을 벗기는 운반용 컨베이어도 있다. 나는 누가 이 카탈로그를 보고 피를 흘려보내는 테이블을 주문한다면, 동물에 대한 계획적인 폭력을 저지르기 위함이 아닐까 하는 생각이 들었다.

인간이 동물과 맺는 가장 흔한 관계는 우리가 동물을 잡아먹는 것이다. 그리고 동물 가죽을 입고, 동물을 대상으로 실험하며, 이윤을 남기고자 동물을 판매하는 활동이 이어진다. 대부분의 동물학대는 잔인한 살인범이나 폭력적인 배우자, 마약 갱단이 아닌 산업계와 정부에 의해 벌어진다. 연구실, 모피 농장, 사냥용 목장, 동물 거래, 강아지 공장, 공장식 농장이 그런 예다. 이런 형태의 폭력은 제도화되었기 때문에 다른 종류의 폭력보다 더 위험하다. 동물을 먹고, 실험하고, 옷으로 만들어 입으면서 우리는 폭력의 관행을 일상생활에 포함시켰다. 세금과 구매, 식성을 통해 우리는 정부와 기업이 동물을 해치게 한다. 우리는 이제 반대쪽을 향해야 한다.

그렇게 하지 않으면 동물에 대한 우리의 자연적인 공감능력이 위험에 직면할 것이다. 이런 제도화된 관행은 우리 시야 바깥에 가려져 잘 보이지 않는다. 그런 관행을 가까이서 지켜보면 우리는 괴로워지기 때문이다. 우리는 단지 편안하기 위해 이런 형태의 동물학대를 일상적인 현실에서 멀리 떼어 놓는다. 하지만 여기서 멈춰서는 안 되며, 우리는 반대 방향으로 나아가야 한다. 그러기 위해서는 언어가 중요하다. 말은 우리의 생각을 반영할 뿐 아니라 그것에 영향을 미친다. 우리는 언어를 활용해, 세상을 인식하고 해석하며 반응하는 렌즈가 될 정신적 모델을 개발한다. 동물과의 감정적 유대를 끊기 위해 우리는 일종의 언어적 기만행위를 한다.

우리는 언어를 통해 동물을 허구의 범주로 분류한다. 우리의 본성에는 개념, 사물, 생물을 분류하는 성향이 배어 있다. 이것은 우리가 세상을 이해하는 방식인데, 이 방식에는 위험성도 존재한다. 단지 정보를 정리하는 데 그치지 않고 정보를 걸러낸다는 것이다. 범주라는 렌즈를 통해 물체나 존재에 대해 사고할 때 우리는 몇 가지 선입견에 의존한다.

분류는 우리의 사고를 상자 속에 가둔다. 그것은 고정관념과 편견으로 이어질 수 있다. 연구자들에 따르면 우리는 분류를 통해 무의식적으로 즉각 편견을 만들어 낸다. 우리가 가진 가장 골치 아픈 범주인 피부색에 대해 생각해 보자. 우리는 어째서 속눈썹 길이라든지 귀의 모양이 아닌 피부색에 따라 사람을 분류하는 경향이 있을까? 이것들은 전부 자의적인 범주다. 심리학자 조슈아 코렐Joshua Correll은 피부색이 실생활의 결정에 어떤 영향을 미치는지 연구했다. 코렐의 연구에서 참가자들은 무장했거나 무장하지 않은 흑인 또는 백인을 목표물로 삼는 비디오 게임을 하며 총을 쏠지 말지를 재빨리 결정해야 했다. 이 경우 흑인이 아닌 참가자들은 무장한 목표물이 흑인이면 결정하는 시간이 더 빨랐고, 목표물이 백인이면 결정하는 시간이 더 느렸다.

검정색과 흰색이라는 아주 간단한 분류 체계는 극명한 구분을 만들어내는 이분법이다. 선과 악, 똑똑함과 멍청함, 여자와 남자, 나와 너, 인간과 동물, 우리와 그들 같은 분류도 그렇다. 집단을 사용한 단순한 분류는 우리의 공감능력에도 영향을 미친다. 타인을 분류하는 과정에서 감정이입 능력이 변화한다는 증거가 점점 쌓이고 있다. 영상 연구에 따르면 뇌의 실행 기능('사고 기능')은 서로 다른 집단에 대한 우리의 태도에 따라 공감 반응을 약화시킬 수 있다. 예컨대 2011년에 발표된 한 연구에 따르면, 우리가 특정 집단을 어떻게 식별하는지에 따라('우리'로 보는지 '그들'로 보는지) 그 집단에 대한 공감 반응을 유발하는 뇌 기능의 활성화 여부가 갈린다. 예컨대 레드삭스와 양키 야구팀의 열렬한 팬들에 대한 연구 결과, 그들은 경쟁 팀이 불행에 빠지면 즐거워했고 반대로 성공을 거두면 고통을 느꼈다. '우리 대 그들'이라는 사고방식을 지속시키면 우리의 마음은 공감의 격차에 빠진다.

범주를 통해 분류하면 우리의 마음은 양극화된다. 인류가 타인에 대한 폭력을 정당화하기 위해 '우리 대 그들'이라는 사고 범주를 따랐던 적이 얼마나 많은가? 극단적으로 보면 '우리'라는 집단에 대한 편향된 관심은 타인을 비인간화한다. 이런 비인간화는 인류 역사의 가장 어두운 몇몇 장면을 만들어 냈다. 거의 모든 경우에 사람들은 타인을 동물과 비교해 평가절하했다. '외집단'이 동물과 같이 감정과 사고력이 떨어진다고 여기면 우리는 그들을 동정받을 자격도 없다고 간주한다.

이와 비슷하게, 동물을 실제 존재에서 멀어지게 할 때 문제가 생긴다. 예를 들어 동물을 단지 본능에 따라 행동하며 고통이나 쾌락을 경험할 수 없는 짐승으로 여기는 것이다. 타인에 대한 공감이나 반감은 동물에 대한 공감이나 반감과 무척 비슷하다. 타인이 우리와 '다르다'고 인식하면 할수록 우리는 그들의 고통을 무시하는 게 더욱 아무렇지도 않게 된다. 인간이든 비인간이든 생명에 대한 범주화는 우리 삶의 상호연관성을 간과하게 한다.

브록 대학교에서 수행한 한 연구는 사람들의 비인간 동물에 대한 생각이 이민자들을 탈인간화하고 배제하려는 성향에 어떤 영향을 미치는지 조사했다. 그 결과 인간과 동물이 비슷하지 않다고 여기는 연구 참가자일수록 이민자에 대한 부정적인 태도가 더 크게 나타났다. 반면에 참가자들이 인간과 동물의 유사성을 강조하는 이야기를 읽을 때면 이민자에 대한 공감능력이 보다 상승했다. 이 결과는 동물을 분류하는 우리 마음속의 범주가 타인을 어떻게 인지하는지에 영향을 줄 뿐 아니라 그 범주 자체도 분해될 수 있다는 사실을 암시한다. 이건 좋은 소식이다.

하지만 나쁜 소식도 있다. 우리가 머릿속의 범주와 도식을 바꾸려는 노력을 하지 않으면 그것은 계속 이어지며 우리의 생각과 믿음도 거기에 뿌리 내릴 것이라는 점이다. 신경학자 로버트 버튼 Robert Burton은 저서 《생각의 한계 On Being Certain》에서 우리가 알고 있다고 여기는 대부분의 것이 의식적인 이성적 사고가 아닌 무의식적 충동에 바탕을 두고 있다는 설득력 있는 사례를 제시했다. 부정적인 증거를 마주친 상황에서 우리는 본능적으로 머릿속의 도식과 믿음을 더욱 강하게 붙잡는 경향이 있다. 그리고 만약 어떤 정보가 우리의 선입견과 일치하지 않는다면 그 정보는 억압되고 무시당하거나 수정된다. 예컨대 사회심리학자 레온 페스팅거 Leon Festinger에 따르면 홍수가 지구를 멸망시킬 것이라 믿는 광신도들은 홍수가 일어나지 않더라도 자기들의 믿음이 옳았다는 사실을 보이고자 증거를 재해석했다. 버튼은 이렇게 말한다.

우리가 어떤 믿음에 전념할수록, 부정적인 증거가 압도적으로 밀려드는 상황에서도 그 믿음을 포기하기가 더 어려워진다. 우리는 판단의 오류를 인정하고 어떤 믿음을 포기하는 대신, 그 믿음을 정당화할 새로운 태도나 신념을 만들어 내는 경향이 있다.

동물에 대한 믿음에 대해서라면, 우리는 올림픽에 출전하는 체조 선수들처럼 머릿속에서 곡예를 부린다. 실험 대상인 원숭이가 고통을 받지 않고, 캘리포니아 농장의 소들이 행복하다고 애써 믿으려는 정신적 곡예는 그렇게 놀랍지도 않다. 그리고 오래된 묘기가 더 이상 인상적이지 않을 때, 우리는 새로운 묘기를 생각해 낸다.

　역사적으로 보면 인간과 동물을 확실하게 구분하는 것만으로도 동물에 대한 우리의 공감능력을 무디게 하기에 충분했을 것이다. 가족을 먹여 살리기 위해 공감능력을 잠깐 제쳐둔 생존형 사냥꾼들에게는 도움이 되었을지 모른다. 하지만 오늘날 우리는 동물을 해칠 필요가 없다. 우리에게는 다른 선택지가 있다. 게다가 상당수 사람들이 반려동물을 키우는 만큼, 인간과 동물이라는 이분법적인 믿음 모형으로 우리 자신을 안심시키기는 더욱 어려워졌다. 이런 직접적인 경험과 동물 행동 연구에서 나온 증거들이 쌓이면서 오늘날 우리는 한때 그렇게 믿었던 것처럼, 동물들이 인간과 선명히 구별되지는 않는다는 사실을 안다. 그렇다면 어떤 동물은 아끼고 어떤 동물은 해치는 우리의 두 가지 태도를 어떻게 조화시킬 수 있을까?

　우리는 동물을 몇몇 집단으로 나눈다. 고등학교 시절 나는 주말마다 동물병원 응급실에서 일했다. 어느 오후, 나는 한 기술자와 잡담을 나누다가 그가 월요일부터 금요일까지 연구실에서 개와 고양이를 대상으로 실험했다는 사실을 알게 되었다. 솔직히 무척 충격이었다. 그리고 내가 실험용 개와 고양이들의 고통을 덜어 주는 방법에 대해 묻자 기술자는 무슨 말을 하냐는 듯이 나를 쳐다

보았다. "그 동물들은 연구용으로 길러졌는걸요."

오늘날 우리는 동물을 실험용 동물, 식량이나 털을 얻는 동물, 일을 시키는 동물, 사냥감, 야생동물, 반려동물로 분류한다. 이런 꼬리표는 우리가 동물에게 부여한 역할이다. 실험실의 고양이는 뇌에 전극을 이식받기 위해 태어났고, 식용 양은 부활절 저녁 식탁에 오르기 위한 존재라는 식이다. 이런 꼬리표는 우리가 동물에 대해 알고, 생각하고, 느끼는 모든 것을 말해 준다.

2011년 심리학자들로 구성된 한 연구팀은 동물을 '식량'으로 식별하는 것이 우리가 그 동물을 어떻게 생각하는지에 중요한 영향을 미친다는 사실을 알아냈다. 심리학자들은 연구 참가자들에게 동물들이 해를 입는 다양한 시나리오에 대해 읽어 보도록 했다. 그 결과 동물을 식량으로만 취급하는 것은 고통에 대한 인지능력과 그 동물에 대한 도덕적 관심을 현저히 감소시킨다는 사실이 밝혀졌다.

우리가 동물에게 붙이는 꼬리표는 현 세계에 대한 우리의 지식과 편견에 근거한 인공적인 것들이다. 하지만 여러 동물 집단에 붙여 온 이런 꼬리표들도 더 이상 우리의 공감능력을 마비시키지 못하고 있다. 사람들은 이제 돼지가 비관적이거나 낙천적일 수 있고, 소가 새로운 것을 배울 때 흥분하며, 원숭이들이 서로 출산을 돕고, 쥐가 간지럼 타는 것을 즐긴다는 사실을 알게 되었다. 그리고 이런 지식에 직면해 우리는 더욱 힘겨운 정신적 갈등 상황을 겪고 있다.

한 중요한 연구에 따르면 정보를 제시하는 방식 자체가 사람들의 이타성에 영향을 끼친다. 연구자들은 사람들이 굶주린 아동에 대한 세 가지 호소문을 보고 각기 돈을 얼마나 기부하는지 조사했다. 첫 번째는 굶주린 소녀 로키아의 사연이고, 두 번째는 굶주린 어린이 수백만 명에 대한 사실과 통계였다. 그리고 세 번째는 사연과 통계를 합쳐서 보여 주었다. 어떤 경우에 가장 많은 기부금이 걷혔을까? 맨 처음 사례였다. 사람들은 사실만을 제시한 두 번째 호소문보다는 로키아의 사연을 읽고 난 뒤 두 배 더 많은 돈을 기부했다. 이 연구 결과는 통계와 같은 추상화 과정이 우리의 공감능력을 떨어뜨린다는 사실을 암시한다. 반대로 이야기나 사연은 추상적인 것을 구체적인 것으로 바꾼다. 숫자가 우리와 공감대를 가진 한 명의 개인으로 바뀌는 것이다.

연구에 따르면, 사람들이 동물의 개성을 덜 떠올릴수록 그 동물에 대한 공감능력이 떨어지고 고기를 먹으려는 의지는 더 커진다. 그래서 우리는 동물의 몸을 조각조각 잘라 원래 동물이 어땠는지 보이지 않게 한다. 소와 암탉, 칠면조, 돼지는 스테이크, 소고기, 갈빗살, 너겟이 된다. 아니면 동물의 이름을 완전히 바꾸기도 한다. 실험용 동물을 모형, 도구, 시스템, 준비물로 지칭하는 식이다.

다시 말해서, 동물에 대한 우리의 지식과 생각은 언어의 소산이다. 우리는 동물들을 각자의 범주로 나누고 그것을 다시 부분으로 나누며 추상화시킨다. 이 모든 과정은 우리가 양심의 가책을 덜기 위해서다. 하지만 정말 효과가 있을까?

닭장 바닥에서 보면 여기 무엇이 있는지 훨씬 더 눈에 잘 들어온다. 배설물이라든지 깃털, 벌레들 그리고 수상쩍은 액체의 웅덩이가 보인다. 나는 가능한 빨리 몸을 박차고 일어나 몸서리를 치면서 작업복을 벗었다. 그리고 다른 사람들이 바보 같은 내 모습을 보고 비웃을 거라 예상하며 주위를 둘러봤다. 하지만 사람들은 이미 다른 곳으로 간 다음이었다. 닭들의 시끄러운 울음소리 너머로 허버트와 진이 이야기 나누는 소리가 들린다. 소리를 질러야만 서로의 목소리가 들릴 정도였다. 청바지는 이미 끈적끈적해졌고 알수 없는 어떤 액체가 등을 적시고 있었다.

나는 서둘러 일행과 합류한 다음 바닥을 기어 다니는 큼지막한 애벌레가 무엇인지 물었다. 손녀는 말벌의 유충이라고 대답했다. 이곳에 날아다니는 파리를 잡아먹으려고 말벌을 사서 풀어 놓은 것이다. 별로 효과가 없었지만 말이다. 이곳 공기는 습하고 암모니아와 오물 냄새가 가득해서 파리가 좋아할 수밖에 없다. 나는 머리가 아프고 눈과 목이 화끈거렸다. 눈을 비비고 싶은 마음이 간절했지만 여기서 뭘 만졌는지 알 수 없기에 자제해야 했다.

그때 허버트가 나에게 뭐라고 말했지만 들리지 않았다.

"뭐라고요?" 내가 되물었다.

"《중국 연구 The China Study》라는 책에 대해 아나요?"

"그럼요." 그 책은 코넬 대학교 영양생화학 명예교수인 T. 콜린 캠벨T. Colin Campbell의 저서였다. 중국에서 암과 기타 만성질환에 의

한 사망률을 조사한 20년간의 연구를 정리한 결과물이었다.

"그 책의 내용에 대해 얼마나 아나요?" 허버트가 물었다.

"음, 읽은 지 꽤 돼서요." 자세한 내용이 기억나지 않아 부끄러웠다.

"연구자들은 각기 다른 여러 집단을 살펴서 그들이 무엇을 먹었는지 연구했죠. 어떤 집단의 수명이 가장 길었는지 아나요?"

"흐음, 잘 모르겠네요." 나는 허버트가 무엇을 말하고 싶은지 알 수 없었다. 왜 갑자기 중국 이야기를 하는 걸까?

"농민들이었어요!" 허버트가 의기양양하게 소리쳤다. "왜 그런지 알아요? 동물성 식품을 거의 먹지 않았으니까요. 반면에 우리는 뇌졸중, 암, 심장마비로 죽어 가고 있죠. 고기를 너무 많이 먹었기 때문이에요!" 허버트는 잠시 말을 멈춘다. "저는 이제 채식주의자가 되었어요. 예전에는 하루에 세 번 우유를 마셨지만 그만두었죠. 관절에 문제가 생겼거든요. 우유를 비롯한 동물성 식품이 우리 몸에 염증을 일으킨다는 사실을 아나요? 나는 달걀도 적게 먹어야 했죠. 물론 달걀을 좋아했지만 이제 그것이 내게 어떤 영향을 미치는지 알게 되었어요."

"어떤 영향을 미치나요?" 내가 물었다. 정말 기묘한 대화였다. 달걀을 생산하는 사람이 나에게 달걀의 안 좋은 점에 대해 하나하나 설명하다니 말이다.

"채식주의자가 되기 전에는 콜레스테롤이 꽤 높았는데 달걀 먹는 양을 줄인 지금은 140 정도예요. 하지만 사람들은 이런 점을 신경 쓰지 않죠. 원하는 대로 먹고 의사에게 가서 약을 받아올 뿐이에요. 내 대학 동기 중에는 심장 수술을 전문으로 하는 의사가 있답니다. 심장 수술이 어떻게 이뤄지는지 알아요? 가슴뼈 한가운데를 자르고 갈비뼈를 뜯어내 가슴 안쪽으로 파고들어요. 나는 그 과정을 생각하면 너무 괴롭고 수술을 견디기 버거울 것 같아요. 그래서 채식을 하기로 결심했죠."

나는 바보처럼 멍하게 허버트를 바라보았다.

허버트는 우리를 다음 건물로 안내했다. 이곳에서 그는 '개방 사육하는 유기농 암탉'이라 불리는 5000마리의 닭을 키웠다. 하지만 개방 사육이 대체 무슨 뜻일까? 대부분의 사람들은 아마 엄격한 정부 기준에 따라 살아가며 고통 없이 양지바른 푸른 목초지를 자유롭게 돌아다니는 닭들을 떠올릴 것이다(나중에는 발을 거꾸로 집어 들어 목을 베어 내 도살할 테지만 말이다).

하지만 현실은 크게 다르다. 미국 농무부에 따르면 단순히 "외부에서 그곳 가금류에게 접근하는 것을 허용한다는 사실을 국가 기관에 증명하기만 하면" 개방 사육의 기준에 맞출 수 있다. 여기서 '외부'나 '접근'이 무슨 뜻인지에 대한 정의는 그때그때 다르다. 좁은 창을 통해 한 마리씩 비집어 넣을 수 있는, 겨우 몇 마리의 닭만 들어가는 콘크리트 닭장 안에서 기르는 것을 의미할 수도 있다. '유기농'이라는 용어는 더욱 모호하다.

허버트에게 개방 사육이란 왼쪽과 오른쪽 둘로 나뉜 헛간에서 닭을 키우는 것을 뜻한다. 헛간의 가운데에는 나무 보가 있고 닭 가운데 일부만 그 위에 올라갈 수 있다. 이곳은 '외부의 접근'이라는 최소한의 기준도 없다. 닭의 대소변은 아래쪽 어두운 곳으로 떨어진다. 여기는 앞선 헛간보다 닭의 수가 훨씬 적지만 악취는 비슷하게 강하고 발밑에는 구더기가 드글거린다. 헛간 뒤쪽에는 닭이 들어갈 수 있는 둥지용 상자들이 길게 늘어서 있다.

"암탉들은 알을 낳을 준비가 되면 어두운 곳에 있는 상자에 둥지를 틀죠." 허버트가 말했다.

그 밖에 닭들을 위한 시설은 전혀 없었다. 이곳 닭들은 매일 고통을 견뎌야 할 뿐 아니라 전혀 즐겁지 않다. 나는 고등학교 시절 작은 유리병에 개구리를 넣어 두는 것은 동물에게 해를 끼치는 짓이라고 선생님께 따진 적이 있다. 선생님은 개구리가 먹이를 받아먹고 추위로부터 보호받으며 인간 이외의 포식자들로부터 안전하기 때문에 그렇지 않다고 반박했다. 유리병 안에 있는 걸 개구리가 더 좋아한다고도 말씀하셨다. 그래서 나는 유리병 뚜껑을 열어 개구리들이 어떻게 사는 걸 선호하는지 알아보자고 제안했다. 하지만 선생님은 거부했다.

생물학자와 동물행동학자들이 동물도 자기가 할 일이 있어야 좋아한다는 사실을 인정하는 데는 오랜 시간이 걸렸다. 단지 위험 요소로부터 보호받는 것만으로는 충분하지 않다. 전 세계 과학자들은 그동안 인간이 상상했던 것보다 동물들에게 더 많은 감정과 생각이 있다는 사실을 발견했다. 자연은 알뜰해서 동물들이 고통, 슬픔, 불안, 기쁨, 외로움을 유발하는 기본적인 생물의 신경학적 기구를 사용하지 않은 채 놀게 내버려두지 않는다. 칼 세이건이 했던 말을 조금 바꾸어 말하자면, 동물과 인간은 같은 것으로 만들어진 존재이다. 우리는 생각보다 훨씬 더 많은 것을 공유한다.

이 '개방 사육 유기농 암탉'들은 자기들이 우리와 무엇을 공유하는지 보여줄 기회도 갖지 못한다. 앞서 살핀 건물보다는 사정이 조금 나을지 모르지만 기본적으로는 조금 더 넓어진 닭장 속에서 살 뿐이다.

나는 충분히 구경을 마쳤다. 여기 도착한 지 30분밖에 되지 않았지만 마치 구더기가 다리로 기어올라 내 두개골을 뚫고 뇌 주름 속으로 파고들어 꿈틀거리는 듯한 기분이 들었다. 나는 차를 타고 호텔로 돌아가 아스피린을 삼키고 샤워한 뒤 어둠 속에서 웅크려 쉬고 싶었다. 하지만 허버트는 첫 번째 건물의 통풍 체계를 보여주고 싶어 했다. 나는 허버트에게 무언가를 묻고 대화를 나눌수록 놀랄 일만 늘어간다는 사실을 발견했다.

큰 헛간 구석에는 임시로 만든 철사 울타리로 둘러싸인 1.4제곱미터 남짓한 땅이 있고 그 안에 암탉이 다섯 마리 있었다. 이 암탉들은 흙바닥 위를 걸으며 신선한 건초에 둥지를 틀었다.

"이 닭들은 왜 여기 있는 거죠?" 내가 허버트에게 물었다.

"저기 암탉 보이죠?" 허버트가 한쪽 발을 들고 있는 닭을 가리켰다. "발을 다쳐서 그래요. 어딜 다친 친구들이라 불쌍해서 닭장에 둘 수 없었어요."

"왜요?" 내가 되물었다.

"닭장 안에서 어디를 다치면 다른 닭들이 공격해도 방어할 수가 없거든요."

허버트는 스스로 '병동'이라 부르는 이 작은 우리에 병든 닭을 격리시키고 개인적으로 돌봤다. 나는 사정을 알고 혼란스러웠다. 이 다친 닭 몇 마리에게만 특별대우를 해주면 허버트는 기분이 나아질지 모른다. 하지만 나머지 닭들은 과연 괜찮은가? 눈에 띄게 다리를 절지는 않지만 옴짝달싹 제대로 움직일 수도 없는 닭장에 갇혔다면 설사 불구라 해도 알아보기 힘들지 모른다. 허버트는 다른 모든 닭들의 처우에 대한 더 큰 문제를 간과하고 있었다.

"닭장 속 닭들 가운데 제대로 일어서지 못하는 녀석들을 일단 여기 넣었죠. 아마 25퍼센트 정도는 몸이 약할 겁니다."

"하지만 나머지 닭들을 저런 닭장에 가둬 두는 건 아무런 문제가 없다고 생각하시나요?"

그러자 허버트의 방어력이 갑자기 상승했다. "그렇게 따지고 드는 건 근거도 없고 히스테리일 뿐이에요. 닭을 기르는 가장 효율적인 방법은 닭장 속에 두는 거죠. 40년 전부터 그렇게 해도 아무런 문제가 없었어요. 그때는 미국 사람들 모두가 시골에서 닭을 키웠죠. 닭들이 위생적이었기 때문에 닭장에서 낳은 계란도 귀했어요. 하지만 이제 와서 동물권리 운동가들은 닭을 닭장에 가두는 것이 인도적이지 않다고 우리를 설득하려 들죠. 하지만 닭들을 자유롭게 풀어서 키운다면 진드기를 비롯한 온갖 문제에 대해 골치를 썩어야 할 거예요. 날씨가 추워지면 닭장 밖이 그렇게 편하지도 않고요." 허버트의 말은 예전 나의 생물 선생님을 생각나게 했다.

"음, 저 암탉들은 철조망 위에 앉아서 쉬고 있잖아요. 그러면…" 허버트는 내가 무슨 말을 하려는지 예상한 듯 대꾸했다. "발에 무리가 가기는 할 테지만 실제로 발 모양이 그렇게 변형되지는 않아요."

"정말로요? 당신이 한번 몇 달 동안이고 철조망 위에 올라가 있다고 생각해 보세요. 고통스럽지 않겠어요?"

"땅 위에 있는 게 더 편하긴 하겠죠. 하지만 우리 밖으로 꺼내면 장내 기생충을 없애기 위해 구충제를 먹여야 해요."

"닭장에서 키우면 구충제를 먹이지 않아도 되나요?"

"전혀요."

나는 그 답변을 그냥 넘길 수 없었다. 나는 허버트에게 앞마당에서 본 개와 고양이들에 대해 물었다.

"저 개와 고양이들도 닭처럼 우리에 넣는 게 어때요?"

"그러면 안 되죠."

"왜요?"

"한 가지만 물어 봅시다." 허버트가 대꾸했다. "어떤 동물을 먹고 어떤 동물을 귀여워할지 무슨 기준으로 정하죠?"

"모르겠네요."

"거 봐요. 그 정도로 해두죠."

허버트의 질문에 대해 여러분이라면 답할 수 있겠는가?

허버트의 손녀가 돌아와 합류하면서 우리의 대화는 훨씬 더 흥미로워졌다. 허버트는 18주 된 닭을 사 와서 18개월이 되면 팔아넘긴다. 18개월이 넘어가면 암탉들을 살리는 데 드는 비용을 상쇄할 만큼 달걀을 많이 낳지 못하기 때문이다.

"처음에는 그 암탉들을 가공 공장에 팔아서 약간의 돈을 벌곤 했죠. 아마 그 닭들은 골분이 되어 다른 닭의 먹이가 되었을 거예요. 하지만 이제는 가공 공장에 넘기려면 돈을 내야 하죠."

"그럼 그 닭들은 이제 어떻게 되나요?" 내가 물었다.

"그래서 결국 우리가 직접 죽이게 되었죠. 우리 사유지에 닭을 산 채로 묻기 위해 허가를 얻었어요. 닭들을 한꺼번에 덤프트럭에 몰아넣어 그 안에 이산화탄소를 주입했죠. 하지만 트럭에 타기도 전에 닭들이 겁에 질려 서로의 몸에 올라타 깔아뭉개곤 해요. 그렇게 90퍼센트는 이산화탄소를 넣기도 전에 알아서 죽죠."

허버트의 이야기를 들은 나는 그 장면을 상상하고 소름이 끼쳤다. 허버트와 그의 가족이 정말 끔찍하게 느껴졌다.

"닭들을 죽이는 건 참기 힘든 일이에요. 아들과 손녀도 그렇게 느끼죠. 특히 아들들은 어떻게 해서든지 자기 손으로 죽이지 않으려 해요."

"그렇게 괴로운데 어떻게 닭들을 죽이세요?"

"그저 눈을 감고 아무 생각도 하지 않을 뿐이죠."

손녀가 할아버지의 말에 동의하며 고개를 끄덕였다. "저번에는 운이 좋아서 어떤 농부에게 2000마리를 한 번에 팔았어요. 그 닭들을 죽이지 않아도 되었죠. 우리 가족은 너무 기뻐서 그날 저녁에 외식을 하러 나갔답니다."

심리학자인 레이철 맥네어Rachel MacNair는 《범죄로 유발된 트라우마 스트레스Perpetration-Induced Traumatic Stress》라는 제목의 저서에서 사람들이 다른 사람을 해치거나 죽이지 않으려는 자기 성향에 반하는 행동을 해야 할 때 일종의 PTSD가 생긴다고 처음으로 주장했다. 예컨대 상당수의 군인이 살육에 대해 마음 깊이 불편해하며 꼭 해야 하는 압력이 있을 때에만 행동으로 옮긴다는 것이다. 2차 대전 당시 군인들에 대한 연구에 따르면 상당수가 살인에 대한 타고난 거부감과 저항 때문에 무기를 발사하지 않았다. 게다가 여러 분석에 따르면 사람들이 많이 죽은 전투에 참가한 군인들도 스트레스를 겪는다. 앞서 만났던 제이슨 역시 살인을 저지르지 않은 사람들보다 더 심한 PTSD를 겪었다. 맥네어의 주장은 매우 설득력이 있다고 알려졌고, 정신과 의사들은 이후로 타인을 해치는 데 적극적으로 참여하는 것이 PTSD의 한 원인이라고 〈DSM-5〉 편람에 덧붙였다.

맥네어는 퇴역 군인, 나치, 경찰, 사형과 고문 집행인들에게 초점을 맞췄지만, 나는 다른 쪽으로 관심이 생겼다. 문화적으로 수용된 방식으로 동물에게 해를 끼치는 사람들은 트라우마를 경험할까? 얼핏 보기에는 이상하게 들리는 질문이다. 인류는 오랫동안 먹을 것, 입을 것을 위해 동물을 죽였다. 동물의 목숨을 빼앗는 행동이 새로운 일도 아닌데 왜 트라우마를 느끼겠는가?

1972년에 방영된 텔레비전 드라마 〈월턴 가족들〉의 한 에피소드에는 가족의 보살핌을 받고 있는 동물을 두고 맞닥뜨리는 갈등이 묘사된다. 가족이 키우는 소가 새끼를 낳고 아이들은 갓 태어난 송아지에 애착을 가진다. 그러다가 돈을 마련하기 위해 아버지가 이웃 농부에게 송아지를 팔자 아이들은 망연자실한다. 나중에야 아버지는 아이들의 상실감과 새끼를 잃고 끙끙대는 어미 소 챈스의 슬픔을 알게 된다. 에피소드가 끝날 즈음 아버지는 소를 팔았던 농부에게 애원한다. "이 송아지는 당신에게 식탁에 오를 고깃덩이일지 모르지만 내 아이들에게는 친구이자 가족이었어요." 결국 아버지는 농부에게서 송아지를 되샀고, 에피소드는 행복하게 마무리된다.

월턴 가족과 소 이야기는 공감이 승리한 사례다. 하지만 대부분의 경우 인간은 동물에게 해를 끼칠 때 발생하는 갈등을 해결하고자 자신의 공감능력을 짓밟는다. 우리는 이런 공감이 약점이라 여기고 마음을 단단히 먹는다. 하지만 문제는 공감능력이 실제로 사라지지는 않는다는 것이다. 죽였다고 여겼지만 아직 살아 있는 잡초처럼, 공감능력은 우리 마음 깊숙이 파고들어 뿌리를 내린 채 다시 모습을 드러낼 시기와 장소를 기다린다. 우리가 잡초를 죽이려고 독한 약을 쓸수록 잡초는 통제하기 힘든 형태로 돌아오기 쉽다.

미국의 도살장이 문을 열고 운영한 지 첫 해에 직원 교체율이 200퍼센트 정도로 높다는 사실은 잘 알려져 있다. 대부분의 사회학자들은 그 원인으로 부상 위험성, 낮은 임금을 비롯한 직원에 대한 처우를 지적한다. 하지만 몇몇 연구자들은 동물을 죽이는 데 따른 심리적인 영향 또한 요인일지 모른다고 여겼다.

한 논문에서 연구자들은 도살장 근로자들에게 일터에서 어디가 최악의 구역인지 물었다. 접수실(직원들이 닭을 처음 접하는 곳), 절단실(닭을 죽이는 곳), 내장 제거실, 피 제거실, 깃털 제거실, 포장실, 냉동실이 선택지에 포함되었다. 그 결과 닭을 죽이는 공간이 일등으로 선정되었다. 그럴 듯하다. 어쩌면 가장 위험한 곳이기 때문에 최악의 공간으로 뽑혔을지 모른다. 하지만 다르게 설명할 수도 있을 것이다.

도살장 직원들을 심층 인터뷰한 두 심리학자는 이렇게 묘사한다. "도살장 직원들은 사체가 즐비한 바닥을 처음 마주하고 스스로 도살을 해야 했던 날을 기억한다. 이들은 생생한 피의 이미지를 떠올리며 그 경험을 트라우마라고 여긴다." 직원들은 고통스럽고 슬펐으며 부끄러웠다고 보고했다. 상당수가 공포와 불안으로 가득한 악몽을 반복적으로 꾸었다. 복수심에 불타는 소들, 아직 죽지 않은 소들과 마주하고 그들이 고통을 겪는 것을 지켜보며, 동물들과 싸우고 감시당하는 꿈이었다.

도살장 직원들은 이런 어려움에 어떻게 대처했을까? 상당수가 그만두었다. 하지만 돈을 벌어야 하기 때문에 그러지 못하는 사람들도 있었다. 여기에 대해 한 심리학자는 이렇게 설명했다. "이 산업은 가장 소외되고 취약한 사람들을 직원으로 끌어들이는 데 능숙해졌다." 예컨대 도살장은 이주 노동자들을 고용하는 경향이 있는데 이들은 상당수가 불법적으로 노동한다. 아니면 어떤 일이든 간절하게 필요한 사람들이 도살장에서 일한다. 이들은 노동 현실로부터 스스로를 분리해야만 직장에 계속 다니며 먹고살 수 있다. 템플 그랜딘Temple Grandin에 따르면 도살장 직원들이 가장 많이 활용하는 심리학적 기술은 '기계적 접근법'이다. 직원들은 마치 컨베이어벨트를 따라 움직이는 박스를 스테이플러로 고정하는 것처럼 자기 일을 생각한다. 아무 감정 없이 행동하는 것이다. 또 그랜딘에 따르면 두 번째로 흔한 기술은 '가학적 접근법'이다. 동물을 아무것도 아닌 존재로 평가절하하면서 자기가 동물에게 저지르는 잔인한 행동을 마음속에서 정당화하는 것이다.

스스로를 억압하는 것보다 더 많은 에너지를 필요로 하는 일은 없다. 도살장 직원들은 사람을 죽인 군인들과 마찬가지로 동물에게 해를 입히면서 스스로 고통을 겪는다. 도살장 직원들에게 약물 남용 같은 PTSD의 증상이 자주 발생하는 게 그 증거다. 또 반복되는 악몽에서 벗어나고자 정신병원에 간 사람도 여럿이었다. 거의 1000명을 대상으로 한 브라질의 대규모 연구에 따르면 다른 직군의 노동자들에 비해 도살장 직원들은 불안이나 우울증을 비롯한 기분장애가 더 많이 발생했다. 동물을 직접 죽이는 일을 맡은 직원이 정신장애를 가장 크게 겪었다. 상당수는 자해하거나 자살을 저질렀다.

그뿐 아니라 보호소나 실험실에서 동물을 일상적으로 죽이는 노동자들 가운데 39퍼센트는 가벼운 트라우마를 보였으며 11퍼센트는 증상이 더 심했다. 비록 지난 수십 년 동안 간과해 왔지만, 동물을 대상으로 하는 실험실 노동자들이 깊은 트라우마를 겪고 있다는 증거도 속속 등장하고 있다. 이들은 죄책감과 슬픔, 분노, 불안, 두통, 불면증, 좌절감을 경험했다. 그에 따라 실험실 선배들은 트라우마가 생긴 연구원들을 위한 지원 팀을 만들기도 했다.

사람들은 점차 불안해하고 있다. 과거에 용인되던 방식으로 동물에게 해를 끼치는 행동은 점점 더 참기 불편해지는 중이다. 동물에 대한 우리의 공감능력이 더 강해질 방법은 없을까?

출발하기 전에 진과 나는 비누로 손을 북북 씻는다. 나는 악취를 빼고 싶어서 세수까지 했다. 나는 시설을 둘러보게 해준 데 대해 허버트에게 감사를 표하고 얼른 다음 목적지에 가려고 진의 차에 올라탔다. 실망스럽게도 악취가 따라온다. 청바지와 스웨터, 머리카락, 피부 전체가 지독한 냄새를 풍긴다.

나는 진에게 이 냄새가 신경 쓰이지 않느냐고 물었다. 대답은 전혀 그렇지 않다는 것이었다. 나는 허버트의 시설이 진이 이전에 본 현대적인 시설과 어떻게 다른지 질문을 던졌다. 현대적인 새 시설들이 좀 더 깨끗하기는 해도 닭들이 처한 상황 자체는 비슷하다는 것이 진의 대답이었다. 피부가 벗겨지고 다리가 부어오른 채 부리가 빠진 닭들. 다시 말해 비참한 처지의 닭들이 단지 더 많이 갇혀 있을 뿐이었다.

진은 다음 번 목적지에서 내가 최첨단 시설을 구경하기를 바랐다. 우리는 오클라호마 주립대학의 축산과 식품 과학부가 자리한 스틸워터 마을까지 차를 타고 이동했다. 진에 따르면 이곳은 연구와 교육이 진행되는 소규모 시설이었다. 다시 말해 상업적인 시설의 축소판이다.

돼지를 기르는 시설의 관리인인 덩치 큰 남자는 우리의 방문을 달가워하지 않았다. 남자는 주먹을 옆구리에 댄 채 수상쩍다는 듯이 나를 훑어봤다. 그리고는 우리들 때문에 자기가 얼마나 언짢은지 알리고 싶다는 듯 한숨을 푹 쉬었다. "어쨌든 좋아요, 저스틴이 안내할 겁니다." 남자는 한 대학생을 가리켰다. "하지만 경고할게요. 아무거나 마음대로 만지지 마세요."

"알겠어요." 나는 남자에게 대답한 뒤 돼지들을 수용하는 첫 번째 공간에 들어서자마자 사진을 찍기 시작했다.

이 방에서 들리는 소음은 내 몸을 덜덜 떨리게 했다. 마치 광신도 50명이 불을 둘러싸고 북을 치며 고함을 치는 것 같았다. 스무 마리쯤 되는 돼지들이 나무 우리 속에 똑바로 서서 중앙 통로를 마주보고 있었다. 돼지들의 몸이 네모난 우리에 꽉꽉 들어찼다. 돼지들이 할 수 있는 일이라고는 그 안에 가만히 있는 것뿐이었다. 몸을 휙 돌릴 수도, 가려운 곳을 긁을 수도 없다. 돼지들이 꿀꿀대면서 머리와 주둥이를 상자 벽에 부딪치는 바람에 우리가 위아래로 계속 흔들렸다. 돼지들이 할 수 있는 유일한 운동이었다.

돼지들은 금속으로 된 바닥에 서서 배설물을 아래로 떨어뜨렸다. 돼지 수가 스무 마리 정도인데도 냄새가 지독했다. 진에 따르면 닭장에서는 암모니아 냄새가 난다면 여기서는 황화수소 냄새가 났다. 훈련받지 않은 내 후각으로는 그게 그거였지만 말이다.

이 시설은 꽤 현대식인 듯 보였으나 실험실처럼 생기가 없었다. 하지만 앞서 얘기했듯 이곳은 흔한 돼지 사육 시설을 축소한 버전이다. 미국 전역에서 사육되는 돼지의 97퍼센트가 이런 공장식 농장에 갇혀 있다고 보면 된다.

나는 오른쪽 장갑을 벗고 가장 가까운 돼지 앞에 웅크리고 앉아 눈을 가만히 바라보았다. "귀여운 녀석, 불쌍하기도 하지." 하지만 이렇게 사람이 위로한다고 해서 돼지가 알아주지는 않는다. 돼지의 눈은 내가 앉아 있는 저 너머 어딘가를 바라본다. 그리고 다른 돼지들처럼 입에 거품을 물고 우리에 머리를 마구 부딪친다. 귀가 먹먹할 정도로 시끄러운 소리가 계속된다. 이 돼지들을 제대로 들여다보고 이들이 지금 얼마나 정신이 나가 있는지 알아챌 사람은 이곳에 없을 것이다.

저스틴에 따르면 타이슨 푸드에서 이 시설의 사육과 감염 관리 프로그램에 자금을 지원하고 있다. 돼지들은 3년에서 4년에 걸쳐 좁은 우리에 갇혀 있다가 죽으러 나간다. 내가 들른 첫 번째 공간에서 직원들은 1년에 두 번 정도 암돼지 몸에 돼지 정액을 넣어 수정시킨다고 했다. 저스틴은 어미 돼지들이 출산하는 옆방으로 우리를 안내했다. 어미 돼지들은 2주 동안 이곳에 머물며 새끼들을 돌본다. 여기서는 돼지우리를 '분만 상자'라고 부른다. 앞서 살핀 우리보다 약간 더 크다. 이 우리는 어미 돼지 한 마리가 여섯 마리에서 아홉 마리에 이르는 새끼를 기를 수 있도록 작은 측면 통로가 설치되어 있다. 저스틴에 따르면 이 통로가 있어 어미가 새끼의 몸을 뭉개는 일이 줄어든다. 이 통로마저 없다면 어미가 새끼를 으스러뜨리고 말 것이다.

나는 저스틴의 설명이 논점에서 벗어났다고 생각했다. 돼지들을 이렇게 키우는 건 무엇보다 돈을 아끼기 위해서다. 그래서 나는 저스틴을 밀어붙였다.

"이 시설이 잔인하다고 생각하지 않나요?"

"동물의 권리와 복지를 주장하는 단체들이 이런 공장식 우리를 보고 분노하죠. 하지만 사실은 돼지들을 이 우리에 가두는 것이야말로 훨씬 더 인도적입니다. 이렇게 해야 한 마리씩 살피면서 병들었는지 아닌지 관찰할 수 있거든요." 개구리를 유리병에 넣는 것처럼 말이다.

세 번째 방은 육아 시설이다. 열 마리에서 열다섯 마리의 새끼 돼지가 어미 없이 우리 안에서 생활한다. 어미들은 다시 평소 생활하던 우리로 옮겨졌다. 그곳에서 어미들은 수정을 거쳐 다시 새끼를 생산할 것이다. 내가 우리 앞에 무릎을 꿇으니 새끼 돼지들이 내 손에 달려들어 코를 비볐다. 나는 창살 사이로 비단처럼 부드러운 돼지 귀를 쓰다듬었다. 이 새끼 돼지들은 아직 어리고 정신적으로도 건강하다.

이 방에서 자란 돼지들은 생산 라인을 따라 다른 방으로 계속 이동하게 되는데 시간이 갈수록 한 우리에 들어가는 개체수가 줄어든다. 그러다가 약 130킬로그램이 되면 돼지들은 번식을 위해 선택되거나 죽임을 당한다.

"이때 도살장으로 팔려 가는 돼지들은 소시지나 베이컨, 다른 가공 제품에 들어가죠." 저스틴이 설명했다. 반면에 번식용으로 선택된 돼지들은 첫 번째 방의 우리로 가지만 어미와 같이 살지는 못한다. 그리고 여기서 얼마간 지내다가 새끼를 낳는 분만 상자로 옮겨간다.

나는 저스틴에게 질문했다. "이 방에서 저 방으로 돼지를 이동시키는 게 어렵지 않나요? 돼지들이 오랫동안 전혀 움직이지 않은 상태일 텐데 말이죠."

저스틴의 대답은 몹시 슬펐다. "아니에요, 사실 꽤나 쉽답니다.

돼지들이 얼마나 돌아다니는 걸 좋아하는데요."

생물학자이자 저술가인 레이첼 카슨은 이렇게 말했다. "우리가 사람에게든 동물에게든 잔인한 행동을 저질렀다면 그 사실을 용기 있게 인정해야 비로소 이 세상이 예전보다 훨씬 나아질 수 있습니다."

동물에 대한 잔인한 처우는 광범위한 영향을 미친다. 1980년대에 사회학자들은 사회적으로 허용된 폭력이 삶의 다른 영역으로도 '흘러넘칠' 수 있는지 연구했다. 전쟁터의 살인 행위에 대한 문화적인 지지가 살인이나 아동학대의 증가와 맞물린다는 이전의 논문이 이 연구의 근거가 되었다. 사회학자들은 이론을 시험하기 위해 미국의 50개 주와 워싱턴 DC에서 허용된 폭력의 정도를 측정했다. 이들은 사형 제도에 대한 대중의 승인, 사냥 면허가 발급된 수, 폭력적인 미디어의 인기, 경찰의 폭력에 대한 승인과 같은 요소를 살폈다. 결과는 골치가 아팠다. 법적으로 인가되는 폭력에 대한 지지가 컸던 주에서는 강간 발생률이 특히 더 높았다. 물론 이 연구는 인과관계를 분석하지 않았기 때문에 강간 발생률이 높은 것이 폭력에 대한 수용도 때문이라고 증명할 수는 없다. 하지만 이것은 '문화적 흘러넘침' 이론에 무게를 싣는 증거였다. 즉, 사회가 어떤 폭력에 대해 사회적으로 승인하며 합법화할 때 불법적인 폭력의 빈도도 더 높아진다는 것이다.

이렇듯 흘러넘쳐 발생한 폭력이 동물학대를 포함할까? 지난 수십 년에 걸쳐 사회학자들은 도살장이 어떤 도시로 이사 왔을 때 재산 피해, 마약 범죄, 배우자나 아동에 대한 학대를 포함한 강력 범죄가 증가한다는 사실에 주목했다. 예컨대 캔자스 주 피니 카운티에서는 도살장 두 곳이 처음 문을 연 뒤로 5년 안에 폭력 범죄가 130퍼센트 증가했다. 이 지역의 인구가 증가했다는 요인은 범죄 증가율의 일부밖에 설명하지 못했다. 보통 범죄율이 증가하는 원인으로 꼽히는 것은 (종종 이민자에 대한 차별을 정당화하는 데 활용되는) 노동자의 인구통계학적인 특성, 갑작스런 인구 증가에 따른 사회적 혼란, 육체적으로 스트레스를 많이 받는 까다로운 직업적 특성과 같은 것들이다.

하지만 심리학자 에이미 피츠제럴드Amy Fitzgerald는 생각이 조금 달랐다. 피츠제럴드가 도살장 직원들과 여러 번 인터뷰를 한 결과 이들이 동물에게 가하는 폭력은 삶의 다른 영역으로도 스며들었다. 한 직원은 아내를 살해하려는 생각에 대해 이렇게 묘사했다.

나는 성질머리가 급해요. 혼자 앉아서 나는 이렇게 생각하죠. 난 직장에서 소를 수없이 죽이는 사람이야. 800마리, 900마리를 죽인다고. 그러니 겨우 한 사람쯤 총으로 쏴 죽이는 건 쉽지 않겠어?

돼지를 찔러 피를 전부 빼서 죽이는 일을 하는 또 다른 직원은 이렇게 말한다.

이 일을 하는 사람들은 다들 총을 갖고 다녀요. 당신을 쏠지도 모르죠. 내가 아는 이 일을 하는 사람들은 대개 폭행죄로 체포된 적이 있어요. 다수는 알코올 중독자죠. 활기 넘치는 돼지들을 하루 종일 죽이는 일만 하려면 술을 마실 수밖에 없어요. 맨 정신에 그렇게 많은 동물을 죽일 수는 없죠.

피츠제럴드는 이런 인터뷰를 바탕으로 도살장과 관련된 범죄율의 증가가 '싱클레어 효과'와 연관되는지 연구했다. 소설가 업튼 싱클레어Upton Sinclair는 획기적인 저서 《정글》에서 일상적인 동물 도살과 다른 폭력 사이의 연관성을 고찰했다. 이 싱클레어 효과를 시험하기 위해 피츠제럴드는 1994년에서 2002년까지 581개 카운티를 대상으로 한 FBI의 범죄 보고서와 인구 통계, 경찰 기록을 수집했다. 그리고 도살장이 있는 카운티의 범죄율을 조사한 다음, 인구수는 비슷하지만 사람들이 자동차나 철강 산업 같은 공장에서 주로 일하는 다른 카운티의 범죄율과 비교했다. 도살장이 없다는 것만 제외하면 두 집단은 노동력의 구성이나 부상률, 질병률이 비슷했다.

그 결과 도살장 직원이 7500명인 카운티에서는 재산 피해나 아동학대, 성범죄의 검거율과 신고율이 도축장이 없는 카운티에 비해 두 배가 넘었다. 피츠제럴드의 연구 결과는 반복적이고 위험한 공장 일보다는 동물을 죽이는 일이 범죄를 증가시킨다는 사실을 강력하게 증명했다.

도살장이 있는 카운티에서는 특히 아동학대와 강간 비율이 높았다. 제철소가 있다는 점도 강간범 체포 건수에 상당한 영향을 미치기는 했지만 그 영향은 역방향이었다. 오히려 다른 곳보다 체포 건수가 적었다. 피츠제럴드는 도살장 직원들이 동물을 포함한 자기보다 힘이 약한 존재를 인식하는 방식이 어린이나 여성에 대한 폭력의 증가와 연관될 것이라고 추정했다.

한편 오스트레일리아의 한 최근 연구는 도살장 직원들의 공격성을 시험했다. 연구자들은 도살장 직원들의 공격성이 "교도소 수감자들의 공격성 점수와 맞먹을 만큼 무척 높다"는 사실을 발견했다. 흥미롭게도 공격성은 여성 노동자들 사이에서 가장 높았다.

하지만 이 연구와 피츠제럴드의 연구에는 분명한 문제가 있었다. 도살장이 사람들을 둔감하게 할 수도 있지만 애초에 공감능력이 낮은 사람들을 끌어들일 수도 있다는 점이다. 하지만 피츠제럴드는 후자의 주장이 사실이라고 생각하지 않는다. "도살장 노동자들이 가진 한 가지 공통점이 있다면 일을 해야 한다는 절박함"이기 때문이다. 템플 그랜딘을 비롯한 여러 연구에 따르면 도살장 직원들은 일을 하는 과정에서 공감능력이 쥐어짜듯 조금씩 빠져 나간다.

대부분의 연구자들은 동물에 대한 폭력이 다른 형태의 폭력으로 '흘러넘칠' 가능성을 간과한다. 아마도 그 연구의 결론을 두려워하기 때문일 것이다. 오늘날까지 이 점에 체계적으로 주목한 연구자는 피츠제럴드가 거의 유일하다.

하루 일정이 끝나자 나는 녹초가 되고 속이 텅 빈 느낌이었다.

하지만 주차장으로 돌아가 다시 차에 오르는 진은 아침에 그랬듯 활기찼다. 진은 이 대학의 연구 시설이 고기와 우유 생산의 효율성을 높이는 최첨단 연구를 하고 있으며 동시에 동물복지의 모범이라고 자부심을 갖고 설명했다. 하지만 나는 이해할 수 없었다. 그것은 진이 만들어 낸 일그러진 정신 승리일 뿐이었다. 진은 내가 그동안 어디선가 읽었던 잘못된 믿음을 몰아내고자 오늘 여기저기로 나를 데리고 다녔다. 하지만 나는 이런 시설이 동물들에게 잔인하며 사람들의 건강도 위협한다는 사실에 대해 어느 때보다 확신하게 되었다.

그리고 호텔 방에 발을 들여놓는 순간, 내 감정은 산산조각이 났다. 나는 평정심을 잃은 채 입었던 옷을 찢어 쓰레기봉투에 넣어 단단히 동여맸다. 이렇게 하면 오늘 얻은 고통과 악취를 없앨 수 있을 것처럼 말이다. 그리고 뜨거운 물로 샤워하면서 머리를 세 번 감고 온몸을 세게 문질렀다. 사용하지 않은 여분의 칫솔로 손톱 밑을 박박 닦았다. 제발 사라져! 나는 비명을 질렀지만 악취는 여전히 나를 조롱하듯 남아 있었다.

깨끗한 옷으로 갈아입은 나는 내 일이 어떻게 되었는지 하루 종일 기다리고 있던 패트릭에게 문자를 보냈다. 나는 일이 끝났으며 내일 집에 가서 이야기하겠다고 얘기했다. 침대 끄트머리에 앉아 텅 빈 텔레비전 화면을 바라보고 있자니 뱃속이 엄청난 기세로 요동쳤다. 놀라울 것도 없었다. 나는 스트레스를 받으면 뭘 먹어치우기 때문이다. 패트릭이 실직하거나 아버지가 췌장암에 걸렸을 때, 할머니가 돌아가셨을 때도 난 마구 먹었다.

나는 차에 올라타 호텔 근처의 타코벨을 향해 운전했다. 아니, 한잔 하는 게 더 좋겠다. 나는 어떤 식당 체인의 간판을 보고 주차장으로 휙 들어갔다. 식당 안으로 들어섰지만 나를 맞이하는 사람은 없었다. 바텐더는 칵테일을 만드느라 바쁜 모양이고 다른 직원은 보이지 않았다. 나는 자리에 앉아 기다렸다. 월요일 밤이라 얼마 안 되는 사람들이 식사를 하는 중이었다. 나는 웨이터가 내가 왔다는 걸 알아챌 때까지 가만히 앉아 앞만 보고 있었다. 마침내 웨이터가 와서 말을 걸었다. "이런, 너무 조용히 들어오셔서 몰랐어요. 오시는 걸 못 봤네요!" 나는 주문한 채식 버거와 레드와인 한 잔, 감자튀김을 10분도 안 되어 먹어치웠다. 그리고는 웨이터를 다시 불러 계산해 달라고 부탁했다.

"빨리 먹고 나가셔야 하나 보네요!" 웨이터가 계산서를 갖고 오자 나는 금액을 확인했고, 의아한 점이 있어 그를 올려다봤다.

"맞아요, 뒤에 앉아 있던 남자 분이 와인 값을 지불하셨어요. 자기가 나가면 당신에게 말씀드리라고 했지만요."

나는 뒤에 앉았던 남자 일행의 얼굴을 들여다보며 감사 인사를 했다.

"음, 감사합니다. 성함이…"

"톰 페리에요." 남자가 말했다.

"와인 값을 내 주셔서 정말 고마워요. 친절하시네요."

"그냥 당신이 너무 슬퍼 보였거든요." 남자는 그 말을 끝으로 친구들과 함께 음식점 문을 나섰다.

나는 다음날 아침 가장 빠른 비행기를 탔다. 비행기에 나 말고는 여섯 명뿐이라서 한 줄에 나 혼자였다. 나는 그 어두운 새벽에 혼자 앉아 어제 일을 떠올렸다. 나는 허버트에게 만약 처음부터 이 일을 다시 시작할 수 있다면 어떤 식으로 바꾸겠냐고 물었다. 그게 마지막 질문이었다.

"아마 농장을 더 크게 지었을 거예요." 허버트가 대답했다. "몇 천 에이커는 되는 밭에서 농작물을 키웠겠죠. 그러면 이렇게 닭을 죽일 필요도 없을 거예요."

나는 와인 값을 내준 남자의 말을 떠올렸다. 내가 슬프다는 사실을 그 사람은 어떻게 알았을까? 나는 그들 자신의 삶을 살 수 없는 동물들이 안타까웠다. 음울한 생업에 갇혀 옴짝달싹 못한다고 생각하는 허버트도 안타까웠다. 인간과 동물의 뒤틀린 관계가 정상이라고 여기는 진도 안타까웠다. 내가 그런 잔인한 현장을 목격했다는 사실이 슬펐다. 정말 빌어먹을 세상이다. 나는 웅웅 소리를 내는 따뜻하고 어두운 비행기 안에서 조용히 흐느꼈다.

집에 돌아가자마자 나는 울음보가 터졌다. 그리고 2주, 3주, 4주가 지나는 동안 나는 우울증에 빠졌다. 예전의 우울 삽화 때 그랬듯이 나는 다른 사람들은 물론이고 친구, 동료들에게도 내가 우울하다는 사실을 숨겼다. 나는 무릎과 어깨, 척추를 곧게 세워 몸이 움츠러들지 않게 하면서 우울과 싸웠다. 이번에는 특히 그래야 했다. 가장 낮은 곳의 생명들에 대한 나의 절망에 공감해 주는 사람이 얼마나 되겠는가? 나는 샤워 중이거나 차 안에서 혼자 있을 때만 울었다. 하지만 남편 패트릭을 속이지는 못했다. 어느 날 패트릭은 내가 욕실 바닥에 웅크리고 흐느끼는 모습을 발견하자 말

없이 침대로 데려와 내가 눈물을 흘리는 동안 안아 주었다.

※

슬픔과 절망, 트라우마는 전염된다. 1981년, 한 심리학자는 홀로코스트 생존자들을 담당했던 치료사들이 보인 감정적인 반응에 대한 연구를 발표했다. 치료사들은 "종종 자기들이 치료하고 있는 생존자들이 꾸는 악몽을 공유하는 것처럼 보였다." 이런 '간접적인 트라우마'는 당시에 새로운 개념이었다. 하지만 이후로 타인에게 가해진 폭력에 대해 듣고, 목격하고, 심지어 읽은 사람들이 겪는 고통에 대한 증거가 여럿 발견되었다.

응급 요원들 역시 보통 정신건강 측면에서 문제를 겪는다. 〈가디언〉의 조사에 따르면 인도주의적 구호운동을 하는 요원들의 80퍼센트가 정신건강에 문제가 있었고 거의 절반이 우울증 진단을 받았다. 응급 요원들이 경험하는 증상의 일부는 신변의 위험을 겪거나 자원이 부족한 국가에서 일할 때의 위험 때문일 것이다. 하지만 응답자들은 종종 타인의 비극을 목격했던 일 자체를 고통의 원인으로 꼽았다.

이런 간접적인 트라우마는 번아웃의 위험을 높인다. 기자들 역시 간접적인 트라우마를 경험하는 집단이다. 기자들이 대규모 지진, 자동차 폭탄, 집단 강간을 취재하기 위해 폭력적인 영상을 뒤적거리며 많은 시간을 보낼수록 PTSD 증세가 나타날 위험이 높아진다. 군용 드론 조종사들 역시 간접 트라우마를 경험한다는 사실이 이제 밝혀지고 있다. 이들은 드론을 조종해 사진이나 영상 자료 수집, 폭탄 투하, 전쟁터에서 치명적인 일격 날리기, CIA의 암살 임무 등을 수행한다. 이들은 책상 앞에 편하게 앉아 일하며 몸이 위험할 일이 거의 없다. 그런데 이런 드론 조종사들도 다른 전투기 조종사들 못지않게 불안과 우울증을 겪고 약물 남용이나 자살 충동을 느낀다는 점은 놀라운 일이다.

드론 조종사들은 왜 트라우마를 겪을까? 두 가지 설명이 있다. 하나는 긴 근무 시간과 잦은 교대가 피로감을 준다는 것이다. 그리고 다른 하나는 어떤 지역에 날아들어 폭탄을 투하한 다음 가능한 한 빨리 사라지는 전투기 조종사와는 달리, 드론 조종사들은 그 결과 발생하는 대학살 장면을 직접 목격한다는 것이다. 이들은 매일 비디오 화면 앞에서 오랜 시간을 보낸다. 그 폭력은 전투기 조종사들과는 다른 방식으로 가까이서 펼쳐진다. 역설적이게도 드론 조종사들이 목격하는 폭력이 더욱 현실적이다.

드론 조종사들은 트라우마와 함께 '도덕적 부상'을 겪을 수 있다. 도덕적 부상이란 "자신의 도덕적인 믿음이나 기대로부터 깊이 어긋나는 행위에 대해 알고, 목격하고, 지속적으로 그것을 막지 못하는 것"으로 정의되며 감정적, 심리적, 행동적, 정신적, 사회적으로 장기적인 고통을 야기할 수 있다. 자신의 행동에 의해 영향을 받는 남자와 여자, 아이들을 영상을 통해 지켜보는 드론 조종사들은 그 행동이 옳고 그름에 대한 자기 관념을 위반했을 때 심리적으로 상처를 입는다. 한 드론 조종사는 말한다. "우리는 목표물을 관찰해 왔고 그들에 대해 자세히 압니다. 어디 있는지, 그들 주변에 무엇이 있는지도 알죠." 이때 목표물을 단지 '그들'로 보지 않고 한 사람의 개인으로 보기 시작하면 조종사 자신의 타고난 공감 능력과 부딪치면서 도덕적인 트라우마를 겪을 수 있다.

트라우마는 단순히 사적 문제가 아니다. 그것은 인류 문명이 잘못된 길을 가면서 벌어진 집단적인 잔인성에서 비롯될 수도 있다. 보스턴 마라톤 폭탄 테러라든지 9.11 테러 같은 비극을 다룬 미디어에 대한 연구를 보면 우리는 타인의 고통으로부터 감정적인 영향을 받는다. 반복적으로 이런 미디어에 노출되면 개인들이나 사회에 집단 트라우마가 생길 위험이 높아진다. 트라우마는 국제적인 규모로 발생하기도 한다. 타인에 대해 저질러진 잔인한 행동은 우리의 의식에 깊이 뿌리 내리고 들어간다. 동물에게 가해진 잔인함 역시 마찬가지다.

우리는 자연적으로 동물과 연결되려는 경향이 있지만, 이러한 경향에 대해 지속적으로 반대되는 행동을 해왔다. 우리가 동물에 대한 자연스러운 공감능력에 거슬러 개인적으로든 체계적으로든 동물에게 폭력을 가할 때, 우리는 모든 형태의 폭력에 대해 스스로를 개방하게 된다. 동물에 대한 이해가 진전될수록 우리의 공감도 진화할 수밖에 없다. 다시 말해 동물들이 고통 받을 때 우리 자신도 고통을 받는다.

나는 심리학자이자 뉴멕시코 대학교의 명예교수인 존 글루크 John Gluck 박사와 이야기를 나눈 적이 있다. 글루크 박사가 해리 할로Harry Harlow와 함께 원숭이를 대상으로 수행했던 실험에 대한 이야기를 해주었다. 글루크는 할로와 함께 박사과정 학생으로 공부하면서 사회적 박탈에 대해 연구하기 위해 새끼 원숭이를 최대

2년 동안 격리하는 행동학 실험을 수행했다. 당연히 원숭이들은 몹시 불안해했다. 글루크는 실험용 동물들을 귀여워했지만 그들을 대상으로 실험하려면 체계적으로 스스로를 둔감하게 만들어야 했다. 그리고 비록 동료들 사이에서는 존경받는 권위자였지만, 할로의 이 잔인한 실험은 대중의 분노를 샀다. 1970년대에 사람들은 글루크에게 이 실험에 대해 항의하는 편지를 보냈다. 대부분의 편지는 글루크의 마음을 흔들지 못했다. 하지만 그의 감성에 충격을 주고 동물 옹호 운동에 나서게 한 편지도 있었다. 글루크 박사는 내게 이렇게 말했다.

"몇몇 사람들은 이런 식으로 편지를 썼죠. '당신이 거기서 무슨 일을 했는지 알고 있습니다. 그 사실이 내게 고통을 주었어요.'라고요. 나는 고통을 줄이기 위해 일을 한 거지 그것을 만들어 내려던 것은 아니었어요."

고등학교 시절에 오빠가 내게 모차르트를 소개해 주었다. 나는 모차르트의 음악에 깊이 빠져 열렬히 사랑하게 되었다. 앞에서 말했지만 내 우울증은 대개 인간의 잔혹성과 불의에 대한 소식을 먹고 자랐다. 수도 없는 우울 삽화 기간에 모차르트는 나를 구하러 오곤 했다. 절망하지 말라고, 그의 음악은 내 앞에서 울려 퍼졌다. 그리고 희망을 잃지 말라고, 모차르트는 나를 설득했다. 장엄한 음악을 통해 슬픔이 아니라 순전한 행복의 눈물을 흘릴 때 세상이 그래도 조금은 괜찮게 보였다.

모차르트뿐만이 아니다. 음악이 슬픔으로부터 나를 지켜 줄 수 있다면 내 남편도 영원히 그렇게 해줄 것이다. 톰 페리 같은 사람도 나 같은 낯선 이를 위로하기 위해 와인 한 잔을 사지 않았던가. 인도주의 운동가들은 난민들을 치료하고자 목숨을 건다. 한 소년은 횡단보도를 지나는 거북이를 구하려고 차들을 멈춰 세웠다. 세상에 아름다움과 친절함, 웃음을 선사한 이런 사람들이 나를 구한다. 그들이 결국에는 우리 모두를 구할 것이다.

우울 삽화에서 빠져나올 때마다 나는 갑옷을 힘들여 벗는 듯한 기분이었다. 걱정과 두려움, 슬픔, 의심이 강력한 힘으로 나를 덮친다. 하지만 나는 멍이 들면서도 힘껏 허우적거리고, 그러면서 내가 조금 더 강해졌다고 느낀다. 나는 살아남았다.

나는 우울증을 나만의 무기로 극복한다. 세상에 대한 새로운 이해가 그것이다. 우리가 동물에 대한 공감능력을 마비시키고자 정신적으로 뒤틀리는 것은 실망할 일이 아니다. 오히려 희망을 가질 이유다. 우리의 동물에 대한 공감능력은 너무나 강력해서 그것을 무시하려면 많은 노력을 해야 한다. 뒤틀림은 스스로 똑바로 펴지기를 원한다. 그리고 다른 방법이 있는지 묻는다. 나와 실베스터의 학대에 대해서도 그렇다. 극복할 방법이 있을 것이다. 우리가 그 방법을 찾아 나설 만큼 용감하다면 말이다.

그때까지 내가 오클라호마에서 만난 동물들은 더 나은 삶을 살 수 없었다. 하지만 나는 다른 것을 줄 수 있다. 동물들 각각에게 이름을 지어 주는 것이다. 이렇게 하면 상상으로나마 그들에게서 훔쳤던 삶의 이야기를 돌려줄 수 있다.

나는 시설에서 찍어 온 사진을 꺼냈다. 허버트의 농장에서 처음 만난 다섯 마리 암탉들에게 각각 헨리에타, 제릴딘, 힐다, 에셀, 이사벨라라는 이름을 붙였다. 내 상상 속에서 이 동물들은 우리 안에 갇힌 삶에 대해 알지도 못한다. 이들은 함께 자라서 서로의 곁을 거의 떠나지 않는다. 헨리에타는 부드러운 건초 둥지에서 먼저 일어나 햇볕 속으로 나아가 날개를 활짝 펼친다. 제럴딘과 이사벨라가 곧 뒤를 이어 헨리에타를 부르고 들판을 탐험하는 데 동참한다. 나는 이 동물들의 이름을 하나하나 발음해 본다. 세상의 어두운 구석에 있었던 불빛이 자기 노래를 하는 듯하다.

PART 3

동물과
함께하는 삶

7

동물과
조화 이루기

어느 날, 실베스터가 사라졌다. 나는 잠을 못 이뤘고 학교에 가고 싶지도 않았다. 가능한 한 많은 시간을 들여 실베스터를 찾고 싶었기 때문이다. 아직 살아 있을까? 배는 고프지 않을까? 무섭지는 않을까? 나는 방과 후에 숙모나 오빠, 데이브와 함께 이웃을 집집마다 돌아다니며 악수를 청하면 발을 쉽게 내미는 조그만 개를 봤는지 물었다.

밤이 되면서 가장 큰 두려움이 머릿속에서 휘몰아쳤다. 데이브에게 괴롭힘을 받아 실베스터가 도망친 걸까? 이 질문이 나를 더 고통스럽게 한 이유는 데이브가 실베스터에게 한 짓이 아니라 내가 그 자리에서 아무 것도 하지 못했다는 점 때문이었다. 실베스터가 나를 가장 필요로 했을 때 나는 곁에서 편들어 주지 못했다.

2004년 8월, 오마하에 자리한 네브래스카 비프 사의 도살장에서 소 여섯 마리가 자유를 찾아 탈출했다. 오마하 경찰과 도살장 직원들은 이 가운데 네 마리를 금세 잡았지만 두 마리는 잡기가 힘들었다. 다섯 번째 소는 대로를 질주해 철도역 구내에 들어섰고, 나머지 크림색 소 한 마리는 31번가를 내달려 지나가는 보행자들을 흩어지게 했다. 차가 막히고 구경꾼들이 몰렸으며, 경찰과 도살장 직원들은 이 두 마리를 얼른 잡아서 트럭에 넣어야 한다는 데 의견을 같이했다. 그러는 동안 한 기자의 표현에 따르면 근처 소들은 탈주한 동료를 응원하듯 뒤에서 큰 소리로 울었다.

거의 한 시간이 지나 경찰은 다섯 번째 소를 울타리에 모는 데 성공했다. 엽총을 든 경찰관 셋이 도합 여섯 발을 쏘았다. 소는 조금 더 움직이려 애쓰다가 쓰러져 죽었다. 사람들은 탄식했다. 곧이어 경찰은 마지막 소 역시 사살했다. 총격은 도살장 직원들이 담배를 피우러 잠깐 밖에 나온 오후 휴식 시간 10분 동안에 발생했다. 많은 직원들이 소가 죽는 모습을 지켜봤다.

이 이야기 자체는 그렇게 인상적이지 않다. 돼지나 소를 비롯한 동물들이 자기가 처한 운명을 피해 필사적으로 탈출했다는 뉴스는 자주 보도된다. 하지만 흥미로운 점은 경찰이 소를 쏜 다음 날, 이 사건을 재치 있게 묘사한 한 도살장 직원의 말 덕분에 이 소식이 급속히 퍼졌다는 것이다. 그는 "경찰이 소를 열 번은 쏘았다"고 분노한 투로 말했다. 다른 직원들도 화가 났다. 그 직원은 소에게 가해진 총격을 당시 멕시코에서 온 무장하지 않은 한 남자에게 가해졌던 총격과 비교했다. 도살장 직원의 상당수는 이민자들이어서 안 그래도 이민자에 대한 경찰의 편견과 폭력에 대해 걱정하고 있었다.

종종 우리의 뿌리 깊은 공감능력이 묻혀 있는 땅은 덩굴 한두 개만으로도 갈라져 열린다. 일상적으로 살육을 저지르느라 공감능력이 마비된 도살장 직원들도 평상시의 맥락에서 벗어나 탈출한 소들에 대해 생각해 볼 기회가 생겼다. 그날 입에서 입으로 분노 섞인 이야기가 전해지면서 직원들은 소들과 연대의식을 느꼈다.

생존을 위한 싸움을 함께 벌이는 것만큼 타인과 쉽게 동료가 되는 방법은 없을 것이다. 스티븐 피터슨Steven Peterson이 금방이라도 갈라질 것 같은 얼어붙은 강을 조심스레 지나갈 때 벌어진 일이었다. 사냥은 스티븐 가족의 전통이었다. 어린 시절부터 사슴을 사냥했던 스티븐은 자기 취미에 대해 별 생각이 없었다. 목숨을 걸고 한 마리의 사슴을 구했던 어느 겨울 날 오후까지는 그랬다.

스티븐은 차를 운전해서 미네소타 주 덜루트 남쪽을 흐르는 케틀 강을 건널 무렵, 뭔가 이상하다는 사실을 알아챘다. 추운 12월의 어느 날이었고, 50세의 스티븐은 미주리 주에서 가족과 크리스마스 휴가를 보내고 집으로 돌아오는 길이었다. 최근 미시건 주 청각 장애인 학교에서 목공 강사로 일하다 해고된 스티븐은 미네소타 주로 이사 와 새로운 삶을 시작하기로 했다. 서두를 일도 없던 터라 스티븐은 한가롭게 눈 덮인 풍경을 바라보았다. 하지만 35번 주간 고속도로와 이어지는 다리를 지날 때 스티븐은 멀리 강에서 뭔가 움직이며 위아래로 허우적대는 모습을 보았다. 무엇인지 확실히 알기 위해 차를 몰고 가까이 갔다.

차에서 내렸을 때 스티븐이 본 것은 사슴의 상반신이었다. 뒷다리와 하반신은 강물에 잠겨 보이지 않았다. 사슴은 얼음 구멍에 갇힌 채 몸을 빼내려고 계속 몸부림치는 중이었다. 하지만 혼자서 빠져나오기란 힘들어 보였다.

긴급 전화인 911에 연락해야겠다는 생각이 얼른 머릿속에 떠올랐지만, 스티븐은 귀가 들리지 않기 때문에 통화를 해도 뜻을 전달하는 데 너무 오래 걸릴 듯했다. 날씨도 무척 추웠고 사슴은 기진맥진한 나머지 금방이라도 기운이 빠져 익사할 것 같았다. "시간이 가장 중요했죠. 그래서 난 911은 잊기로 했어요. 모든 게 내 손에 달려 있었죠."

스티븐은 트럭에 연결된 끈을 잡고 뒤엉킨 덤불 사이로 들어가 가파른 둑을 400미터쯤 내려갔다. 강은 축구장처럼 넓었고 얇은 얼음으로 덮여 있었다. 강 한가운데에 사슴이 빠져 있는데 속눈썹과 뺨, 턱에 고드름이 매달린 채였다.

"사슴은 너무 지쳐 있었어요." 스티븐은 말한다. "아침 일찍부터 강에서 고군분투하고 있었을 테죠. 이제 오후가 되어 물은 더 차가워지고 구멍은 작아졌어요. 사슴은 금방이라도 강물 아래로 사라질 것 같았죠. 그리고 자칫 엉뚱한 곳을 밟으면 나도 물에 빠질 게 분명했어요."

하지만 바로 그때 사슴이 머리를 돌려 스티븐을 바라보았다. 그리고 스티븐은 영상통화 기능을 켜서 가족과 친구들에게 이 사슴을 어떻게든 구하겠다는 메시지를 수화로 남겼다. 스티븐은 끈과 커다란 통나무를 붙잡고 얼음판을 조금씩 가로질렀다. 얼음이 점점 얇아지고 있었다.

강 한가운데로 갈수록 얼음은 더욱 투명해졌다. 스티븐이 가까이 다가가자 사슴은 몸부림을 멈추고 스티븐을 응시했다. "그 사슴은 빠져나가고 싶었지만 갈 데가 없었어요. 얼음이 주위를 완전히 에워싸고 있었거든요. 사슴은 그저 내 눈을 보면서 덜덜 떨고 있을 뿐이었죠. 나에게 도움을 청하는 것처럼 보이기도 했어요." 스티븐이 말한다. 스티븐은 끈을 사슴의 머리 쪽에 던졌고 목에 감겨 질식시키지 않게 조심했다. 몇 번의 시도 끝에 사슴의 등과 오른쪽 어깨에 끈을 둘렀다. 그리고 사슴이 숨을 깊이 들이마시면서 가슴이 위로 솟았을 때 끈을 혹 잡아당겼다. 사슴은 얼음 구멍에서 빠져나왔다.

일단 사슴이 나오기는 했지만 꽁꽁 얼어붙은 강에서 완전히 벗어나기 전에는 자칫 다시 물에 빠질 위험이 있었다. 스티븐도 마찬가지였다. 사슴이 부들부들 떨기만 할 뿐 움직이지 않자 스티븐은 얼음판을 따라 사슴의 몸을 밀었다. 마치 흙길에서 20킬로그램짜리 무거운 모래주머니를 끄는 것처럼 결코 쉽지 않은 작업이었다. 스티븐이 찾아낸 방법은 사슴이 숨을 들이마실 때마다 끈을 잡아끄는 것이었다. 어느 정도 효과가 있었다.

스티븐은 조금씩 사슴을 둑 위로 끌어올렸다. 하지만 흘긋 보니 그곳도 무척 위험했다. 둑을 기어올라 봤자 얼음 위로 다시 곤두박질칠 수 있었다. 스티븐은 지쳤고 추워서 손이 떨렸다. 둘 다기운이 쭉 빠진 상태였다. 결국 사슴은 죽을 운명인 것일까?

아니다. 스티븐은 혼잣말을 했다. 결코 그럴 일은 없다. 스티븐은 젖은 장갑을 벗은 다음 젖 먹던 힘을 다해 끈을 잡아당겼다. 마침내 움직이지도 못하는 사슴이 안전한 마른 땅에 끌어올려질 때까지 잡아당기고 또 잡아당겼다.

스티븐은 말한다. "나는 사슴을 향해 비틀거리며 다가가 곁에 쓰러졌죠. 우리 둘 다 흠뻑 젖고 지친 데다 숨을 거칠게 몰아쉬고 있었어요. 우리는 서로를 바라보면서 같이 누워 있었죠."

시간이 고요하게 흘렀다. 그리고 그 침묵 속에서 새끼 사슴과 인간은 동등한 존재였다.

〈스타트렉: 뉴 제너레이션〉 시리즈에서 특히 내 기억에 남는 에피소드가 하나 있다. 인종 차별과 성 차별, 계급 차별에 유전학을 오용하는 데 대한 비판이 담긴 생물학자 스티븐 제이 굴드 Stephen Jay Gould의 저서《인간에 대한 오해 The Mismeasure of Man》에서 비롯한 〈인간에 대한 측정〉이라는 제목의 에피소드다. 여기서 한 과학자가 안드로이드 인간인 데이터의 생명을 앗아갈 수도 있는 상황에서 그가 어떻게 작동하는지 알고자 해체하고 싶어 한다. 데이터는 분해되어 목숨을 잃고 싶지 않았지만 과학자는 데이터가 단지 기계일 뿐이며 이 문제에 대한 권리가 없다고 주장한다. 에피소드에서 이 과학자는 내내 데이터가 지각이 없는 존재라고 여겨 '그것'이라고 부른다.

이제 가장 중요한 재판에서 데이터의 운명이 결정되는 순간이었다. 피카드 함장은 데이터를 변호하기 위해 데이터의 소지품과 그에 대한 애착을 보여 주는 증거를 제시한다. 스타플릿 메달, 피카드 함장에게서 받은 책, 동료와 그의 옛 연인의 홀로그램이 그것이다. 그뿐 아니라 데이터는 스팟이라는 이름의 고양이를 돌봤는데 이 역시 데이터가 인간적인 존재라는 증거였다. 이 증거들은 판사뿐만 아니라 과학자도 놀라게 했다. 이후 피카르 함장은 과학자에게 자기는 지각이 있는 존재이고 데이터는 그렇지 않다는 주장을 증명하라고 요청했고, 과학자는 증명하지 못했다. 결국 판사는 데이터의 손을 들어 주었다. .

이 순간은 데이터뿐만 아니라 과학자에게도 무척 중요했다. 과학자는 자기도 모르게 데이터를 만났던 순간부터 마음속 깊이 그어 놓았던 구분선을 조금씩 지우고 있었다. 데이터가 지각이 있는 존재라는 사실을 깨달을 때마다 과학자의 견해는 조금씩 바뀌었다. 그리고 재판에 의해 데이터는 더 이상 무생물이 아닌 한 인격체로 거듭났다. 다른 존재를 추상적으로 보는 대신 우리와 똑같은 개체로 보는 능력을 얻으려면 때로는 평생이 걸린다. 하지만 가끔은 오후 나절 몇 시간이면 족하다.

스티븐은 나에게 이야기를 풀어 놓으면서 어느 순간부터 사슴을 '그것' 대신 '그 애'라고 불렀다. 아마 무의식적인 변화였을 것이다. 의식적으로 내린 결정이 아니라 아주 자연스러운 전개였다. 사슴을 구했던 사건이 이 동물에 대한 인식을 완전히 바꾸었다.

우리는 삶에 대한 다른 이의 투쟁에 공감한다. 내가 그동안 사냥을 즐겼던 사람이 어쩌다가 혼신의 힘을 다해 사슴을 구해 줬냐고 묻자 스티븐은 간단히 대답했다. "그 애는 살기 위해 싸우고 있었거든요." 타자 속에서 자기 모습을 보거나 그 반대 방향으로 인식하는 힘은 무척 보편적이다. 그것은 사회 계급, 부, 교육, 성별, 직업적 지위는 물론이고 생물학적 종까지도 극복한다. 공감능력을 건전하게 활용하면 '너'와 '나' 사이의 장벽이 녹아 없어진다. 그 과정에서 너와 나는 혼란에 빠지지 않으며 그 대신 자기 자신보다 큰 존재가 된다. 말 그대로 너와 내가 '우리'가 되는 것이다. 공감능력은 각자 따로 흐르던 리듬을 조화시킨다.

스티븐은 사슴 옆에 누워 얼굴을 어루만졌다. 그리고 얼굴과 몸에 묻은 눈을 털고 다리와 어깨를 차례로 들어 올려 다치지 않았는지 점검했다. 피가 나는 상처가 몇 개 발견되었지만 깊지는 않았다. 사슴이 심한 부상을 입지 않았다는 사실을 알게 된 스티븐은 사슴을 가볍게 들어 올렸다. 사슴은 갓 태어난 송아지처럼 비틀거리더니 땅바닥에 웅크리고 앉았다. 스티븐은 거의 한 시간 동안 곁에 머물면서 사슴이 기운을 회복할 때까지 부드럽게 쓰다듬었다. 마침내 사슴이 제대로 우뚝 서자 스티븐은 마지막으로 살짝 쓰다듬고는 인사했다. "잘 가렴."

스티븐은 이 사슴에게 아이스 리버라는 이름을 붙여 주었다. 아이스 리버를 구조하면서 스티븐은 사냥에 대한 생각이 급격하게 바뀐 것 같다. "이제 사냥총을 대장장이에게 가져가서 총신을 매듭으로 묶은 다음 우리 집 벽에 최후의 기념품으로 장식해야 할 것 같네요." 스티븐의 말이다.

스티븐은 더 이상 사냥을 하지 않겠다는 다짐을 지킬 것인가? 아이스 리버와의 만남이 평생의 취미를 바꾸기에 충분할지 나는 확신할 수 없다. 하지만 가끔은 사소한 순간이 중대한 무언가로 파급되는 일이 벌어진다. 제임스 줄리아니 James Guiliani에게 그랬듯이 말이다.

나는 뉴욕 브루클린의 반려동물 용품점인 다이아몬드 칼라에서 가게 주인인 제임스 줄리아니를 처음 만났다. 두 개의 짧은 복도가 뻗어 있는 이 가게는 바닥에서 천장까지 상품이 진열되어 있

있다. 이곳은 반려동물의 사료와 목줄, 화장실, 옷을 팔지만 동물은 판매 대상이 아니다. 가게의 공동 소유자인 제임스의 연인, 레나 페렐리는 절대 동물을 돈 받고 팔지 않는다. 가게 안을 돌아다니는 동물들은 모두 구조되어 입양을 기다리고 있는 중이었다. 부츠, 오레오, 렉시라는 이름의 고양이 세 마리가 선반과 침대 여기저기서 자고 있다. 외모와 몸집이 제각각인 개 세 마리도 판매대의 울타리 뒤에 서 있다.

몇 분마다 초인종이 울리면서 손님이 들어오는데, 대부분은 개를 데리고 온다. 머리를 부풀린 조그만 할머니들, 문신을 하고 틀니를 끼운 남자들, 요가복을 입은 여자들이 가게의 손님이다. 제임스는 이들 모두에게 지인인 것처럼 인사한다. 남녀노소를 불문하고 모두를 자기, 아니면 엄마라고 부른다. 가게 뒤쪽에는 세면대와 빗, 샴푸, 드라이어, 수건이 준비되어 있다. 토요일 아침이면 한 시간에 25명 넘는 사람들이 자기 개를 목욕시키고 털을 다듬으려고 가게를 찾는다. 뉴욕 전체에서 가장 분주한 살롱일지도 모른다.

제임스는 계산대 뒤에 서 있다. 키가 185센티미터인 그는 파란색 벨벳 점프슈트와 흰색 민소매 셔츠 차림에 번들거리는 갈색 머리카락과 구릿빛 사각 턱을 뽐내며 목에는 철조망 문신을 하고 오른손에는 말보로 실버 담배를 불 붙여 들고 있다. 내가 갱에 대해 상상했던 바로 그 모습이다.

제임스는 힝 하고 코를 풀더니 나에게 사과했다. "몸이 아플 여유도 없네요. 300일 동안 하루도 쉬지 않고 일했어요. 크리스마스에도 말이죠. 이런 일을 할 사람은 나밖에 없을 거예요." '이런 일'

은 가게 일을 가리키지 않는다. 이곳의 수입으로 제임스는 진정한 열정의 대상인 동물 보호소를 운영한다. 이렇게 동물 '아기들'에 대해 신나게 얘기하는 그지만 예전에는 동물을 좋아하지 않았다고 한다. 더럽고 냄새나며 성가시다고 생각했기 때문이다. 하지만 그런 성가신 존재 가운데 하나가 인생의 교훈을 알려 주었다.

제임스는 어린 시절 동물과 함께 자라지 않았다. 1967년 독일계 어머니와 이탈리아계 아버지 사이에서 태어난 그는 오남매 가운데 넷째였다. 이들 가족은 뉴욕 퀸스의 자메이카로 불리는 리치먼드 힐에 살았다. 서로 유대가 강한 노동 계층의 가톨릭 집안으로 언제나 살림이 빠듯했다. 목수였던 아버지가 일이 없어 1980년대에 자주 해고되었기 때문이다. 게임과 텔레비전도 마땅히 없었던지라 다섯 남매는 다른 곳에서 놀거리를 찾았다.

줄리아니와 그의 형제들은 112 누소 파크 스트리트 갱단에 들어갔는데, 이곳의 중요한 목표는 영역을 표시하기 위해 가능한 먼 곳까지 가서 그래피티를 그리고 주먹다짐으로 영역을 지키는 것이었다. 이들은 음주와 흡연을 하면서 다른 아이들에게 존경을 사는 작은 대가로 때때로 눈가가 멍들고, 꿰맨 상처가 생기거나, 무질서한 행위를 한 죄로 체포되곤 했다. 하지만 1년도 채 되지 않아 '뚱뚱한 조지'라는 별명의 디벨로라는 남자가 제임스를 미국에서 가장 위험한 범죄자 가운데 한 명인 존 고티 시니어John Gotti Sr.의 아들에게 소개하면서, 제임스의 골목 갱단 생활은 끝이 났다.

열일곱 살의 나이로 제임스는 존 고티 주니어의 팀에 합류했다. '협박하고 사람 다리를 분지르는' 게 제임스가 맡은 역할이었다. 그는 대부분 시간 동안 고위 간부들의 심부름을 하거나 시가와 스테로이드, 마약을 불법으로 거래하고 독신 여성의 집을 강도질했다. 마피아는 제임스가 '벌어들인' 돈의 10퍼센트를 가져갔고, 그에 대한 답례로 제임스가 곤경에 빠지면 돕겠다고 약속했다. 제임스가 마피아에 빠져 사는 동안 그의 형제들은 불량배 생활을 청산하고 제대로 된 직업을 가지려고 노력했다. 제임스는 형제들 사이에서 따돌림의 대상이 되었고 그 대신 마피아를 새로운 가족이라 여겼다.

1985년 12월, 존 고티 시니어는 당시 감비노 가문의 수장이었던 폴 카스텔라노Paul Castellano를 살해하도록 뒤에서 일을 꾸몄다. 이후 그는 20세기 내내 미국의 조직 범죄를 지배했던 '5대 가문' 가운데서도 가장 유명한 감비노 가문을 지배하게 된다. 돈이 마구 굴러들어 오던 황금기였다. 제임스는 사교 클럽에서 다른 고티파 가족과도 어울렸는데 이곳에는 지켜야 할 규칙이 있었다. 콧수염을 기르지 말고, 귀걸이를 하지 않아야 하며, '마약'이라는 단어를 결코 입 밖에 내서는 안 되었다.

이 클럽은 마약 문제에 특히 엄격했다. 하지만 제임스는 점차 코카인 중독자이자 알코올 중독자가 되었고, 코카인을 들이마시기 위해 존 고티 주니어의 욕실에 몰래 들어가기도 했다. 다른 클럽 회원들도 그가 중독되었다는 사실을 알았지만 못 본 체했다.

그러다가 1990년 존 고티 시니어가 체포되면서 파벌은 종말을 고했다. 그는 2년 뒤 다섯 건의 살인, 강도, 공갈을 비롯한 범죄로 유죄 판결을 받았다. 그리고 1993년쯤 제임스는 동료들과 엉성하게 범죄를 꾸미다가 강도, 납치, 살인을 공모한 혐의로 기소되었고 유죄 판결을 받아 리버헤드 교도소로 보내졌다. 2년이 지나 제임스가 교도소 문을 나서자 '뚱뚱한 조지'가 리무진을 타고 데리러 왔다. 조지는 제임스에게 코카인 여덟 덩이와 20달러짜리 지폐 뭉치를 건넸다. 제임스는 다시 고티파에 합류했고 예전 습관으로 돌아가 마약에 훨씬 더 심하게 중독되었다. 결국 1년 만에 존 고티 주니어는 그 사실을 알고 질린 나머지 제임스를 내쫓았다.

갈 곳 없이 거리를 배회하던 제임스는 코카인과 마리화나, 스테로이드를 거래하며 여기저기서 빈둥거렸다. 화려한 마피아 생활을 청산하고 나니 새로운 생활은 너무나 우울했다. 제임스는 술에 절어 살아가는 60대, 70대 노인들을 보며 자신의 미래 모습도 그럴지 상상하곤 했다. 그러면서 처음으로 인생을 성찰했다. 그리고 2002년 8월, 서른다섯의 제임스는 침대 밑에 보관하고 있던 싸구려 25구경 권총을 가지고 퀸스의 로커웨이 해변으로 차를 몰았다. 바닷가 사람들로부터 멀리 떨어진 제임스는 눈을 감고 이제 자기가 저지를 마지막 죄인 '자신에 대한 살해'를 참회하는 기도를 했다.

그런 제임스를 바꿔 놓은 게 있었다. 멋진 여성과 작은 개가 준 사랑이 바로 그것이다.

바닷가에서 제임스가 나지막하게 기도할 때 뒤에서 누가 킥킥 웃는 소리가 들렸다. 한 무리의 젊은 여성들이 제임스에게 같이 놀자고 청했고 제임스는 거절할 수 없었다. 함께 파티를 할 때 한 여성이 제임스를 자기 옆으로 끌어당기더니 총이 있는 걸 안다고 말했다. 제임스가 무슨 일을 저지를지 직감한 여성은 자기 친구와 애기를 나눠 보라고 간청했다. 몇 시간 뒤 제임스와 통화한 그 여성의 친구가 레나 페렐리 Lena Perelli였다. 제임스와 레나는 말이 잘 통했고 두 사람은 데이트를 시작했다. 일주일 뒤 제임스는 퀸스 거리에서 브루클린으로 이사했고 그 집에는 개 다섯 마리와 열 마리가 넘는 고양이가 살았다. 레나는 동물을 사랑해서 굶주린 고양이와 개가 있으면 결코 그냥 지나치지 못하는 사람이었다.

하지만 제임스는 길거리의 불량배 생활을 그만두지 않았다. 계속 술을 마셨고 마약을 복용했다. 며칠씩 술을 퍼 마시고 연락이 끊어졌다가 레나의 집에 돌아오면 마당에 제임스의 짐이 나와 있었고 제임스는 용서를 빌었다. 두 사람은 동물에 대해서도 싸웠다. 제임스는 동물이 지저분하다고 생각해 침실에서 같이 자고 싶지 않았지만 레나는 제임스가 개들을 좋아해 주기를 바랐다.

그러다가 2006년, 레나는 다니던 직장을 그만두고 반려동물 용품점을 차렸다. 그리고 제임스에게 가게를 같이 운영하자고 제의했다. 이 가게, 다이아몬드 칼라에서는 가죽 끈에서부터 먹이, 옷, 침구를 포함한 고급 반려동물 용품을 판매했다. 레나가 자기에게 점차 질리고 있다는 사실을 눈치 챈 제임스는 동업을 하는 데 마지못해 동의했다.

어느 화창한 봄날, 제임스와 레나는 새로 연 반려동물 용품점에서 한 블록 떨어진 야외 카페에 앉아 커피를 홀짝거리다가 길 건너에서 이상한 무언가를 발견했다. 처음에는 양탄자처럼 보였지만 자세히 보니 작고 깡마른 시츄 품종의 개였다. 털이 마구 엉켜 있고 설사와 토사물로 더러웠으며 턱은 비뚤어진 채였다. 벌어진 상처 안에서 구더기가 꿈틀거렸다. 개의 목에는 굵은 밧줄이 감겨 있었고 밧줄의 다른 쪽 끝은 주차요금 징수기에 묶여 있었다. 개는 거의 움직이지 못했다.

제임스가 보기에 누가 이 개를 안락사시키려고 동물병원 앞에 버린 것 같은데 병원 직원들은 여태 개를 보지 못했거나 무시하고 있었다. 제임스는 개를 안아 들고 동물병원에 데려갔다. 수의사가 다가와 물었다. "당신 개인가요? 당신이 병원비를 낼 게 아니라면 나가요."

제임스는 수의사에게 욕설을 퍼부었고 레나는 병원비를 내자고 간청했다. 제임스는 마지못해 개를 수의사에게 넘겼다. 집으로 돌아온 제임스는 처음에는 수의사에게, 다음에는 개를 버리고 간 사람에게 화가 났다. 이렇게 아픈 개를 어떻게 이렇게 버릴 수가 있을까?

비록 당시에는 깨닫지 못했지만 분노는 그동안 멈춰 있던 제임스의 공감능력을 작동시켰다. 공감은 다른 사람의 슬픔과 기쁨을 느끼는 데에만 국한되지 않는다. 공감은 타인의 고통에 대한 감정적인 반응일 수 있으며 그것은 분노로 연결된다. 그리고 분노는 강한 동기를 부여한다. 예컨대 다양한 사회 문제에 공감하고 분노하는 대학생들은 부당한 제도를 바꾸기 위해 행동에 나서기 쉽다.

몇 시간 뒤 수의사로부터 들려온 소식은 좋지 않았다. 개의 털을 밀자 여기저기서 종양이 발견되었다. 또 누군가에 의해 턱뼈가 부러졌다가 제대로 붙지 않은 채였다. 오래 살지 못할 것 같았다. 하지만 제임스와 레나가 데리러 갔을 때 개는 깨끗해진 채 눈에 생기를 띠고 있었다. 병원 직원이 제임스에게 개를 건네자 개는 제임스의 얼굴을 핥았다.

제임스는 무심코 개의 머리에 입을 맞췄고, 개는 꼬리를 흔들며 계속 그의 얼굴을 핥았다. "그 개는 나를 좋아하는 것 같았어요." 제임스가 말했다. "예전 같았으면 동물이 내 얼굴을 핥지 못하게 했을 거예요. 우리는 그 개에게 브루노라는 이름을 지어 주었죠."

제임스는 브루노에 대해 난생 처음 공감을 느꼈고, 이 감정은 자기만족이 아닌 친절과 선을 행하려는 욕구에 따른 것이었다. 타자에게 공감을 한다고 해서 나쁜 점이 있을까? 공감과 감정 이입은 우리의 도덕성을 형성하며, 이는 타인의 고통을 막으려는 욕망과 관련이 있다. 다시 말해 공감은 다른 사람을 구하려고 불타는 건물로 뛰어들게 한다. 불타는 건물에 갇혀 겁에 질린 타인을 보면 공감능력이 발동한다. 하지만 공감능력은 변덕스러워서 유행에 따라 좌우되거나 지금 눈앞에 있는 사람에게만 생기는 경향이 있다. 어려움에 처한 사람이 당장 눈에 보이지 않으면 우리는 머릿속에서 그들을 잊는 경우가 무척 많다. 자선단체에서 전 세계의 굶주리는 아이들, 난민 캠프에서 고생하는 가족의 모습을 끊임없이 텔레비전에 내보내는 것도 이런 이유에서다. 우리에게 불쌍한 사람들의 모습을 끊임없이 상기시키고 심금을 울릴 필요가 있기 때문이다.

하지만 이렇게 감정을 너무 심하게 자극하면 비효율적인 이타주의를 초래할 수도 있다. 예컨대 대형 허리케인 카트리나가 미국을 강타했을 때 많은 사람들이 인터넷에 가득 올라온 버려진 동물들을 입양하겠다고 몰려들었다. 하지만 이 동물들을 헬리콥터에 태워 새로운 집에 데려가는 건 비효율적일 수 있다. 그보다는 동물들에게 중성화 수술을 시키거나 동물 보호자들에게 비상사태에 동물을 어떻게 돌봐야 할지 교육하는 데 금전적인 지원을 하는 게 더 효율적이다.

철학자 피터 싱어Peter Singer는 충동적인 자선 행위를 '온정적 이타주의'라고 했다. 이런 이타주의는 사람들이 스스로에 대해 긍정적으로 느끼도록 일시적으로 서두르게 한다. 반면에 효과적인 이타주의는 감정보다는 이성에 더 의존하며 가능한 최선의 목적을 위해 자원을 활용한다. 동물에 대한 교육적인 캠페인을 여는 행동은 여러분의 집에 강아지를 들이는 것보다 개인적인 보람이 덜할 것이다. 하지만 그 캠페인은 수많은 강아지를 구할 수 있다.

공감능력이 갖는 또 하나의 한계는 이런 반사적인 정서 반응이 공정성이나 정의보다는 '내집단 편향'을 일으킬 수 있다는 점이다. 이런 편향은 전쟁 기간에 자국 국기를 흔들면서 동시에 적국 시민들에게 끼친 고통을 간과하게 한다. 우리가 닭 날개를 씹으면서 반려동물을 세심하게 보살필 수 있는 것도 이런 편향성 때문이다.

이런 여러 이유들 때문에 감정과 관련한 도덕적 지침으로 공감능력을 활용하는 것은 종종 비판을 받는다. 하지만 공감이 없다면 도덕, 윤리, 정의, 공정성, 형평성 같은 개념은 애초에 존재하지도 않을 것이다. 감정적 요소와 인지적 요소를 모두 포함한 공감은 우리가 타자의 관점을 잘 받아들여 효과적인 이타주의를 기르는 데 도움을 준다.

어떻게 해야 윤리적인 세상을 만들 수 있을지에 대한 해답은 공감을 뿌리 뽑는 데 있지 않다. 그보다는 부드러운 싹을 길러 충동이나 편견이라는 바람에 구부러지지 않게 하는 것이 중요하다.

제임스는 브루노가 건강할 때도, 병들었을 때도 함께했다. 첫날밤부터 제임스는 브루노를 자기 반려동물 용품점으로 데려갔다. 가게에서 브루노에게 직접 숟가락으로 먹이를 떠먹이고 약과 물을 주었다. 비록 다음날 밤에는 브루노를 가게에 가뒀지만, 제임스가 아침에 다시 가자 브루노는 꼬리를 흔들며 반겼다. 마약에 중독되었던 제임스는 브루노와 시간을 보낸 이후로는 마약이나 알코올에 다시는 손을 대지 않았다.

하지만 브루노는 두 달밖에 더 살지 못했다. 브루노가 자기를 반기며 달려오지 않는 모습을 본 제임스는 뭔가 잘못되었다고 느꼈고, 레나와 함께 급히 동물병원으로 보냈다. 수의사는 제임스에게 치료비가 최소한 3000달러에서 4000달러는 들 것이라고 말했다. 제임스는 브루노가 완전히 건강해지기를 바랄 뿐 치료비가 얼마가 들건 상관없었다. 하지만 브루노는 끝내 건강을 되찾지 못했다. 림프종 암세포가 주요 장기까지 퍼졌기 때문이다. 제임스는 개를 자기 집 뒷마당에 묻었다.

나는 제임스가 그동안 길렀던 여러 마리의 개와 고양이 가운데서도 특히 브루노에게 그렇게 감정을 이입했던 이유를 물었다.

"사람들에게 두들겨 맞았거든요." 제임스는 코를 훌쩍거리며 대답했다. "학대를 당했죠. 하지만 동물병원에서 수의사가 나에게 브루노를 안겨 주자 브루노는 내 얼굴을 핥았어요. 인간에게 이런 짓을 당했는데도 말이죠."

나는 다른 동물들에 비해 브루노가 제임스에게 훨씬 더 큰 영향을 준 이유를 짐작할 수 있었다. 탈출한 소들의 모습에서 자기 자신을 봤던 도살장 직원들처럼, 제임스는 브루노와 자기를 동일시했다. 둘 다 멍든 존재였다.

브루노가 처음으로 얼굴을 핥았을 때 제임스는 무의식적으로라도 큰 깨달음을 얻었다. 그동안 부끄럽기만 한 인생을 살아 왔던 그였다. 제임스는 하루 벌어 하루 먹고 사는 마약 중독자에 실패한 조직폭력배였다. 하지만 브루노를 보고 자기 자신을 용서하는 법을 배웠다.

스스로에 대한 용서와 함께 제임스의 공감능력은 엄청난 속도로 치솟았다. 이제 그는 10년 넘게 마약과 알코올을 끊었으며 다시 예전으로 돌아갈 생각은 전혀 없다. 제임스는 이제 동물 사랑에 중독되었다. 제임스는 학대를 받았던 또 다른 개의 이름을 딴 '케노 동물 보호소'를 운영하는 중이다. 브루클린 사람들은 곤경에 처한 동물을 발견하면 그를 부른다. 그동안 제임스는 개, 고양이, 비둘기, 너구리, 토끼, 다람쥐를 비롯해 버려지거나 학대당한 동물 수백 마리를 구조했다. 매일 아침 제임스는 이 동물들에게 먹이를 주느라 바쁘다. 그리고 동물들을 구조하거나 돌보지 않는 시간에는 텔레비전이나 라디오에서 인터뷰를 하고 도서관과 학교에서 강연을 하며 사람들에게 동물에 대한 공감과 연민에 대해 가르친다. 제임스는 이제 수동적으로 인생에서 표류하는 대신 적극적으로 자기가 나아갈 길을 찾고 있다.

실베스터가 돌아왔다!

사라진 지 사흘 밤이 지나 데이브가 아파트 근처의 덤불 뒤에서 벌벌 떨고 있는 실베스터를 발견했다. 내가 베개에 얼굴을 파묻고 슬퍼하고 있다는 것을 안 데이브는 즉시 실베스터를 내게 데리고 왔다. 우리는 다시는 서로를 실망시키지 않겠다고 맹세하듯 껴안았다. 그리고 결심했다.

금요일 오후, 나는 데이브가 집에 돌아오기를 초조하게 기다리다가 말을 꺼냈다. "데이브, 실베스터는 내 개이기도 해요. 더 이상 실베스터를 해치게 내버려두지 않겠어요. 만약 또 그러면 엄마에게 말할 거예요. 정말로요."

데이브는 다시는 실베스터를 때리지 않았다.

어떻게 무방비 상태의 동물들이 우리를 완전히 변화시킬 수 있는지 생각해 보면 정말 놀랍다. 조그만 강아지 한 마리가 제임스 줄리아니를 아예 바꾸어 동물을 구하는 데 인생을 바치는 사람으로 만들었다. 그리고 실베스터는 나를 수동적인 소녀에서 자기 행동에 책임을 지는 사람으로 바꾸었다.

우리에게는 공감능력이 필요하다. 공감은 우리에게 운명을 결정할 용기를 준다. 2011년 시리아 내전이 터진 이후 약 650만 명의 이재민이 발생했으며 알레포 시는 최악의 참화를 겪었다. 대부분의 주민이 지역을 떠났지만 시리아동물구제협회(SARA) 자원봉사자들은 그렇지 않았다. 이들은 목숨을 걸고 굶주리거나 다친 동물들을 보살폈다. 이들이 내전에 휩싸인 동물들을 돌보는 것은 모두를 둘러싼 잔인한 상황에 대한 개인적인 항의였다.

한편 동물과의 연대를 위해 자진해서 목숨이 위험한 곳으로 들어간 또 다른 사람이 있었다. 2011년 일본 후쿠시마 제1원자력 발전소에서 지진과 그에 따른 쓰나미가 방사성 붕괴를 일으켰다. 하지만 주변에서 5만 7000명이 대피한 상황에서도 전직 농부였던 마쓰무라 나오토는 떠나지 않았다. 마쓰무라는 전기 없이 생활하며 우물에서 물을 길어 사용한다. 방사능 오염 검사를 받은 결과 그는 온몸이 완전히 오염되었다. 방사선 피폭이 인체에 어떤 영향을 끼치는지 분명하지는 않지만 세포 깊은 곳에서 천천히 일어나는 돌연변이가 암을 일으켜 언젠가 그를 덮칠 것이다. 물론 그때까지 살아 있다면 말이다.

마쓰무라가 원자력 발전소에서 불과 16킬로미터 떨어진 작은 마을 도미오카에 돌아왔을 때 사람은 아무도 없었지만 소, 돼지, 개, 고양이, 말, 닭, 심지어 타조까지 수천 마리의 동물들이 있었다. 동물들은 헛간에 가둬진 채 죽었거나 죽어가는 중이었고 먹이나 물 없이 묶인 채였다. 마쓰무라가 기억하는 최악의 장면은 피골이 상접한 어미 소의 모습이었다. 송아지가 옆에서 배가 고파 울고 있었고 어미의 젖꼭지를 빨듯 지푸라기를 빨고 있었다. 그리고 다음 날 어미와 송아지는 죽었다.

동물들이 죽어 가는 모습을 본 마쓰무라는 화가 났다. 그는 기자들에게 "우리 모두가 피해자다. 나에게 동물과 인간은 평등하다"라고 말했다. 그리고 재난 이후 몇 년이 지나는 동안 마쓰무라는 살아남은 동물들에게 먹이를 주고 돌보는 중이다.

공감능력은 강력하다. 그것은 겉으로 보기에 아주 달라 보이는 것들의 벽을 뚫고 서로 결합시킨다. 공감을 통해 우리는 스스로의 개인적인 투쟁이 동물들의 투쟁과 다를 바 없다는 사실을 깨닫는다. 우리 모두는 같은 싸움을 한다.

8

친구

텍사스 주 휴스턴 축산 박람회의 연례행사 현장에서는 훈제고기, 구운 옥수수, 사람들의 땀 냄새, 동물들의 체취, 거름 냄새가 뒤섞였다. 3월에 3주에 걸쳐 열리는 이 행사에는 콘서트, 동물 경매, 로데오를 구경하고자 200만 명 이상의 방문객이 몰렸다. 하지만 축제 분위기와는 동떨어진 채 136킬로그램짜리 돼지를 안고 그늘진 헛간에 주저앉아 우는 15살짜리 소녀가 한 명 있었다.

외동딸로 태어난 알레나 이달고 Alena Hidalgo는 텍사스 주 피어랜드에서 동물을 친구 삼아 자라며 수의사를 꿈꿨다. 다니던 고등학교에서는 알레나에게 농업과 동물에 대해 배울 프로그램인 '미국의 미래 농부들(FFA)'에 참여할 기회를 주었고 알레나는 기꺼이 응했다. FFA는 미국 50개 주 전체와 푸에르토리코, 미국령 버진아일랜드의 학교들이 참여하는 미국에서 가장 큰 기술 및 직업 교육 프로그램이다. 알레나는 FFA에서 동물 돌보는 법을 배울 수 있으리라 기대했다.

프로그램 첫째 날, 알레나와 학생들은 한 선생님을 따라 염소들이 있는 헛간으로 갔다. 하지만 그곳에서 선생님은 동물을 보살피고 상호작용하는 법을 가르치는 대신 염소들을 정육점에 거꾸로 매달린 고기처럼 평가하고 판단하게 했다. 프로그램에 대한 첫인상이 좋지 않았지만 알레나는 여전히 동물 사육을 체험할 기회를 얻으리라 생각해 흥분을 놓지 않았다. 그리고 프로그램의 다음 단계가 시작되기 며칠 전, 알레나는 방과 후에 어머니에게 가서 돼지를 기르고 싶다고 말했다. 어머니는 돼지를 아무리 정성들여 길러도 결국 죽을 것이라고 했지만 알레나는 이렇게 다짐했다. '몇 달 동안이라도 돼지에게 행복한 삶을 살게 해주면 그것만으로도 충분하지.' 그렇게 알레나는 처블스를 처음 만났다.

알레나는 지나치게 뚱뚱한 그 돼지와 사랑에 빠졌다. 나이에 비해 덩치가 너무 커서 다이어트를 해도 소용이 없던 돼지였다. 몇 달 동안 알레나는 매일 오후 학교 헛간에서 처블스를 돌봤다. 처블스가 마음껏 뛸 수 있도록 우리에서 꺼내 주기도 했다.

선생님들은 알레나가 처블스와 노는 게 마음에 들지 않았다. 다른 학생들은 봄에 휴스턴에서 열리는 축산 박람회와 로데오 경기를 준비하는 중이었다. 이 행사에서 심사위원단은 FFA 학생들이 키웠던 돼지의 자세, 체격, 걸음걸이를 채점한다. 그 점수는 경매 가격에 영향을 미칠 테고, 물론 점수가 높으면 높은 가격이 매겨진다.

FFA 선생님들은 동물을 훈련하는 가장 좋은 방법은 채찍질이라고 가르쳤다. 하지만 알레나는 그렇게 하지 않았다. 박람회가 시작되기 며칠 전에 한 선생님은 처블스가 충분한 훈련을 받지 못했다고 여겨 알레나의 의지와 상관없이 채찍질을 했다. 알레나는 화가 났고 수업에 참석하지 않았다. 앞으로 어떤 일이 벌어질지 모른다는 불안감이 알레나를 휘감았다.

박람회 당일이 되자 설마 하던 일이 벌어지고 말았다. 알레나는 다른 학생들과 달리 채찍을 사용하지 않았고 그럼에도 처블스는 꽤 높은 순위를 차지했다. 그러자 알레나가 무슨 일이 벌어졌는지 깨닫기도 전에 누군가 재빨리 처블스를 2000달러에 사서 수표를 건네고는 같이 사진을 찍었다. 그 뒤로 처블스는 트럭에 실려 사라졌고 그것이 알레나가 처블스를 본 마지막이었다. 알레나는 친구를 잃은 기분에 눈물을 흘렸다.

FFA의 목표는 '농업 교육을 통해 리더십과 직업적 성공 가능성을 키우고 학생들을 성장시켜 삶에 긍정적인 변화를 주는 것'이다. 하지만 알레나가 선생님들이 예상했던 방식으로 바뀌지는 않았다. 처블스를 잃은 뒤 알레나는 FFA 프로그램을 계속할 수 없다고 생각했다. 하지만 그녀가 동물에게 더 나은 삶을 제공할 수 있을 것이라는 친구의 설득으로 알레나는 다음 학년이 시작될 무렵 다른 새끼 돼지 한 마리를 얻고 기즈모라는 이름을 붙였다.

일주일도 채 되지 않아 알레나는 기즈모에게 뭔가 문제가 있다는 사실을 알아차렸다. 눈이 붉게 충혈되어 부은 채 고름이 배어 나왔다. 선생님은 대충 보더니 눈을 물로 씻으라고 말했고, 조언대로 했지만 아무런 변화가 없었다. 그렇게 제대로 된 조치 없이 몇 주가 흘렀고 늦게나마 동물병원에 데려갔지만 결국 기즈모는 앞이 보이지 않게 되었다.

알레나는 자기 말을 무시한 채 제대로 처치해 주지 않은 선생님들에게 화가 났지만 그녀가 할 수 있는 일은 아무것도 없었다. 기즈모가 병원에서 회복하는 동안 알레나는 도움이 필요한 또 다른 돼지를 발견했고 이름을 커티스라고 지었다. 이 돼지를 담당하는 학생은 우리에 거의 얼굴을 비추지 않았다. 커티스는 자기 배설물 위에서 잠을 자고 저녁에는 배가 고파 울었다.

알레나는 선생님들에게 커티스가 방치되고 있다고 말했지만 선생님들은 어깨를 으쓱해 보일 뿐이었다. 어느 날 알레나는 커티스가 우리 안에서 입에 거품을 물고 심하게 헐떡이는 것을 발견했다. 뜨거운 텍사스 햇볕에 더위를 먹은 것이다. 알레나는 선생님 한 명을 붙잡고 뭔가 해야 한다고 읍소했지만 무시당했다. 결국 알레나는 커티스를 우리에서 꺼내 목욕을 시키고 호스로 물을 주었다. "그렇게 성격이 좋은 돼지는 처음이었죠. 눈빛에 모든 감정이 담겨 있었어요." 알레나는 그 이후로 매일 커티스에게 먹이를 주고 목욕을 시켰으며 우리를 청소했다. 그러면서 동물병원에서 곧 퇴원할 기즈모를 맞을 정신적인 준비를 했다.

머지않아 기즈모가 돌아왔고 무척 피곤해 보였다. 비록 알레나는 기즈모에게 무엇을 해줘야 할지 몰랐지만 커티스는 그렇지 않았다. 커티스는 기즈모 옆을 지켰고 빠르게 친구가 되었다. 낮잠을 자든 서로의 뒤를 쫓는 놀이를 하든 두 돼지는 거의 언제나 짝꿍처럼 붙어 다녔다. 낮잠을 잘 때도 둘은 껴안고 있었다. 함께 있는 것만으로도 행복한 듯했다.

하지만 돼지 경매일이 가까워졌고 알레나는 패닉에 빠졌다. 예전에 처블스를 잃었던 일 때문에 아직도 슬펐다. 기즈모는 알레나의 것이기 때문에 팔지 않을 테지만 커티스는 어떻게 될까? 커티스는 알레나의 돼지가 아니었다. 알레나는 커티스를 담당하는 여학생에게 돼지를 팔지 말아 달라고 부탁했지만 거절당했다.

결국 알레나는 친구 케이리와 함께 커티스를 직접 사기로 했다. 두 사람은 돈을 모으기 위해 크라우드펀딩 페이지를 개설했고, 돼지를 구하기 위해 도움을 청하는 진심 어린 탄원서를 올린 끝에 48시간 만에 2000달러를 모금했다.

경매 당일이 되자 돼지를 구하려는 여학생에 대한 소문이 빠르게 퍼졌다. 몇몇 사람들은 그 주인공이 알레나일 것이라 의심하고 뒤에서 수군거렸다. 알레나는 주변에서 자기를 따돌린다고 느꼈지만 그보다는 커티스가 더 걱정이었다. 커티스의 주인인 여학생은 돼지를 채찍질했고 커티스는 비명을 질렀다. 알레나는 가슴이 아팠고 주인에게 2000달러에 커티스를 팔아 달라고 간청했다. 하지만 주인에게 그 액수는 충분하지 않았고 결국 더 높은 가격으로 다른 사람에게 넘겼다.

알레나는 커티스가 어디선가 잘 사육되고 있으리라 믿으며, 모금한 돈을 여전히 갖고 있었다. 그녀는 케이리와 함께 커티스를 되찾기 위한 캠페인을 시작했고, FFA 선생님들이 커티스를 다시 사오도록 협상해 주기를 바랐다. 하지만 두 사람의 간청은 묵살되었다. 상담사와 선생님들은 알레나를 괴롭혔고 반 친구들도 마찬가지였다. 등 뒤에서 낄낄거리거나 노골적으로 놀려 댔다. 학생들 가운데는 알레나처럼 자기 동물이 팔려 가지 않게 구하고 싶어도 친구들에게 따돌림을 당할까 봐 그러지 못하는 아이들도 있었다.

알레나는 결국 커티스를 구하지 못했지만 아직 돌봐야 할 기즈모가 있었다. 교장은 학교 헛간에서 기즈모를 계속 키우게 허락하지 않을 테니 오래 머물 집이 필요했다. 알레나는 케이리와 함께 기즈모가 머물 동물 보호소를 물색했지만 어디든 다 만원이었다. 아무런 성과 없이 한 달이 지났고 알레나는 조금씩 초조해졌다.

그러던 어느 날 알레나 어머니의 교회 지인이 집에서 불과 45분 거리에 새로 생긴 보호소를 알려 주었다. 그녀의 선택을 전적으로 지지해 준 부모님의 도움으로 알레나는 텍사스 앵글턴의 로디 걸 보호소를 찾았다. 그리고 안내를 받아 보호소를 둘러보다가 창립자인 르네 킹소넨Renee King-Sonnen을 만났다. 알레나는 르네에게 돼지를 맡아 달라고 간청했고 르네는 이 보호소에서 기즈모를 데려다 보살피겠다고 약속했다.

"리모는 괜찮아 보이네요." 수의사인 앤더슨 박사가 말의 입속을 들여다보고 큰 소리로 말한다.

내가 보기에 리모는 고양이처럼 긴장한 표정이었다. 박사가 리모의 입에 구충제인 이버멕틴을 한 숟갈 넣어 주자 리모는 쓴 약을 먹은 아이처럼 바로 뱉었다. 하지만 앤더슨은 재빠른 솜씨로 파상풍, 웨스트나일 바이러스, 광견병 백신을 리모의 목 한쪽에 주사했다.

나는 일주일 동안 로디 걸 보호소에 머물기로 했다. 첫날은 무척 바빴다. 앤더슨 박사는 수탉, 염소, 오리, 고양이, 말, 개, 암탉, 암소, 돼지(기즈모 포함)들이 머무는 약 39만 제곱미터의 보호소를 방문해 분기별 검진을 하는 중이었다. 르네 킹소넨은 남편 토미와 함께 집에서 기르는 동물 100여 마리와 수없이 많은 야생동물을 이 보호소에서 거두고 있다.

오늘 아침, 보호소 직원인 케이트와 토미는 애완견 웨일런, 새디와 함께 수의사를 따라 동물 식구들이 검진 받는 모습을 지켜보았다. 리모를 살펴본 앤더슨 박사는 이렇게 말했다. "복부가 약간 팽창되었어요. 옆구리에 탈장이 진행되었는데 아마도 발길질을 당해서일 겁니다. 그래도 내버려두면 저절로 나을 거예요."

앤더슨 박사는 말 네 마리에게 백신을 접종한 뒤 소들이 있는 쪽으로 나아갔다. 거세한 덩치 큰 수소 두 마리 가운데 하나는 온몸이 검은색이었고 나머지 하나는 다리가 하얀색이었는데 몸무게가 각각 770킬로그램이나 되었다. 그중 머레이는 날카로운 뿔이 있는 터라 조금 무서워 보이기는 하지만 처음 구조되었을 때만 해도 심한 영양실조 상태였다. 지금은 침착한 성격의 나이 든 수소가 되었지만 말이다. 그의 가장 친한 친구 빅버드는 성격이 또 다르다.

토미가 빅버드를 외양간 밖으로 나오도록 유도해 초록색 비탈길로 보내려 하지만 빅버드는 완강하게 거부했다. 보는 나까지도 긴장되었다. 머레이는 친구를 걱정하며 큰 소리로 '음메'하고 울었다. 그러자 근처 숲에서 암소 다섯 마리가 머레이의 부름에 응해 모습을 드러냈고 여기저기서 울어대는 통에 주위가 더 소란스러워졌다. 새디와 웨일런도 우리 발치로 달려오면서 멍멍 짖었다. 수탉과 염소도 울기 시작했다. "꽉 잡아요! 꽉 잡아!" 토미가 소리쳤다. 갑자기 빅버드가 통로 벽에 몸을 쾅 부딪쳤고 케이트가 나동그라진 틈을 타서 밖으로 나갔다. 다행히 빅버드는 완전히 도망치기 직전에 앤더슨 박사의 손에 잡혔다.

우리는 몇 분 쉬다가 땀에 젖은 얼굴을 닦고 물을 마셨다. 그리고 오픈톱 오프로드 차인 가와사키 뮬에 올라탔다. 웨일런은 토미의 무릎에 앉았고 차에 타기에는 덩치가 큰 새디는 우리를 쫓아왔다. 앤더슨 박사는 차에 백신을 장전한 다트 총을 싣고 다녔다. 우리는 보호소를 가로질러 소 시나몬을 찾으러 갔다. "시나몬은 예전에 자기가 갇힌 외양간을 부순 적이 있어요. 하지만 원래 성격은 정말 순하죠." 토미가 말했다.

데님 반바지와 체크무늬 반팔 셔츠를 입고 야구 모자를 쓴 토미는 동물 보호소보다는 골프장을 가로지르거나 금속 탐지기를 들고 전쟁터를 누비는 게 어울려 보였다. 차가 진흙투성이인 바퀴 자국을 따라 나아가는 동안 토미는 나에게 몸을 돌려 미소를 지었다. "개들과 함께 총을 들고 가와사키 뮬을 운전하다 보니 사냥하던 시절이 생각나네요."

"그 시절이 그립나요?" 내가 물었다.

"제가 처음 여기 왔을 때는 사슴 두 마리를 사냥했죠. 하지만 동물들과 아침저녁으로 살다 보면 죽이고 싶은 마음이 들지 않아요. 동물들을 아니까요."

우리는 시나몬을 찾아 30분 동안 차를 타고 달렸다. 비록 얼른 찾지 못했지만 그 대신 따뜻한 햇살과 산들바람, 나무 냄새, 먼지 냄새, 건강한 동물 냄새를 맘껏 즐겼다. 결국 붉은 빛이 도는 갈색에 커다란 낙타처럼 등에 혹이 달린 시나몬이 풀밭 외곽에서 다른 소들과 함께 발견되었다. 앤더슨 박사는 시나몬에게 백신이 든 다트 총을 한 방 쏘았다.

박사에게는 살펴야 할 동물 환자가 한 마리 더 남아 있었다. 오른발에 종기가 난 암탉 루루였다. 닭들에게서 흔하게 나타나는 포도상구균 감염증의 증상이다. 앤더슨 박사는 루루의 발에서 종기를 쨰고 깨끗이 닦아낸 다음 국소 항생제인 설파다이아진 크림을 바르고 붕대를 감았다. 앤더슨 박사가 토미에게 말했다. "일주일 동안 붕대를 감아 주고 닭장 밖으로 나오지 않게 하세요."

어느덧 르네가 기타를 들고 도착해서 나를 향해 걸어왔다. "소들과 함께 노래할까요?" 비록 나는 동물이 다치는 게 싫었지만 이런 식으로 소들과 교감하고 싶지는 않았다. 히피는 내 취향이 아니었다. 하지만 르네가 활짝 미소를 지어 보였고 나는 안 될 건 또 뭐야, 라고 생각했다.

르네가 담요를 깔자 우리는 그 위에 털썩 주저앉았다. 검은 소 두 마리가 르네에게 곧장 다가와 머리를 부딪쳐 왔다. "내가 이곳을 바꾸게 만든 동물이죠. 로디 걸이라는 보호소 이름도 이 소의 이름에서 딴 거예요. 비록 사람들이 내 이름에서 따 왔다고 오해하긴 하지만요." 르네가 말했다.

르네가 기타를 치면서 노래를 부르기 시작하자 소들이 다가왔다. 20여 마리의 어른 소와 송아지들이 번갈아 가며 '음메' 하고 울었다. 마치 정말로 르네와 함께 노래하는 것처럼 들렸다.

어미 소가 지켜보는 가운데 갈색과 흰색을 띤 얼룩무늬 송아지 두 마리가 내게 다가와 몸을 쿡쿡 찔렀다. "같이 놀자는 거예요." 르네가 말했다. "정말 너무 사랑스럽지 않나요? 소들이 이렇게 여러 마리 다가오는 건 굉장히 오랜만이네요."

토미와 르네가 지은 목장 스타일의 집에서는 보호소의 상당 부분이 내려다보였다. 나는 거실에서 개 두 마리를 옆에 낀 채 소파에 앉아 있었다. 토미는 안락의자에 앉아 있고 고양이가 토미의 얼굴을 핥는 중이었다. 르네는 여느 때처럼 정신없이 거실과 부엌, 사무실 사이를 왔다 갔다 했다. 머그잔에서 아삼 차의 향기가 풍겼다. 곧 르네도 건강 음료 한 병을 들고 토미와 나 사이에 합류했다.

이 부부는 한 번 이혼했다 다시 결혼한 사이였다. "르네는 술집에서 컨트리 가수로 일했죠." 토미가 말했다. 첫 번째 결혼을 하고 몇 년 뒤 두 사람은 상반된 성격을 극복하지 못하고 이혼했다. 하지만 두 사람은 마을에서 10년 동안 계속 만남을 이어갔다. 이후 재혼했지만 이번에는 한 가지 달라진 점이 있었다. 르네가 앵글턴으로 이사를 와서 토미의 소 목장에서 함께 살기로 한 것이다. 이곳은 토미가 은퇴에 대비해 사들인 목장이었다. 하지만 이사를 오기는 했어도 르네는 처음에 남편과 달리 목장 운영에 그다지 열의가 없었다.

"여기 막 도착했을 땐 소들과 전혀 엮이고 싶지 않았죠." 르네가 음료를 한 모금 마시고 입맛을 다시면서 말했다. "하지만 토미가 어미를 그리워하는 송아지 한 마리를 소개해 준 이후로 상황이 달라졌어요. 송아지는 시끄럽고 발랄했어요. 그래서 소란스러운 여자아이라는 뜻으로 '로디 걸'이라고 이름 붙였죠. 나는 송아지에게 매일 두 차례 우유를 먹였고 그때부터 마치 이상한 나라의 앨리스처럼 알약을 먹고 토끼 굴에 빠진 듯한 느낌이 들었죠. 다른 어른 소와 송아지들도 눈에 들어왔고 그렇게 소들을 돌보기 시작했어요."

토미는 소들을 임신시키고 송아지를 팔아 돈을 벌었다. 농장에 빨간 트레일러가 도착하면 송아지를 실어 보냈다. 하지만 자기가 아이를 낳을 수 없다는 사실을 알게 된 르네는 새끼를 잃은 어미 소들에 대해 예민하게 반응했다. "정말 끔찍했어요. 어미 소들은 새끼가 끌려가는 동안 큰 소리로 울어 댔죠. 새끼들은 지금 무슨 일이 일어나는지도 몰랐고요. 우리가 이런 짓을 한다는 걸 도저히 믿을 수 없었어요. 하지만 토미는 '어서 익숙해지는 게 좋겠어'라고 말할 뿐이었어요."

"그때부터 르네가 좀 이상해졌죠." 토미가 말했다.

"무슨 뜻이에요?" 내가 고양이를 안고 있는 토미에게 되물었다.

"나는 죽어간 동물을 기억하고 싶었고, 울면서 용서를 구했어요. 그리고 남편을 동물 살해범이라고 불렀죠." 르네가 말했다.

토미가 침착하고 무던한 성격이라면 르네는 단호하고 불같았다. 당시 토미는 농장에 정착하고 본업에서 은퇴하기를 바라고 있었다. 하지만 르네가 새롭게 깨달은 공감능력이 그의 평화를 깨뜨렸다.

"남편은 내 말을 듣고 언짢아했죠. 기분이 상한 듯했고 '당신이 어떻게 감히 나에게 그런 말을?' 하는 표정이었어요. 사실 전 남편이 동물을 사랑한다는 사실을 알았거든요."

"나는 일단 아내에게 맞섰어요." 토미가 말했다. "난 아내에게 이렇게 말했죠. '손에 칙필라 고기 샌드위치를 들고 햄버거나 스테이크를 그렇게 좋아하면서 나보고 소를 죽인 살해범이라고? 나는 할 일을 했을 뿐이야!'"

"토미가 당신에게 위선자라고 반박한 셈이네요. 그래서 뭐라고 반응했나요?" 내가 르네에게 물었다.

"제가 고기 샌드위치를 좋아하는 건 사실이었어요. 소갈비나 베이컨도요. 그런 만큼 속이 상했죠. 나 자신이 분열된 기분이었어요. 나는 남편을 사랑했고 토미의 은퇴 대책인 이 일을 존중하고 싶었죠. 하지만 결코 익숙해지진 않았어요."

2014년 12월, 붉은 트레일러가 와서 송아지를 끌고 간 이후로 르네는 한계에 이르렀다. 르네는 도살장의 현실을 다룬 영상을 보면서 펑펑 울었고, 동물학대 문제를 결코 그냥 넘어가지 않을 것이라 다짐했다. 소들에 대한 연민이 커지면서 남편에 대한 분노도 커졌다. 토미도 화를 냈고, 두 사람은 매일 소리를 지르며 싸웠다. 또다시 이혼을 해야 할 듯한 순간이었다. "토미는 계속 자기가 어떻게 했으면 좋겠냐고 되물었어요. 자기 생계를 위협한다고 여겼기 때문에 남편은 나에게 화가 났죠." 르네가 말했다.

르네는 남편에게 어떻게 대답해야 할지 몰랐다. 그리고 몇 주 뒤 르네는 인터넷에서 동물 보호소에 대한 글을 읽었다. "그리고 전 깨달았죠." 르네가 말했다. "내가 해야 할 일은 단지 소들에 대한 인식을 바꾸는 거였어요. 이곳을 보호소로 만들면 되죠. 그래서 남편에게 이렇게 말했어요. 그냥 나한테 소들을 팔라고요."

토미는 어이없다는 듯 눈을 위로 굴렸다. "나는 이렇게 말했어요. '그건 바보 같은 헛소리야. 정말 멍청한 얘기지. 텍사스엔 그런 동물 보호소 따위 없어. 캘리포니아나 뉴욕에나 있지.'라고요."

남편 토미가 이렇게 비웃어도 르네는 굴하지 않고 모금 운동을 시작했다. 그리고 6개월 만에 3만 6000달러를 모았다. 그러자 토미는 마지못해 부지를 2년간 1달러에 빌려주기로 했고, 이렇게 보호소가 탄생했다. 하지만 두 사람의 결혼 생활은 여전히 위기에 처해 있었다. 토미가 두 사람의 관계를 지키기로 결심했음에도 두 사람이 서로에게 던진 날카로운 말은 깊은 상처를 안겼다. 두 사람은 같은 지붕 밑에서 살았지만 따로 생활했다.

밤낮으로 노트북과 씨름하던 르네는 목장 주인 출신으로 환경 운동가이자 동물권리 운동가가 된 하워드 라이먼Howard Lyman에 대한 글을 읽었다. 비록 라이먼이 동물 보호소를 열지는 않았지만 르네는 그가 목장 주인이었다는 사실 때문에 직접 연락해서 조언을 받고 싶었다. 몇 주 동안 연락하려고 애쓴 끝에 라이먼이 드디어 르네의 전화를 받았다. 크리스마스 저녁이었다.

르네는 휴대폰을 들고 집 뒤편으로 걸어가 라이먼에게 마음속 고민을 털어놓았다. 르네는 소 때문에, 결혼 때문에 울음이 터졌다. 이야기를 다 듣고 라이먼은 이렇게 말했다. "이렇게 말해 주고 싶네요. 당신이 소를 좋아하는 것만큼이나 남편을 사랑해야 할 거라고요."

나는 알레나 이달고의 무릎 위에 머리를 얹은 기즈모를 돼지우리에서 발견했다. 알레나는 이제 따돌림을 당하던 고등학교 생활에서 해방되어 홈스쿨링을 받고 있으며 몹시 행복하다고 내게 말했다. 기즈모가 한 살이 되자 보호소는 생일 파티를 열었다. 알레나는 손님으로 초청받아 한 마디 하게 되었다. 처음에는 사람들 앞에서 말하는 게 긴장되었지만 커티스와 처블스를 잃었던 경험에 대해 울먹이며 말하는 그녀를 보면서 청중도 같이 눈물지었을 때, 알레나는 처음으로 소속감을 느꼈다. 더 이상 동물에 대한 사랑을 숨길 필요가 없었다.

알레나는 2년 전 기즈모를 처음 보호소로 데려온 이후 매주 금요일 오후에 이곳을 방문하고 있다. 올 때마다 알레나는 기즈모에게 먹이를 주고, 빗질하고, 목욕을 시킨 다음 함께 논다. 다른 두 돼지, 루와 페니도 근처에서 휴식을 취한다. 나는 돼지들에게 신선한 풀로 배불리 먹이를 주었다. 일주일 전에 구조된 염소 페퍼도 보였다. 페퍼는 역시 신참인 분홍색과 회색이 섞인 돼지 아이비와 마당을 같이 쓴다.

페퍼에게는 언제나 두 가지 삶의 목표가 있다. 먹는 것과 우리 밖으로 나오는 것이다. 나는 기회를 틈타 빠져나오려는 페퍼의 머리를 가까스로 붙잡았다. 내보낼 수는 없지만 먹이를 줄 수는 있다. 페퍼와 아이비는 귀한 먹이인 시리얼을 꽤 좋아한다.

나는 마당으로 걸어 나갔다. 멀리서 토미의 트랙터 엔진 소리가 들린다. 고개를 들어 보니 토미가 웨일런을 무릎에 앉힌 채 들판을 가로질러 트랙터를 몰고 있었다. 새디가 그 뒤를 쫓아간다. 토미와 르네의 결혼 생활은 거의 밑바닥까지 굴러 떨어졌다가 겨우 살아남았고 두 사람은 이제 예전보다 조금 더 가까워졌다. 물론 토미는 편안한 은퇴 생활을 보내고 싶었을 테지만 지금은 아내와 함께하는 동물 가족과의 새로운 여정에 전념하고 있다. 부부는 이제 공동의 목표를 가졌으며 두 사람의 관계는 신뢰와 연민, 이해에 기반하고 있다.

암탉 세 마리가 내 옆을 밀치락달치락하며 지나간다. 이곳에 처음 도착했을 때는 닭들을 각각 구별하지 못했다. 하지만 지금은 한 마리 한 마리를 구분한다. 닭들은 정말 호기심이 많아 차고 안에서 상자를 정리해 쌓으면 이 세 마리가 다가와 냄새를 맡거나 위로 뛰어오른다. 이 닭들은 보자니 발에 붕대를 감았던 닭 루루가 생각났다.

루루는 열다섯 마리 정도의 암탉과 닭장의 절반을 같이 쓰고 있다. 나머지 절반에는 예전에 수탉들에게 싸움 훈련을 시킬 때 미끼로 사용했던 닭들이 있다. 닭장은 꽤 붐빈다. 여기서 일하는 사람은 토미, 르네, 케이트 세 명뿐이라서 해야 할 일이 많다. 울타리도 고치고 창고도 지어야 한다. 내가 남편 패트릭에게 전화를 걸자 나중에 같이 와서 목공 일을 돕겠다고 했다.

나는 르네에게 허락을 구해 지난 며칠 동안 닭장에 갇혀 있던 루루를 만났다. "루루에게는 신선한 공기와 햇빛이 필요해요. 가엽죠." 르네가 말했다. 나는 루루를 팔에 안았다. 닭을 직접 안는 건 처음이지만 보호소에서 나흘이나 보냈으니 이제 프로다운 면모를 보일 때였다. 나는 마당으로 가서 루루를 잔디 위에 내려놓는다. 페퍼와 아이비가 손님을 만나려고 나온다. 루루는 뭔가 특별한 것을 찾는 것처럼 여기저기 돌아다니고 나는 그 뒤를 쫓는다.

루루가 무엇을 찾고 있는지 알았다! 마당 반대편 끄트머리에 마른 흙이 있었다. 루루는 몇 초 동안 흙먼지 속에서 발을 질질 끌며 엉덩방아를 찧는다. 그리고 등을 땅에 대고 굴리고 날개를 펴면서 통통한 작은 몸을 좌우로 꿈틀거린다. 닭이 흙먼지 목욕을 하는 장면은 처음 보았다. 하지만 루루는 지금껏 내가 살면서 본 누구보다도 행복해 보인다. 약간의 햇살과 달콤한 풀 냄새, 몸을 뒹굴 흙먼지 같은 단순한 몇 가지가 필요할 뿐이었다. 그리고 또 하나, 아무도 루루를 해치지 않았다.

나는 침대 속 두터운 온기에 휩싸인 채 몸을 덜덜 떨고 있었다. 그리고 마냥 기다린다. 나는 무슨 일이 벌어질지 알고 있다. 얼마나 더 기다려야 할까?

멀리 떨어진 벽에서 작은 기침 소리가 들린다. 나는 고개를 살짝 들어 담요 위로 주변을 살폈다. 캄란 오빠의 침대는 저쪽 벽에 있고, 오빠는 머리가 베개에 닿자마자 잠이 들었다. 뭐라 중얼대기도 했지만 다시 부드럽게 코고는 소리가 들려왔다.

내가 좋아하는 튀긴 간식인 파코라 냄새가 공기 중에 아직 남아 있다. 우리 가족은 오늘 밤에 모임을 가졌다. 사촌들, 삼촌, 이모들, 할아버지, 할머니 전부 모여 저녁 식사를 했다. 아마 부엌에 파코라 몇 조각이 아직 남아 있을 것이다. 어머니는 요리를 할 때 항상 많이 만들기 때문이다. 파코라를 케첩에 찍어 감자튀김과 함께

먹을 생각을 하니 군침이 돌았다. 하지만 그가 아직 밖에 있는 동안에는 침실을 떠날 수 없다.

침실 문이 서서히 열렸고 나는 몸이 뻣뻣이 굳었다. 캄란 오빠의 코고는 소리, 시끄럽게 돌아가는 선풍기 소리, 밖에서 흥청대는 10대들의 고함소리 사이로 그 사람의 발소리가 들렸다. 그가 가까이 다가오자 심장이 쿵쿵 뛴다.

여느 때처럼 나는 눈을 감고 잠든 체했다. 손을 꽉 쥐어서 아플 정도였다. 담요가 젖혀지며 내 몸이 드러났고 그가 내 몸 위로 올라오면서 묵직함이 느껴졌다. 그가 내 노란 잠옷을 잡아당기며 귀에 뜨거운 숨을 불어넣었다. 그리고 허벅지를 따라 더듬으며 숨결이 더 거칠어졌다.

하지만 나는 원하지 않는다. 더 이상은 싫다.

"그만둬요." 내가 속삭였다.

하지만 탈룹 삼촌은 손을 계속 움직였다. 내 말이 들리지 않았던 걸까? "그만해요." 이번에는 내 말이 들렸는지 삼촌의 몸이 굳었다. 깜짝 놀란 듯했다. 하지만 더 놀란 건 나였다. 지금껏 몇 번이고 똑같은 일이 반복되었지만 나는 그동안 한 마디의 항의도 하지 않았다. 가만히 누워 어딘가 다른 장소에 있다고 상상했다. 하지만 오늘 밤은 아니었다.

"그만둬요."

전에 실베스터를 지키려고 데이브에게 했던 말이었다. 하지만 지금은 나 자신을 위해 말하고 있다.

나는 숨을 참았고 무겁게 짓눌렀던 탈룹 삼촌의 몸이 나를 놓아 주었다. 발소리를 듣자니 빈 침대에 가서 누운 듯했다. 매트리스 스프링이 삐걱대는 소리가 났다. 나는 숨을 내쉬고 다시 잠옷을 바로 입었다. 앞으로도 오랫동안 내가 가장 좋아하는 잠옷이 될 것 같았다.

따뜻한 잔디밭에 앉아 루루를 지켜보는데 돼지 아이비가 와서 내 옆에 앉았다. 아이비는 코를 킁킁댄다. 곧 따뜻한 건초에 코를 박고 눈을 감더니 새근새근 잠이 들었다. 나는 30분 동안 아이비의 머리에 손을 얹고 앉아서 평온한 시간을 함께 보냈다.

건강하다는 것은 무엇일까? 이 질문은 내가 의사가 되기 훨씬 전 우울증 증상을 처음 인식했을 때부터 나를 괴롭혔다. 의사가 되고 난 이후에도 확실한 답은 찾지 못했다. 세계보건기구에서는 건강을 "온전한 신체적, 정신적, 사회적 안녕에 도달한 상태"라고 정의하지만 어떻게 해야 여기에 도달할 수 있는지 지침을 주지는 않았다. 하지만 바로 여기, 아이비를 바라보면서 나는 답에 가까워진 기분이었다.

건강, 그 가운데서도 특히 정신적, 사회적 건강은 다른 존재와 공감하는 관계 속에서 얻을 수 있다. 우울할 때 나는 완전히 혼자다. 고립된 정신의 공허함에 빠져들며 끝없이 이어지는 고통과 고뇌의 소용돌이 속에 단절된다. 다른 존재와의 관계는 이런 고통으로부터 나를 보호하는 강력한 역할을 한다. 그리고 친절함과 이해로 강화된 연결고리는 나를 무장시켜서 스스로의 운명을 향해 더 잘 나아가도록 한다. 우리는 연결되었을 때 가장 강하다.

공감능력이 우리에게 힘을 준다. 우리는 서로 공감하면서 신념과 자신감, 용기가 생긴다. 공감능력이 없다면 내가 지난 몇 년 동안 만나고 알게 된 대부분의 사람들은 그들과 다른 사람들의 삶을 더 좋게 변화시키지 못했을 것이다. 어미 소가 송아지를 잃은 것에 공감해 애도하지 못했다면 르네는 동물 보호소를 열지 않았을지 모른다. 학대받는 실베스터에 대한 공감이 없었다면 나는 탈롭 삼촌에게 용감하게 대항하지 못했을 것이다. 실베스터가 학대당하는 모습을 지켜보면서 나는 내가 당했던 학대를 인식하게 되었다. 공감능력을 통해, 사람과 동물 사이의 언뜻 보면 극명한 구분선을 넘어 실베스터의 싸움이 나의 싸움이기도 하다는 사실을 이해하게 된 것이다.

모든 학대는 공통점을 가진다. 학대는 침묵 뒤에 숨는다. 침묵을 깨고 목소리를 내야만 그것은 가면을 벗고 정체를 드러낸다. 실베스터에 대한 공감은 내가 실베스터의 편에 서게 했고 그 결과 내 삶의 방향을 바꿀 힘도 얻었다.

'그만둬요.' 이 한 마디는 놀랄 만큼 엄청난 힘을 가졌다. 나는 탈롭 삼촌에게 내가 더 이상 조용히 있지 않을 것이라고 목소리를 냈다. 이 한 마디가 내 인생을 바꾸어 놓았다. 내가 했던 말 가운데 가장 힘들게 꺼낸 한 마디였지만, 나는 자유로워졌다.

공감능력과 함께라면 우리는 더 나은 세상을 요구할 힘이 생긴다. 그리고 더 나은 세상을 이루기 위해서는 동물을 우리의 공감대 안으로 끌어들여야 하지 않을까? 우리는 동물과 인간을 분리시키기 위해 많은 노력을 한다. 우리는 동물이 웃지도 않고, 도구를 사용하지도 않으며, 시간 개념을 이해하거나 공감을 느끼지 않고, 문화를 전달하지 못하며, 자기 죽음에 관심이 없고, 서로를 위로하지 못하며, 언어를 사용하지도 못한다고 말한다. 하지만 사실은 그렇지 않다.

우리 인간이 다른 동물과 구별되는 특징이 있다면 바로 자기기만을 한다는 점이다. 우리는 여기에 숙달되어 있다. 우리는 우리의 세계관을 모욕하는 것들을 무시하며, 무시할 수 없다면 그것을 믿지 않는다. 그리고 스스로를 합리화한다. 동물들에게 잔인하게 대하며 그래도 된다고 여긴다.

하지만 동물에 대한 잔인함과 타인에 대한 잔인함은 동일한 마음가짐에서 비롯한다. 우리는 동물과 인간이 대체로 동일한 투쟁을 한다는 사실을 안다. 우리에게는 안전과 안락, 따뜻한 보살핌이 필요하다. 동물에 대한 공감은 우리가 다른 사람에 대해 느끼는 공감을 자연스럽게 연장한 결과다. 신경과학의 연구 결과에 따르면, 뉴런의 연결고리는 공감능력을 점점 커지게 하는 양의 피드백 고리를 만든다. 다시 말해 공감능력은 실천할수록 더 강해진다.

오늘날 우리는 동물과의 우정이 우리에게 사랑과 치유를 선사한다는 점을 조금씩 인식하고 있다. 그래서 오랜 세월 동안 핍박해온 야생동물들을 이제는 다른 시각으로 평가하고 있다. 늑대, 독수리, 쥐, 박쥐, 심지어 상어 같은 동물들은 오늘날 인기가 더 높아졌다. 연구자들에 따르면 미국인들은 이제 야생동물을 '대가족의 일원이며 우리가 보살피고 포용해야 할 대상'이라고 바라본다. 식량으로 길러지거나 실험에 이용되는 동물들에 대해 언론이 이전보다 큰 관심을 가지는 것도 이런 관점의 변화를 반영한다. 우리는 인간의 삶이 다른 동물들과 연결되어 있다는 사실을 점점 더 인정하고 있다. 동물의 복지는 우리의 안녕과 별개의 것이 아니다. 우리는 같은 운명을 공유한다.

우리가 동물과 어떤 관계를 맺을 것인지는 얼마나 기꺼이 동물과 함께할 것인가에 달려 있다. 인간과 동물의 관계는 포식자와 먹잇감도, 주인과 노예도 아니다. 그보다는 친척이자 동반자, 친구로서 어깨를 나란히 하며 함께 거니는 사이다. 그 과정에서 우리는 아무것도 잃지 않는다. 다만 건강과 행복, 인간성, 그리고 무엇과도 바꿀 수 없는 우정을 얻을 것이다.

곰 인형처럼 생긴 갈색 송아지 차저가 방금 보호소에 도착했다. 오랫동안 트레일러를 타고 온 탓에 차에서 내리는 발걸음이 약간 삐걱댄다. 새 집을 둘러본 차저는 '음메!' 하고 길게 운다. 동쪽 초원에서 20여 마리의 소가 차저에게 화답한다. 울타리 사이로 머리를 내밀고 차저를 건드리거나 코와 코를 맞부딪치기도 한다. 새 친구를 환영하는 듯하다.

나는 차저와 소들을 그곳에 내버려두고 울타리에 등을 기댄 채 눈을 감는다. 그리고 소들의 울음소리에 푹 빠진 채 실베스터를 생각한다. 내가 데이브에게 따지고 든 다음부터 우리는 그가 실베스터를 다치게 했던 이야기를 다시 꺼내지 않았다. 하지만 그 뒤로 여러 해 동안 나는 데이브가 실베스터에게 한 짓을 후회하지 않았는지 궁금했다. 그리고 그 질문에 대한 답을 얻었던 건 실베스터와 작별하던 마지막 순간이었다.

내가 열아홉 살 때 부모님 집 현관에 앉아 책을 읽고 있는데 데이브의 차가 들어섰다. 나는 뭔가 잘못된 듯한 분위기를 감지했다. 데이브의 얼굴에 슬픔이 새겨져 있었다. "실베스터가 아파." 데이브의 목소리가 떨렸다. "간부전이 와서 죽어 가고 있어. 수의사가 앞으로 며칠밖에 못 산대. 그래서 바로 여기로 왔어. 내일 편하게 눈을 감게 해줄까 해. 나랑 같이 가겠니?"

다음날 오후 나는 동물병원 주차장에서 데이브를 만났다. 나는 일단 차에서 실베스터와 잠깐 같이 있을 시간을 달라고 했다. 차가운 병원으로 들어가기 전에 마지막으로 함께 있고 싶었다. 실베스터는 나와 눈을 마주쳤고 마지막 남은 에너지로 꼬리를 좌석에 탁탁 부딪쳤다. 나는 실베스터의 몸에 머리를 살짝 기대고 숨을 들이마셨다. 그런 다음 털에 손을 묻고 부드러운 배를 쓰다듬었다. 내 눈에서 눈물이 흘러나오자 실베스터가 내 얼굴을 핥았다. 실베스터가 나를 위로한 마지막 순간이었다.

내가 데이브를 향해 고개를 끄덕이자 데이브가 와서 실베스터를 담요에 싸서 팔에 안았다. 우리가 동물병원 로비로 걸어 들어가자 다른 손님들은 목소리를 낮추면서 다 안다는 듯한 눈빛을 보냈다. 그들은 우리가 왜 여기 왔는지 알고 있었다. 동물을 안락사시키러 가는 주인들은 비슷한 표정을 한다. 결의와 두려움이 뒤섞인 슬픔이다.

우리는 진찰실로 안내받았고 수의사와 그의 조수가 친절하게 우리를 맞았다. 금속 진찰대는 차가웠고 직원들이 수건을 건넸다. 하지만 우리는 실베스터를 푸른색과 황갈색이 섞인 부드러운 담요로 감쌌다. 나는 수의사가 실베스터의 왼쪽 뒷다리를 잡고 혈관을 찾는 모습을 지켜보았다. 이미 수의사가 주사기를 잡아당겨 펜토바르비탈을 넣었고, 나는 괴로워서 다른 곳을 보려 했지만 결국 바늘이 실베스터의 피부를 뚫는 모습에 움찔했다. 실베스터의 피에 펜토바르비탈이 퍼지며 그의 생명은 죽음에 접어들었다. 수의사가 정맥에 약을 더 밀어 넣었고 어느덧 주사기가 텅 비었다. 죽음의 전령이 실베스터의 심장, 폐, 팔, 다리로 질주해 뇌에 도달했고, 그의 뇌는 이제 폐의 호흡을 그만두고 심장의 고동을 멈춰야 할 때라고 선언했다. 문을 닫을 때였다.

나는 뒤로 물러서서 데이브가 실베스터와 마지막 순간을 보내게 했다. 데이브는 팔로 실베스터를 안고 손으로 머리를 감싸 안았다. "괜찮아, 실베스터, 아빠 여기 있어. 아빠가 언제나 네 곁에 있을 거야." 실베스터는 머리를 축 늘어뜨렸고 데이브는 담요에 그 몸을 내려놓았다. 실베스터는 세상을 떠났다.

데이브는 실베스터의 위로 몸을 던져 쓰러지며 예전 잘못에 대한 용서를 구하려는 듯 부들부들 떨면서 울었다.

"마지막으로 시간을 갖도록 우리가 밖에 나갈게요." 수의사가 말했다.

데이브는 실베스터의 사체와 함께 그 자리에서 30분 동안 머물렀다. 나중에는 실베스터를 화장하고 재를 침대 옆 항아리에 보관했다. 데이브가 괜찮은지 확인하러 다시 들어가자 수의사가 내게 다가와 말을 걸었다. "그동안 주인 앞에서 많은 동물을 편하게 보내줬지만 당신 삼촌처럼 서럽게 우는 사람은 처음 봤어요."

차저와 다른 소들이 계속 왔다 갔다 하며 점점 더 흥분해 큰 소리로 운다. 등을 기댄 울타리 뒤에서 누군가가 천천히 다리를 움직여 바스락거리는 소리가 들린다. 나무 가로대 사이로 살짝 망설이는 듯하던 수소 머레이가 머리로 나를 쿡 찌른다. 뿔이 내 팔에 부드럽게 닿는다. 나는 일어서서 몸을 돌려 머레이의 부드러운 갈색 눈동자를 들여다본다. 그 눈빛은 실베스터와 그렇게 다르지 않다.

참고문헌

들어가는 글

p.23 1946년 세계보건기구는… : Constitution of the World Health Organization. Supplement, October 2006. http://www.who.int/governance/eb/who_constitution_en.pdf. accessed November 23, 2018.

p.26 "살아 있는 다른 유기체에 대해 인간이 갖는… : Edward O. Wilson, *Biophilia* (Cambridge, MA: Harvard University Press, 1984).

p.29 "동물 친구들과 연결되려는 우리의 욕구는… : Brian Fagan, *The Intimate Bond: How Animals Shaped Human History* (New York: Bloomsbury Press, 2015), Preface.

PART1. 동물로 치유하다

1. 집이란 어떤 장소인가?

p.38 공감을 뜻하는 영어 단어 'empathy'는… : R. Curtis and R. Elliott, "An introduction to *Einfuhlung*," *Art in Translation* 6, no. 4 (2014): 353 – 6.

p.38 영장류학자 프란스 드 발은… : Frans de Waal, *The Age of Empathy* (New York: Harmony Books, 2009).

p.39 1995년에 한 신경과학자 팀은… : L. Fadiga, L. Fogassi, G. Pavesi, et al. "Motor facilitation during action observation: a magnetic stimulation study," *Journal of Neurophysiology* 73, no. 6 (1995): 2608 – 1.

p.39 이 연구 이후로 학자들은… : C. Keysers, B. Wicker, V. Gazzola, et al., "A touching sight: SII/PV activation during the observation and experience of touch," *Neuron* 42, no. 2 (2004): 335 – 6; and P. Ferrari and G. Rizzolatti, "Mirror neuron research: the past and the future," *Philosophical Transactions of the Royal Society B* 369 (2014): 2013.0169.

p.40 이 공감의 두 요소는… : K. Jankowiak-Siuda, K. Rymarczyk, and A. Grabowska, "How we empathize with others: A neurobiological perspective," *Medical Science Monitor* 17, no. 2 (2011): RA18 – A24.

p.40 타인에게 공감하는 능력은… : B. Bernhardt and T. Singer, "The neural basis of empathy," *Annual Review of Neuroscience* 35, no. 1 (2012): 1–23.

p.40 싱어의 연구 팀은 공감이 고통의 감정적 경험에… : T. Singer, B. Seymour, J. O'Doherty, et al., "Empathy for pain involves the affective but not sensory components of pain," *Science* 303 (2004): 1157–62.

p.41 "우리가 사회적인 삶을 창조하고 문명을… : Jeremy Rifkin, *The Empathic Civilization* (New York: Penguin, 2009), 10.

p.42 "이 개는 사이페어 소방서 소속이에요. … : Kevin Reece, "Cy-Fair Firefighters Say Goodbye to Last 9/11 Search-and-Rescue Hero," KHOU News, June 7, 2016, https://www.khou.com/article/news/local/animals/cy-fair-firefighterssay-goodbye-to-last-911-search-and-rescue-hero/285-234723483, accessed October 27, 2018.

p.42 메리엄 웹스터 사전에 따르면… : Merriam-Webster's Online Dictionary, https://www.merriam-webster.com/dictionary/family, accessed October 28, 2018.

p.42 통계적으로 가족은 더 이상… : Lisa Belkin, "A 'Normal' Family," *The New York Times*, February 23, 2011, https://parenting.blogs.nytimes.com/2011/02/23/a-normal-family/, accessed October 27, 2018.

p.43 적어도 2001년부터 미국 가정의 대부분은… : "Pets by the Numbers," Humane Society of the United States, http://www.humanesociety.org/issues/pet_overpopulation/facts/pet_ownership_statistics.html, accessed May 26, 2018.

p.43 중국은 보호하는 고양이와 개의 마릿수에서… : Marianna Cerini, "China's Economy Is Slowing, but Their Pet Economy Is Booming," *Forbes*, March 23, 2016, https://www.forbes.com/sites/mariannacerini/2016/03/23/chinas-economy-is-slowing-but-their-peteconomy-is-booming/#2d5e49b04ef7, accessed October 27, 2018.

p.43 2006년에서 2014년 사이에 인도의 반려동물은… : Manali Shah and Poorva Joshi, "Here Is Why Urban India Is Bringing Pets Home Faster Than Ever Before," *Hindustan Times*, January 12, 2016, https://www.hindustantimes.com/fashion-and-trends/animal-instict-here-is-why-urban-india-is-bringing-pets-home-faster-thanever-before/story-vPwK5yRIOPH98EGRBlvNzM.html. accessed October 27, 2018.

p.44 이 허리케인과 그 여파로 1800명 이상이…: Ali Berman, "Hurricane Katrina Prompted a Shift in Pet Rights," Mother Nature Network, August 19, 2015, http://www.mnn.com/family/pets/stories/why-hurricane-katrina-was-shift-pets-rights, accessed September 13, 2016.

p.44 재난에서 살아남은 사람들은… : M. Hunt, H. Al-Awadi, and M. Johnson,

"Psychological sequelae of pet loss following hurricane Katrina," *Anthrozoos* 21, no. 2 (2008): 109 – 21.

p.44 1998년 허리케인 미치가… : T. Caldera, L. Palma, U. Penayo, et al., "Psychological impact of the hurricane Mitch in Nicaragua in a one-year perspective," *Social Psychiatry and Psychiatric Epidemiology* 36, no. 3 (2001): 108 – 14.

p.44 1992년 허리케인 앤드루가… : F. Norris, J. Perilla, J. Riad, et al., "Stability and change in stress, resources, and psychological distress following natural disaster: Findings from Hurricane Andrew," *Anxiety, Stress, and Coping* 12, no. 4 (1999): 363 – 96.

p.44 질병관리본부(CDC)에 따르면… : R. Voelker, "Post-Katrina mental health needs prompt group to compile disaster medicine guide," *JAMA* 295, no. 3 (2006): 259 – 60.

p.45 AP통신의 메리 포스터는… : Mary Foster, "Evacuation of Pets a Priority after Katrina," Associated Press, August 24, 2010.

p.45 하지만 반려견인 스노볼을 끌어안은 소녀과… : Associated Press, "Sad Story of Little Boy and his Dog Grips U.S.," NBC News, September 6, 2005, http://www.nbcnews.com/id/9223167/ns/health-pet_health/t/sad-story-little-boy-his-dog-grips-us/, accessed September 12, 2016.

p.46 미국의 동물보호단체인… : Wayne Pacelle, The Bond: *Our Kinship with Animals, Our Call to Defend Them* (New York: William Morrow, 2011), 183.

p.48 2005년 8월 25일 목요일에… : 14 Days, a Timeline," *Frontline*, PBS, http://www.pbs.org/wgbh/pages/frontline/storm/etc/cron.html, accessed September 13, 2016.

p.50 사람들이 재난이 벌어졌을 때… : M. Hunt, K. Bogue, and N. Rohrbaugh. "Pet ownership and evacuation prior to hurricane Irene," *Animals* (Basel) 2, no. 4 (2012): 529 – 39.

p.50 크로아티아의 한 지역인 슬라보니아가… : L. Arambasic, G. Kereste, G. Kuterovac-Jagodic, et al., "The role of pet ownership as a possible buffer variable in traumatic experiences," *Studia Psychologica* 42, nos. 1 – 2 (2000): 135 – 46.

p.51 저소득층 아프리카계 미국 여성 365명을… : S. Lowe, J. Rhodes, L. Zwiebach, et al., "The impact of pet loss on the perceived social support and psychological distress of hurricane survivors," *Journal of Traumatic Stress* 22, no. 3 (2009): 244 – 47.

p.51 마찬가지로 카트리나 재해 동안 동물을 잃은 경험은… : M. Hunt, K. Bogue, and N. Rohrbaugh, "Pet ownership and evacuation prior to hurricane Irene," *Animals* (Basel) 2, no. 4 (2012): 529 – 39.

p.51 재해 동안에 동물을 잃은 사람은 그렇지 않은 사람들과 비교해…: M. Hunt, H. Al-Awadi, and M. Johnson, "Psychological sequelae of pet loss following hurricane Katrina," *Anthrozoos* 21, no. 2 (2008): 109 – 21.

p.51 2008년 허리케인 아이크가 덮쳤던… : S. Lowe, S. Joshi, P. Pietrzak, et al., "Mental health and general wellness in the aftermath of hurricane Ike," *Social Science and Medicine* 124 (2015): 162 – 70.

p.51 이 애정은 우리를 스트레스… : M. Cordaro, "Pet loss and disenfranchised grief: Implications for mental health counseling practice," *Journal of Mental Health Counseling* 43 (2012): 283 – 94; N. Doherty and J. Feeney, "The composition of attachment networks through the adult years," *Personal Relationships* 11 (2004): 469 – 88; and P. Sable, "Pets, attachment, and well-being across the life cycle," *Social Work* 40, no. 3 (1995): 334 – 41.

p.51 연구에 따르면 반려동물을 키우는 대다수 사람은… : C. Rogers, "The critical need for animal disaster response plans," *Journal of Business Continuity & Emergency Planning* 9, no. 3 (2016): 262 – 71.

p.52 가장 중요한 사실은… : Caroline Schaffer, DVM, "Human-animal bond considerations during disasters," Integrated Medical, Public Health, Preparedness and Response Training Summit: Learning Together for a Nation Prepared, Dallas, TX, April 8, 2009, http://virginiasart.org/wordpress/wp-content/uploads/2012/05/Human-animal_bond_considerations_during_disasters_-_schaffer_caroline.pdf, accessed on September 9, 2016.

p.53 피난하지 않고 폭풍우를 그대로 견뎠던… : Francis Battista, "The Forgotten Victims of Disaster," CNN.com, August 28, 2015, http://www.cnn.com/2015/08/28/opinions/battista-animals-katrina-aftermath/, accessed September 13, 2016; Louisiana SPCA, "Animal Rescue Facts," Katrina Dogs and Animal Rescue Stories, http://www.la-spca.org/about/katrina-dogs-animal-rescue-stories/rescuefacts, accessed September 14, 2016; Fritz Institute, "Fritz Institute – Harris Interactive Katrina Survey Reveals Inadequate Immediate Relief Provided to Those Most Vulnerable," news release, April 26, 2006, http://www.fritzinstitute.org/prsrmPR-FI-HIKatrinaSurvey.htm, accessed May 27, 2018.

p.53 이들은 대피하지 않을 이유가 충분했다. … : L. Zottarelli, "Broken bond: An exploration of human factors associated with companion animal loss during Hurricane Katrina," *Sociological Forum* 25, no. 1 (2010): 110 – 22.

p.53 잃어버린 동물 가운데 15~20퍼센트만이… : Louisiana SPCA, "Animal Rescue Facts," Katrina Dogs and Animal Rescue Stories, http://www.la-spca.org/about/katrina-dogs-animal-rescue-stories/rescuefacts, accessed September 14, 2016.

p.53 재난 상황에서 사람이 대피에 실패하는 사례 가운데… : S. Heath and R. Linnabary, "Challenges of Managing Animals in Disasters in the U.S.," *Animals* (Basel) 5, no. 2 (2015): 173 – 92.

p.53 대피한 사람들 가운데서도 상당수는 반려동물과… : S. Heath, P. Kass, A. Beck, et al., "Human and pet-related risk factors for household evacuation failure during a natural disaster," *American Journal of Epidemiology* 153, no. 7 (2001): 659 – 65; S. Heath, S. Voeks, and L. Glickman, "Epidemiologic features of pet evacuation failure in a rapid onset disaster," *Journal of the American Veterinary Medical Association* 218, no. 12 (2001): 1898 – 1904.

p.54 주변 사람이 죽었을 때보다 반려동물이 죽으면… : K. Thompson, D. Every, S. Rainbird, et al., "No pet or their person left behind: Increasing the disaster resilience of vulnerable groups through animal attachment, activities and networks," *Animals* (Basel) 4, no. 2 (2014): 214 – 40.

p.55 반려동물의 죽음은 수면장애, 결근… : N. Field, L. Orsini, R. Gavish, et al., "Role of attachment in response to pet loss," *Death Studies* 33, no. 4 (2009): 334 – 55; M. Hunt, H. Al-Awadi, and M. Johnson, "Psychological sequelae of pet loss following hurricane Katrina," *Anthrozoos* 21, no. 2 (2008): 109 – 21.

p.55 깊이 사랑하는 동물을 잃은 사람들이 느끼는… : N. Field, L. Orsini, R. Gavish, et al., "Role of attachment in response to pet loss," *Death Studies* 33, no. 4 (2009): 334 – 55.

p.55 연구자들에 따르면 허리케인 카트리나로… : M. Hunt, H. Al-Awadi, and M. Johnson, "Psychological sequelae of pet loss following hurricane Katrina," *Anthrozoos* 21, no. 2 (2008): 109 – 21.

p.56 IFAW의 사진기자 스튜어트 쿡에게… : Stewart Cook, "I Saved a 300-Pound Pig From Hurricane Katrina," *The Dodo*, September 9, 2015, https://www.thedodo.com/ rooty-300-pound-pig-rescue-hurricane-katrina-1330659378.html, accessed October 15, 2015.

p.57 미국인들은 허리케인으로 피해를 입은 동물을 돕고자… : S. Heath and R. Linnabary, "Challenges of Managing Animals in Disasters in the U.S.," Animals (Basel) 5, no. 2 (2015): 173 – 92; S. Ivry, "An Outpouring for Other Victims, the Four-Legged Kind," *The New York Times*, November 14, 2005.

p.58 이 법은 "반려동물과 장애인 보조동물을 동반한… : Ali Berman, "Hurricane Katrina Prompted a Shift in Pet Rights," Mother Nature Network, August 19, 2015, http://www.mnn.com/family/pets/stories/why-hurricanekatrina-was-shift-pets-rights, accessed September 13, 2016; and Public Law 109 – 308, 109th Cong. (2006), https://www.gpo.gov/fdsys/pkg/PLAW-109publ308/pdf/PLAW-109publ308.pdf, accessed May 28, 2018.

p.58 카트리나와 PETS 법안은… : M. Hunt, K. Bogue, and N. Rohrbaugh, "Pet ownership and evacuation prior to hurricane Irene," *Animals* (Basel) 2, no. 4 (2012): 529 – 39.

p.62 이 연구들은 미국, 유럽, 뉴질랜드… : F. Ascione, "Battered women's reports of their partners and their children's cruelty to animals," *Journal of Emotional Abuse* 1 (1997): 119 – 33; C. Marcus, "Victims of Domestic Violence: Women Suffer for Sake of Their Pets," *Sun Herald*, March 9, 2008; A. Volant, J. Johnson, E. Gullone, et al., "The relationship between domestic violence and animal abuse," *Journal of Interpersonal Violence* 23, no. 9 (2008): 1277 – 95; G. Goodman, "The relationship between intimate partner violence and other forms of family and social violence," *Emergency Medicine Clinics of North America* 24, no. 4 (2006): 889 – 903; S. Agrell, "Pets Help Abused Women—But May Make Them Vulnerable," *Globe and Mail* (Toronto), June 12, 2008; B. Gallagher, M. Allen, and B. Jones, "Animal abuse and intimate partner violence: Researching the link and its significance in Ireland—A veterinary perspective," *Irish Veterinary Journal* 61 (2008): 658 – 67; S. Ross, "Abuse victims who refuse to leave for fear of their pets being harmed," *The Scotsman*, October 20, 2008; P. Owen, "Abuse Victims Often Fear for Pets," *Worcester Telegram & Gazette*, October 17, 2015, http://dev.telegram.com/article/20151017/NEWS/151019223; A. Gray, A. Fitzgerald, and B. Barrett, "Fear for pets can put abused women at further risk," *The Conversation*, June 26, 2017; Ascione, "Battered women's reports of their partners and their children's cruelty to animals," *Journal of Emotional Abuse* 1 (1997): 119 – 33; J. Quinlisk, "Animal Abuse and Family Violence," in Frank Ascione and Phil Arkow (eds.), *Child Abuse, Domestic Violence, and Animal Abuse: Linking the Circles of Compassion for Prevention and Intervention* (West Lafayette, IN.: Purdue University Press, 1999), 168 – 75.

p.63 107명의 구타당한 여성들을… : C. Flynn, "Women's best friend: Pet abuse and the role of companion animals in the lives of battered women," *Violence Against Women* 6, no. 2 (2000): 162 – 77.

p.63 2012년, 선택의 여지가 없던… : "Heroic Dog Saves Woman from Abuser, Incites Change in Shelter Policy," *Life with Dogs*, January 12, 2012, http://www.lifewithdogs.tv/2012/01/heroic-dog-saves-owner-fromabusive-spouse-incites-change-in-shelter-policy/, accessed July 7, 2017.

p.65 이 연구에서 피츠제럴드는… : A. Fitzgerald, "'They Gave Me a Reason to Live': The Protective Effects of Companion Animals on the Suicidality of Abused Women," *Humanity and Society* 31 (2007): 355 – 78.

p.66 이곳은 2015년 레드로버의 자금 지원을 받아… : Hilary Hanson, "Why This Domestic Violence Center's Pet Shelter Is Crucial for Both Animals and People,"

Huffington Post, May 22, 2015, https://www.huffingtonpost.com/2015/05/22/domestic-violence-center-pets_n_7421378.html.

p.68 미국 연방 규정에 따르면 노숙자는… : "42 U.S. Code § 11302—General Definition of Homeless Individual," Cornell Law School, Legal Information Institute, https://www.law.cornell.edu/uscode/text/42/11302?qt-us_code_temp_noupdates=3#qt-us_code_temp_noupdates, accessed July 11, 2017.

p.68 미국 주택도시개발부(HUD)에 따르면… : Meghan Henry, Rian Watt, Lily Rosenthal, and Azim Shivji, Abt Associates, The 2017 *Annual Homeless Assessment Report (AHAR) to Congress*, U.S. Department of Housing and Urban Development, December 2017, https://www.hudexchange.info/resources/documents/2017-AHAR-Part-1.pdf.

p.71 "개들은 내가 먹기 전에 먹이를 먹을 거예요. … : Leslie Irvine, *My Dog Always Eats First: Homeless People and Their Animals* (Boulder, CO: Lynne Rienner Publishers, 2013), 54.

2. 자기 목소리 찾기

p.82 제2외국어를 배우는 아이들은… : Susan S. Lang, "Learning a Second Language Is Good Childhood Mind Medicine, Studies Find," *Cornell Chronicle*, May 12, 2009.

p.83 레빈슨은 "아동심리학자라기보다는… : Conversation with Stanley Coren.

p.84 레빈슨은 내성적인 소년의 사례를 제시했다. : B. Levinson, "The dog as 'co-therapist.'" *Mental Hygiene* 46 (1962): 59–65; B. Levinson, "Pet psychotherapy: Use of household pets in the treatment of behavior disorder in childhood," *Psychological Reports* 17 (1965): 695–98.

p.85 프로이트는 종종 애완견들이… : Melinda Beck, "Beside Freud's Couch, a Chow Named Jofi," *The Wall Street Journal*, December 21, 2010.

p.85 조피는 원래 프로이트가 환자와 대화할 때… : Stanley Coren, "How Therapy Dogs Almost Never Came to Exist," *Psychology Today*, February 11, 2013.

p.85 베이지색의 작고 둥근 코에 금색 턱이 있는… : William Glaberson, "By Helping a Girl Testify at Trial, a Dog Ignites a Legal Debate," *The Seattle Times*, August 9, 2011; Christine Clarridge, "Courthouse Dogs Calm Victims' Fears about Testifying," *The Seattle Times*, September 22, 2012.

p.86 지터가 없었더라면 아이들은 결코… : Christine Clarridge, "Courthouse Dogs Calm Victims' Fears about Testifying," *The Seattle Times*, September 22, 2012.

p.88 회색앵무들은 새장에 갇혀 있을 때… : D. Aydinonat, D. Penn, S. Sm ith, et al., "Social isolation shortens telomeres inAfrican grey parrots (Psittacus erithacus erithacus)," *PLOS One* (2014), https://doi.org/10.1371/journal.pone.0093839.

p.88 로렐 브레이트먼은 저서《동물의 광기》에서… : Laurel Braitman, Animal Madness: *How Anxious Dogs, Compulsive Parrots, and Elephants in Recovery Help Us Understand Ourselves* (New York: Simon and Schuster, 2014), 85.

p.89 그리고 동물은 생각하지도 않고 느낌도 없는… : Henry Beston, *The Outermost House* (New York: Henry Holt and Company, 1928), 24 – 25.

p.90 아이들 책에 나오는 캐릭터 가운데 거의 90퍼센트가… : Stephen R. Kellert, *Birthright: People and Nature in the Modern World* (New Haven, CT: Yale University Press, 2012), 26 – 28.

p.90 심리학자 보리스 레빈슨은 데이비드라는… : Use of household pets in the treatment of behavior disorder in childhood," *Psychological Reports* 17 (1965): 695 – 88.

p.94 이름 높은 간호사인 플로렌스 나이팅게일도… : J. Shiller, RN, "Nightingale's Cats," (n.d.), http://www.countryjoe.com/nightingale/cats.htm, accessed July 13, 2016.

p.94 "작은 애완동물은 환자들의 훌륭한 동반자인 경우가 많다. … : Florence Nightingale, *Notes on Nursing: What It Is, and What It Is Not* (New York: D. Appleton and Company 1860).

p.95 프리드먼은 1970년대 후반에… : E. Friedmann, A. Katcher, J. Lynch, et al., "Animal companions and one-year survival of patients after discharge from a coronary care unit," *Public Health Reports* 95 (1980): 307 – 12.

p.97 머지않아 과학자들은 동물과 인간의 상호작용이… : G. Levine, K. Allen, L. Braun, et al., "Pet ownership and cardiovascular risk. A scientific statement from the American Heart Association," *Circulation* 127 (2013): 2353 – 63; E. Friedmann, S. Thomas, P. Stein, et al., "Relation between pet ownership and heart rate variability in patients with healed myocardial infarcts," *American Journal of Cardiology* 91 (2003): 718 – 21; E. Friedmann, S. Thomas, "Pet ownership, social support, and one-year survival after acute myocardial infarction in the Cardiac Arrhythmia Suppression Trial (CAST)," *American Journal of Cardiology* 76 (1995): 1213 – 17; L. Jennings, "Potential benefits of pet ownership in health promotion," *Journal of Holistic Nursing* 15 (1997): 358 – 72; E. Friedmann and H. Son, "The human-companion animal bond: How humans benefit," *Veterinary Clinics of North America: Small Animal Practice* 39 (2009): 293 – 326; A. Beetz, K. Uvnas-Moberg, H. Julius, et al., "Psychosocial and psychophysiological effects of human-animal interactions: The possible role of oxytocin," *Frontiers in Psychology* 3, Article 234 (2012).

p.100 PTSD 관련 증상이 처음 언급된 것은… : Richard A. Gabriel, *No More Heroes: Madness and Psychiatry in War* (New York: Macmillan, 1988); Steve Bentley, "A Short History of PTSD: From Thermopylae to Hue Soldiers Have Always Had a Disturbing Reaction to War," *The VVA Veteran*, March/April 2005; Paul Lashmar, "The True Madness of War," *The Independent* (UK), September 2, 1998, https://www.independent.co.uk/arts-entertainment/the-true-madness-of-war-1195452.html.

p.100 19세기 중후반에는… : "The Soldier's Heart," *Frontline*, PBS, March 1, 2005, https://www.pbs.org/wgbh/pages/frontline/shows/heart/.

p.100 의사들은 폭발하는 폭탄에 노출된 뒤 부상당한… : Caroline Alexander, "The Shock of War," *Smithsonian Magazine*, September 2010, https://www.smithsonianmag.com/history/the-shock-of-war-55376701/.

p.101 2차 세계대전에는 '폭탄 충격' 대신… : Matthew J. Friedman, "History of PTSD in Veterans. Civil War to DSM-5," US Department of Veteran Affairs, https://www.ptsd.va.gov/understand/what/history_ptsd.asp, accessed October 28, 2018; C. Wooley, "Where are the diseases of yesteryear?" *Circulation* 53 (1976): 749–51.

p.101 이 편람은 처음에 정신적 외상을 "통상적인 인간이… : L. Jones and J. Cureton, "Trauma redefined in the DSM-5: Rationale and implications for counseling practice," *Professional Counselor*, http://tpcjournal.nbcc.org/trauma-redefined-in-the-dsm-5-rationale-and-implications-for-counseling-practice/, accessed July 30, 2017; C. North, A. Suris, R. Smith, et al., "The evolution of PTSD criteria across editions of DSM," *Annals of Clinical Psychiatry* 28 (2016): 197–208.

p.101 최근에 개정된 DSM은… : American Psychiatric Association, *Diagnostic and Statistical Manual of Mental Disorders*, 5th ed. (Washington, DC: American Psychiatric Publishing, 2013); A. Pai, A. Suris, and C. North, "Posttraumatic stress disorder in the DSM-5: controversy, change and conceptual considerations," *Behavioral Science* 7 (2017): 7.

p.102 미국에서는 참전 군인의 11~30퍼센트가… : National Center for PTSD, "How Common Is PTSD?" US Department of Veteran Affairs, https://www.ptsd.va.gov/public/ptsd-overview/basics/how-common-is-ptsd.asp, accessed July 30, 2017.

p.102 PTSD 진단을 받은 참전 군인 가운데 20명이… : Leo Shane III and Patricia Kime, "New VA Study Finds 20 Veterans Commit Suicide Each Day," *Military Times*, July 7, 2016.

p.106 연구에 따르면 사람들은 동물이 포함된 시나리오를… : E. Friedmann and H. Son, "The human-companion animal bond: How humans benefit," *Veterinary Clinics of North America: Small Animal Practice* 39 (2009): 293–326.

p.106 1944년 상등병 빌 윈은… : Rebecca Frankel, "Dogs at War: Smoky, a Healing Presence for Wounded WWII Soldiers," *National Geographic*, March 22, 2014.

p.107 뉴욕 폴링의 육군 항공대 요양병원… : M. Birch, L. Bustad, S. Duncan, et al., "The Role of Pets in Therapeutic Programmes" in I. Robinson (ed.), *The Waltham Book of Human-Animal Interaction* (Oxford, United Kingdom: Pergamon, 1995), 57, 58.

p.107 하지만 오늘날 PTSD를 앓는 퇴역 군인 가운데 절반만이… : Holloway Marston and Alicia Kopicki, "The impact of service dogs on postraumtic stress disorder in the veteran population," *The Military Psychologist*, April 2015.

p.108 연구에 따르면 돼지, 양, 닭… : M. O'Haire, N. Guerin, and A. Kirkham, "Animal-assisted intervention for trauma: A systematic literature review," *Frontiers in Psychology* 6 (2015): 1121.

p.108 어떤 연구에서는 증상이 82퍼센트나… : D. Mims and R. Waddell, "Animal assisted therapy and trauma survivors," *Journal of Evidence-Informed Social Work* 13, no. 5 (2016): 452–57.

p.110 심리학자 안드레아 비츠는… : A. Beetz, K. Uvnas-Moberg, H. Julius, et al., "Psychosocial and psychophysiological effects of human-animal interactions: The possible role of oxytocin," *Frontiers in Psychology* 3, Article 234 (2012).

p111 미국심리학회에 발표된 글에서 토리 데엔젤리스는… : Tori DeAngelis, "The two faces of oxytoxin," *American Psychological Association* 39 (February 2008): 30, http://www.apa.org/monitor/feb08/oxytocin.aspx, accessed September 27, 2016.

p.111 신경경제학자 폴 잭이 이끈… : P. Zak, A. Stanton, and S. Ahmadi, "Oxytocin increases generosity in humans," *PLOS ONE* 2, no 11 (2007): e1128, doi:10.1371/journal.pone.0001128.

p.111 후속 연구에서 잭과 동료들은… : Paul Zak, "Dogs (and Cats) Can Love," *The Atlantic*, April 22, 2014.

p.112 비츠와 동료 연구자들은 옥시토신의… : A. Beetz, K. Uvnas-Moberg, H. Julius, et al., "Psychosocial and psychophysiological effects of human-animal interactions: The possible role of oxytocin," *Frontiers in Psychology* 3, Article 234 (2012).

p.112 남아프리카 출신의 두 연구자는… : J. Odendaal and R. Meintjes, "Neurophysiological correlates of affiliative behavior between humans and dogs," *Veterinary Journal* 165 (2003): 296–301.

p.112 뇌 영상을 분석한 한 연구 결과에 따르면… : Gregory Berns, "Dogs Are People,

Too," The *New York Times*, October 5, 2013.

p.112 잭은 인간과 동물이 서로 가까워질 때··· : He tested if oxytocin increases when humans engage with animals: Paul Zak, "Dogs (and Cats) Can Love," *The Atlantic*, April 22, 2014.

3. 인간다워지기

p.123 다음은 1980년 〈캣츠 매거진〉에 실린 기사··· : David Lee, "Tom: A Cat and His Patients," *Cats Magazine*, July 1980.

p.126 미국 국방부 건물 다음으로 세계에서··· : Jennifer Feehan, "Doors Locked on Empty Prison Cells," *The Blade*, June 27, 2004.

p.127 리마 주립병원은 1915년 7월 10일에··· : 7th Annual Report of the Ohio Board of Administration for the Fiscal Year ended June 30, 1918, to the Governor of the State of Ohio (Mansfield, OH: Ohio State Reformatory Press, 1918).

p.128 정신적으로 병들고 가난한 사람들이··· : "State Hospital May Turn over Wards to the U.S.," *Lima News* (Ohio), June 10, 1917.

p.131 아이들은 힘든 일에 직면했을 때··· : University of Cambridge, "Children often have a closer relationship with their pet than their siblings," *Science Daily*, May 13, 2015.

p.133 지난 150년 동안 도널드 트럼프를 제외한··· : The Data Team, "A Key White House Post Remains Unfilled: First Pet," *The Economist*, July 17, 2017.

p.133 연구자들은 휠체어를 탄 사람이··· : L. Hart, B. Hart, and B. Bergin, "Socializing effects of service dogs for people with disabilities," *Anthrozoos* 1 (1987): 41–44.

p.133 미국과 오스트레일리아에서 2500명 넘는··· : L. Wood, K. Martin, H. Christian, et al., "The pet factor—Companion animals as a conduit for getting to know people, friendship formation and social support," *PLOS ONE* 10, no. 4 (2015): e0122085.doi:10.1371/journal.pone.0122085.

p.134 2008년 한 연구에 따르면 남성이··· : N. Gueguen and S. Ciccotti, "Domestic dogs as facilitators in social interaction: An evaluation of helping and courtship behaviors," *Anthrozoos* 21 (2008): 339–49.

p.134 마찬가지로 한 대학교의 연구에서도··· : M. Schneider and L. Harley, "How dogs influence the evaluation of psychotherapists," *Anthrozoos* 19 (2006): 128–42.

p.134 이미 1699년에 철학자 존 로크는… : John Locke, *The Educational Writings of John Locke*, John William Adamson (ed.) (1912; repr., London: Edward Arnold, 1922), 91.

p.134 작가이자 잡지 편집자인 셰러 조세파 헤일은… : Katherine C. Grier, *Pets in America* (Chapel Hill, NC: University of North Carolina Press, 2006), 177.

p.135 2014년에 발표된 한 연구에서 중국 연구자들은… : Y. Zang, F. Kong, Y. Zhong, et al., "Personality manipulations: Do they modulate facial attractiveness ratings?" *Personality and Individual Differences* 70 (2014): 80–84.

p.135 비록 이 연구는 20세에서 30세 사이 중국 여성의… : Scott Barry Kaufman, "Is kindness physically attractive?" *Scientific American*, October 9, 2014; V. Swami, A. Furnham, T. Chamorro-Premuzic, et al., "More than just skin deep? Personality information influences men's ratings of the attractiveness of women's body sizes," *Journal of Social Psychology* 150 (2010): 628–47.

p.136 예컨대 브리티시컬럼비아 대학의 연구자들에 따르면… : J. Hamlin, K. Wynn, "Young infants prefer prosocial to antisocial others," *Cognitive Development* 26 (2011): 30–39.

p.136 몇몇 학교 프로그램은 친절, 관계 기술… : Daniel Goleman, "Wired for Kindness: Science Shows We Prefer Compassion, and Our Capacity Grows with Practice," *Washington Post*, June 23, 2015.

p.136 동물과의 유대감이 강할수록… : R. Poresky and C. Hendrix, "Differential effects of pet presence and pet-bonding on young children," *Psychological Reports* 67 (1990): 51–54.

p.136 …동물과 함께하는 아이들은 공감을 배우고… : J. Sprinkle, "Animals, empathy, and violence: Can animals be used to convey rinciples of prosocial behavior to children?" *Youth Violence and Juvenile Justice* 6 (2008): 47–58; A. Beetz, K. Uvnas-Moberg, H. Julius, et al., "Psychosocial and psychophysiological effects of human-animal interactions: The possible role of oxytocin," *Frontiers in Psychology* 3, Article 234 (2012).

p.139 6주의 조사 기간 동안 기자 리처드 위드먼과… : David L. Hopecraft, "Jury Probe Ordered into Lima Hospital," *Plain Dealer* (Cleveland), August 7, 1971.

p.139 그 결과 기자들은… : Edward P. Whelan and Richard C. Widman, "Medication Was Denied Diabetic, Says Lima Aide," *Plain Dealer* (Cleveland), May 25, 1971; "50 Exclusive Stories Showed Lima Horror," *Plain Dealer* (Cleveland), August 7, 1971; Edward P. Whelan and Richard C. Widman, "Aide Forced Homosexual Acts, Lima Patients' Statements Say," *Plain Dealer* (Cleveland), May 20, 1971; Edward P. Whelan and Richard C. Widman, "State Patrol Sifts Files on Deaths at Lima State," *Plain Dealer*

(Cleveland), May 29, 1971; Edward P. Whelan and Richard C. Widman, "Beatings Led to Lima Patient's Suicide, Says Fired Attendant," *Plain Dealer* (Cleveland), May 21, 1971; Edward P. Whelan and Richard C. Widman, "Lima's Inmates Exist Amid Fear, Brutality," *Plain Dealer* (Cleveland), May 14, 1971; Edward P. Whelan and Richard C. Widman, "Lima Inmate Tells of Two Beatings," *Plain Dealer* (Cleveland), May 19, 1971; Edward P. Whelan and Richard C. Widman, "Abuse Killed 2 Patients, Lima Aide Says," *Plain Dealer* (Cleveland), May 27, 1971.

p.139 이 발견에 따라 대배심은… : Richard C. Widman and Edward P. Whelan, "31 Lima Indictments Made," *Plain Dealer* (Cleveland), November 23, 1971.

p.139 뒤이어 연방법원의 명령이 내려지자… : Davis v. Watkins, 384 F. Supp. 1196 (N.D. Ohio 1974).

p.142 "개가 얼마나 당신을 사랑할 수 있는가는… : K. Davis, "Perspectives of youth in an animal-centered correctional vocational program: A qualitative evaluation of Project Pooch," 2007, www.pooch.org/documents/project-pooch-qualitative-eval.pdf.

p.145 동물들은 수감자뿐 아니라 직원들의 사기를 높이고… : T. Harkrader, T. Burke, and S. Owen, "Pound puppies: The rehabilitative use of dogs in correctional facilities," *Corrections Today* (2004): 74 - 79.

p.145 한 교도소 프로그램에서 연구자들은… : A. Fournier, E. Geller, and E. Fortney, "Human-animal interaction in a prison setting: Impact on criminal behavior, treatment progress, and social skills," *Behavior and Social Issues* 16 (2007): 89 - 105.

p.145 워싱턴 주의 한 동물 프로그램에 따르면… : R. Huss, "Canines (and cats!) in correctional institutions: Legal and ethical issues relating to companion animal programs," *Nevada Law Journal* 14 (2014): 25 - 62.

p.146 다른 프로그램에서도 비슷한 결과가 나왔다. : E. Strimple, "A history of prison inmateanimal interaction programs," *American Behaviorial Scientist* 4 (2003): 70 - 78.

p.147 예컨대 무장 강도죄로 복역하다… : "Lima's pet therapy program proves successful to patients," *Mental Horizons* (December 1978).

p.147 "나는 예전에 경비원들과 싸우곤 했죠. … : Kathy Gray Foster, "A Means of Escape: Pet Therapy in Prison," *Columbus Dispatch*, December 5, 1982.

p.148 "저 물고기들이 서로 평화롭게 지낼 수 있다면… : Janet Filips, "Lima's Menagerie Helps the Inmates Conquer Depression," *Dayton Journal Herald*, June 1981.

p.148 연구자들은 30명의 성인에게… : G. Domes, M. Heinrichs, A. Michel, et al.,

"Oxytocin improves 'mind reading' in humans," *Biological Psychiatry* 61, no. 6 (2007): 731–33.

p.149 인간의 의사소통 가운데 3분의 2가… : Allan and Barbara Pease, "The Definitive Book of Body Language," *The New York Times*, September 24, 2006.

PART2. 동물과 멀어질 때

4. 살인마를 만나다

p.158 링글링 브러더스와 바넘 앤 베일리 서커스가… : Susan Zalkind, "'The End of an Era': Ringling Bros Circus Closes Curtain on Elephant Shows," *The Guardian* (UK), May 2, 2016; Kate Good, "Exposed! Ringling Brothers and Barnum and Bailey Circus," *One Green Planet*, August 22, 2014, http://www.onegreenplanet.org/animalsandnature/ringling-brothers-barna-bailey-cruelest-show-on-earth/, accessed January 21, 2017.

p.159 인간과 동물 사이에 나타나는 폭력을 조사할 때… : R. Gleyzer, A. Felthous, and C. Holzer III, "Animal cruelty and psychiatric disorders," *Journal of the American Academy of Psychiatry and the Law* 30, no. 2 (2002): 257–65.

p.159 나는 이미 발표된 연구들을 검토했지만… : A. Akhtar, *Animals and Public Health: Why Treating Animals Better Is Critical to Human Welfare* (Hampshire, UK: Palgrave Macmillan, 2012), 27–51; A. Akhtar, "The need to include animal protection in public health policies," *Journal of Public Health Policy* 34 (2013): 549–59.

p.161 그 결과 물망에 오른 대상 가운데는… : Motion and Affidavit for Order Authorizing Issuance of Warrant of Arrest, signed by Dennis M. Hunter, Clark County Prosecuting Attorney, March 25, 1995; Superior Court of the State of Washington. State of Washington v. Keith Hunter Jesperson, October 19, 1995; Superior Court of the State of Washington. State of Washington v. Keith Hunter Jesperson, December 19, 1995; Superior Court of the State of Washington. State of Washington v. Keith Hunter Jesperson, January 12, 1996; Superior Court of the State of Washington. State of Washington v. Keith Hunter Jesperson, February 15, 1996.

p.161 5년에 걸친 제스퍼슨의 살인 행각은… : John Painter Jr., "Long-Haul Trucker Admits Being Killer," *The Oregonian*, August 4, 1995; John Painter Jr., "Could He Be Happy Face Killer?" *The Oregonian*, August 6, 1995.

p.165 1964년에 정신과 의사 존 맥도널드는… : J. MacDonald, "The threat to kill," *American Journal of Psychiatry* 120 (1963): 125–30.

p.166 미국심리학회는 개정 〈DSM-3〉을 발간한 1987년에야… : R. Gleyzer, A. Felthous, and C. Holzer III, "Animal Cruelty and Psychiatry Disorders," *Journal of the American Academy of Psychiatry and the Law* 30, no. 2 (2002): 257 - 65.

p.166 레슬러는 동료들과 법의간호학 전문가인 앤 버지스의… : Don DeNevi and John H. Campbell, *Into the Minds of Madmen* (Amherst, NY: Prometheus Books, 2004), 181.

p.166 … 살인범을 총 36명 조사했다. : Robert K. Ressler, Ann W. Burgess, and John E. Douglas, *Sexual Homicide: Patterns and Motives* (New York: Free Press, 1992), xiii.

p.167 그 결과 살인범 세 명 가운데 한 명 이상이… : Robert K. Ressler, Ann W. Burgess, and John E. Douglas, *Sexual Homicide: Patterns and Motives* (New York: Free Press, 1992), 29.

p.167 … 프랭크 애시언은 기존 자료를 검토하고 이렇게 결론지었다. : F. Ascione, "Animal abuse and youth violence," *Juvenile Justice Bulletin* (September 2001): 1 - 15.

p.167 애시언은 이 개념을 "동물에게 불필요한 고통이나… : F. Ascione, "Children who are cruel to animals: A review of research and implications for developmental psychopathology," *Anthrozoos* 6 (1993): 2226 - 47.

p.167 하지만 이 정의는 가장 자주 쓰이기는 해도… : C. Flynn, "Examining the links between animal abuse and human violence," *Crime, Law and Social Change* 55 (2011): 453 - 68.

p.168 예컨대 부모들은 자식이 동물에게 잔인하게 대한… : D. Offord, M. Boyle, and Y. Racine, "The epidemiology of antisocial behavior in childhood and adolescence," in K. Rubin and D. Pepler (eds.), *The Development and Treatment of Childhood Aggression* (Hillsdale, NJ: Lawrence Erlbaum Associates, 1991), 31 - 54; F. Ascione, "The abuse of animals and human interpersonal violence: Making the connection," in F. Ascione and P. Arkows (eds.), *Child Abuse, Domestic Violence, and Animal Abuse: Linking the Circles of Compassion for Prevention and Intervention* (West Lafayette, IN: Purdue University Press, 1999), 50 - 61; B. Boat, "The relationship between violence to children and violence to animals. An ignored link?" *Journal of Interpersonal Violence* 10 (1995): 229 - 35.

p.169 앨런 브랜틀리는 레슬러의 연구를… : R. Lockwood and A. Church, "Deadly Serious: An FBI Perspective on Animal Cruelty," *HSUS News*, Fall 1996, 27 - 30.

p.169 이렇듯 이 주제에 대한 연구에 한계가 있다 하더라도… : S. Tallichet and C. Hensley, "Exploring the link between recurrent acts of childhood and adolescent animal cruelty and subsequent violent crime," *Criminal Justice Review* 29 (2004): 304 - 16; C. Flynn, "Examining the links between Animal Abuse and Human Violence," *Crime, Law and Social Change* 55 (2011): 453 - 68; and F. Ascione, "Animal abuse and youth violence," *Juvenile Justice Bulletin* (September 2001): 1 - 15.

p.169 어린 시절에 반복되는 동물학대 행위는… : Eric W. Hickey, *Serial Murderers and Their Victims*, 7th ed. (Belmont, Calif.: Wadsworth Publishing, 2015), 142; S. Tallichet and C. Hensley, "Exploring the link between recurrent acts of childhood and adolescent animal cruelty and subsequent violent crime," *Criminal Justice Review* 29 (2004): 304 - 16.

p.173 지그문트 프로이트에 따르면 아이들은… : As cited in F. Ascione, *Children and Animals: Exploring the Roots of Kindness and Cruelty* (West Lafayette, IN: Purdue University Press 2005), 70.

p.173 〈뉴욕타임스〉 기사에 따르면 7에서 10세까지의 아이들은… : C. Siebert, "The Animal-Cruelty Syndrome," *The New York Times*, June 7, 2010.

p.174 심리학자 랜들 록우드에 따르면… : C. Siebert, "The Animal-Cruelty Syndrome," *The New York Times*, June 7, 2010.

p.175 여자아이와 남자아이 모두 동물을 학대한다. : F. Ascione, *Children and Animals: Exploring the Roots of Kindness and Cruelty* (West Lafayette, IN: Purdue University Press 2005), 70.

p.175 한 가지 이론은, 빈번하지 않거나 가벼운 동물학대를… : B. Daly and L. Morton, "Empathic correlates of witnessing the inhumane killing of an animal: An investigation of single and multiple exposures," *Society & Animals* 16 (2008): 243 - 55.

p.175 그리고 여자아이든 남자아이든 동물학대를 자주 목격하면… : C. Hensley and S. Tallichet, "Learning to be cruel? Exploring the onset and frequency of animal cruelty," *International Journal of Offender Therapy and Comparative Criminology* 49 (2005): 37 - 47.

p.176 동물이 학대받거나 방치되는 모습을 보고 자란… : S. Vollum, J. Buffington-Vollum, and D. Longmire, "Moral disengagement and attitudes about violence toward animals," *Society & Animals* 12 (2004): 209 - 35.

p.176 신체적, 감정적, 성적 학대와 폭력이 발생한… : F. Tapia, "Children who are cruel to animals," *Child Psychiatry and Human Development* 2 (1971): 70 - 77; C. Siebert, "The Animal-Cruelty Syndrome," *The New York Times*, June 7, 2010; F. Ascione, "Animal abuse and youth violence," *Juvenile Justice Bulletin* (September 2001): 1 - 15.

p.182 한 연구에 따르면 가학적인 연쇄 살인범의… : J. Levin, A. Arluke, "Reducing the Link's False Positive Problem," in A. Linzey (ed.), *The Link between Animal Abuse and Human Violence* (Eastbourne, United Kingdom: Sussex Academic Press, 2009), 164 - 71.

p.189 "한 아이에게 일어날 수 있는 가장 위험한 사건은… : As cited in Eric W. Hickey,

Serial Murderers and Their Victims, 7th ed. (Belmont, CA: Wadsworth Publishing, 2015), 142.

p.189 범죄학자 피어스 베인은… : Piers Beirne, *Confronting Animal Abuse. Law, Criminology, and Human-Animal Relationships* (Lanham, MD: Rowman & Littlefield Publishers, 2009), 187.

p.191 1996년 11월 23일… : Kaly Soto, "Teen Accused in Abuse of Cat Remains on Team," *Statesman Journal* (Salem, OR), November 25, 1996; Janet Davies, "Teens Accused of Bludgeoning Cat Are Indicted on Felony Animal Abuse," *Statesman Journal* (Salem, OR), December 5, 1996.

p.191 "이성적으로 생각해 봅시다. … : Kaly Soto, "Teen Accused in Abuse of Cat Remains on Team," Statesman Journal (Salem, OR), November 25, 1996.

p.192 그 가운데는 제스퍼슨이 보낸 편지도 있었다.
: Keith Jesperson, "Animal Abuse Should Set Off Alarm, Killer Says," *Statesman Journal* (Salem, OR), December 7, 1996.

5. 동물일 뿐이잖아

p.200 보안 수준이 최고 단계인 교도소에 수감된 261명의… : S. Tallichet, C. Hensley, A. O'Bryan, et al., "Targets for cruelty: Demographic and situational factors affecting the type of animal abused," Criminal Justice Studies 18 (2005): 173-82.

p.201 또 다른 연구에 따르면 동물학대는~
: K. Schiff, D. Louw, and F. Ascione, "Animal relations in childhood and later violent behavior against humans," *Acta Criminologica* 12 (1999): 77-86.

p.201 그리고 매사추세츠동물학대방지협회(MSPCA)와… : A. Arluke, J. Levin, C. Luke, et al., "The relationship of animal abuse to violence and other forms of antisocial behavior," *Journal of Interpersonal Violence* 14 (1999): 963-75.

p.201 시카고 경찰국 역시 최근의 한 연구에서… : B. Degenhardt, *Statistical Summary of Offenders Charged with Crimes against Companion Animals July 2001–July 2005*, Chicago Police Department.

p.201 …FBI는 최근 동물학대를 추적하는 방식을… : Lisa Gutierrez, "FBI Begins Tackling Animal Abuse Like It Does Murder and Rape," *Kansas City Star*, January 26, 2016; Colby Itkowitz, "A Big Win for Animals: The FBI Now Tracks Animal Abuse Like It Tracks Homicides," *Washington Post*, January 6, 2016.

p.202 2007년에 빅은 투견들을… : C. Brown, "Dogfighting Charges Filed against Falcons' Vick," *The New York Times*, July 18, 2007; M. Maske, "Falcons' Vick Indicted in Dogfighting Case," *Washington Post*, July 18, 2007; "Michael Vick Sentenced to 23 Months in Jail for Role in Dogfighting Conspiracy," *Associated Press*, December 10, 2007.

p.206 이 2015년의 항소심 사건은… : People v. Basile, 2015 NY Slip Op 05623.

p.211 오리건 주에서는 "인간 이외의 포유류… :2017 ORS 167.310, "Definitions for ORS 167.310 to 167.351," https://www.oregonlaws.org/ors/167.310, accessed November 29, 2017.

p.211 미주리 주에서는 동물을… : "Vernon's Annotated Missouri Cruelty to Animal Statutes. Title XXXVIII. Crimes and Punishment; Peace Officers and Public Defenders. Chapter 578. Miscellaneous Offenses," Michigan State University College of Law, Animal Legal and Historical Center, https://www.animallaw.info/statute/mo-cruelty-consolidated-cruelty-statutes.

p.211 …텍사스 주에서는… : Texas Penal Code § 42.092. Cruelty to Nonlivestock Animals. https://codes.findlaw.com/tx/penal-code/penal-sect-42-092.html.

p.211 이 법은 "미국에서 동물의 연구, 전시, 운송, 판매에… : US Department of Agriculture, *Animal Welfare Act and Animal Welfare Regulations*, https://www.aphis.usda.gov/animal_welfare/downloads/AC_BlueBook_AWA_FINAL_2017_508comp.pdf, accessed November 29, 2017.

p.212 뉴욕에서는 "인간을 제외한 모든 생명체"가 동물이다. : New York Agriculture and Markets, Article 26, Law § 350 – 380*2, https://www.nysenate.gov/legislation/laws/AGM/A26.

p.212 이런 경범죄에 대한 벌은 1년 이하의 징역이나… : Stacy Wolf, "Animal Cruelty: The Law in New York," ASPCA, 2003, http://www.potsdamhumanesociety.org/files/cruelty/ASPCA_NYlaws.pdf, accessed June 5, 2018.

p.213 물론 토끼, 쥐, 새, 너구리같은 동물도… : New York Agriculture and Markets, Article 26, Law § 350 – 380*2, https://www.nysenate.gov/legislation/laws/AGM/A26.

p.219 텔레비전 쇼호스트 밥 바커가… : U.Va. News Staff, "Bob Barker Donates $1 Million for Creation of Animal Law Program at U.Va.," UVA Today, January 13, 2009, https://news.virginia.edu/content/bob-barker-donates-1-million-creation-animal-law-program-uva.

p.220 2013년 뉴욕에서 열린 한 이혼 소송에서… : Shannon Louise TRAVIS, v. Trisha Bridget MURRAY, 977 N.Y.S.2d 621 (Sup. Ct. 2013), Michigan State University College of Law, Animal Legal and Historical Center, accessed December 1, 2017. https:// www.animallaw.info/case/travis-v-murray; Law Offices of Jay D.Raxenberg, "Who Gets Doggy Custody?," https://www.divorcelawlongisland.com/2014/02/19/who-gets-doggy-custody/, accessed June 5, 2018.

p.220 2016년 1월, 알래스카는… : Christopher Mele, "When Couples Divorce, Who Gets to Keep the Dog? (Or Cat.)," *The New York Times*, March 23, 2017.

6. 우리는 동물로부터 상처를 받을까?

p.224 매년 전 세계적으로 640억 마리 이상의… : Aysha Akhtar, "The need to include animal protection in public health policies," *Journal of Public Health Policies* 34 (2013): 549–59; A. Akhtar, M. Greger, H. Ferdowsian, et al., "Health professionals' roles in animal agriculture, climate change, and human health," *American Journal of Preventive Medicine* 36 (2009): 182–87.

p.224 그리고 동물과 인간 사이에 일어난 이런 전례 없는 변화는… : A. Akhtar, *Animals and Public Health: Why Treating Animals Better Is Critical to Human Welfare* (Hampshire, United Kingdom: Palgrave Macmillan, 2012), 86–131.

p.224 그뿐만 아니라 공장식 축산은… : J. Leibler, J. Otte, D. Roland-Holst, et al., "Industrial food animal production and global health risks: Exploring the ecosystems and economics of avian influenza," *EcoHealth* 6 (2009): 58–70; Food and Agriculture Organization of the United Nations, *Livestock's Long Shadow: Environmental Issues and Options*, 2006; A. Akhtar, M. Greger, H. Ferdowsian, et al., "Health professionals' role in animal agriculture, climate change, and human health," *American Journal of Preventive Medicine* 36 (2009): 182–87.

p.225 …미국공중보건협회가 공장식 축산을 잠정 중단시킬 정도였다. : K. Thu (ed.), "Understanding the Impacts of Large-Scale Swine Production," Proceedings from an Interdisciplinary Scientific Workshop (Des Moines, IA, June 29–30, 1995); Food and Agriculture Organization of the United Nations, *Livestock's Long Shadow: Environmental Issues and Options*, 2006; American Public Health Association, Precautionary Moratorium on New Concentrated Animal Feed Operations, Policy no. 20037, November 18, 2003.

p.226 그 조사라는 것을 할 때 잠복 수사관들은… : Jonathan Chew, "Ex-McDonald's Suppliers Plead Guilty to Abusing Chickens," Fortune, October 30, 2015.

p.226 그 가운데서도 '어그개그 법'은 기자들과… : Richard A. Oppel Jr., "Taping of Farm Cruelty Is Becoming the Crime," *The New York Times*, April 6, 2013.

p.226 〈애틀랜틱〉지의 사설에 따르면… : Cody Carlson, "The Ag Gag Laws: Hiding

Factory Farm Abuses from Public Scrutiny," *The Atlantic*, March 20, 2012.

p.228 하지만 미국의 공장식 농장에서 조류독감이 얼마나 흔한지를… : J. Graham, J. Leibler, L. Price, et al., "The animal-human interface and infectious disease in industrial food animal production: Rethinking biosecurity and biocontainment," *Public Health Reports* 123 (2008): 282 – 99; For information on one of the more recent outbreaks, see Associated Press, "Bird Flu Outbreak Is Nation's Worst in Years," March 22, 2017.

p.230 새의 부리는 민감하고 신경이 집중되어 있으며… : Humane Society of the United States, An HSUS Report: The Welfare of Animals in the Egg Industry, http://www.humanesociety.org/assets/pdfs/farm/welfare_egg.pdf,accessed December 13, 2017.

p.233 심리학자 조슈아 코렐은 피부색이… : J. Correll, B. Park, J. Judd, et al., "The influence of stereotypes on decision to shoot," *European Journal of Social Psychology* 37 (2007): 1102 – 07.

p.233 타인을 분류하는 과정에서 감정이입 능력이… : J. Decety and M. Svetlova, "Putting together phylogenetic and ontogenetic perspectives on empathy," *Developmental Cognitive Neuroscience* 2 (2012): 1 – 24; J. Decety, "The neuroevolution of empathy," *Annals of the New York Academy of Sciences* 1231 (2011): 35 – 45.

p.233 예컨데 2011년에 발표된 한 연구에 따르면… : M. Cikara, M. Botvinick, and S. Fiske, "Us versus them: Social identity shapes neural responses to intergroup competition and harm," *Psychological Science* 22 (2011): 306 – 13.

p.234 '외집단'이 동물과 같이… : A. Bandura, "Selective moral disengagement in the exercise of moral agency," *Journal of Moral Education* 31 (2002): 101 – 19.

p.234 브록 대학교에서 수행한 한 연구는… : K. Costello and G. Hodson, "Exploring the roots of dehumanization: The role of animal-human similarity in promoting immigrant humanization," *Group Processes & Intergroup Relations* 13 (2009): 3 – 22.

p.235 신경학자 로버트 버튼은… : Robert A. Burton, *On Being Certain: Believing You Are Right Even When You're Not* (New York: St. Martin's Press, 2008).

p.235 우리가 어떤 믿음에 전념할수록… : Robert A. Burton, *On Being Certain: Believing You Are Right Even When You're Not* (New York: St. Martin's Press, 2008), 12.

p.236 하지만 오늘날 우리는 동물을 해칠 필요가 없다. : For information on options to animal research, see: Wyss Institute, "Human Organs-on-Chips," https://wyss.harvard.edu/technology/human-organs-on-chips/; C. Gohd, "EPA Releases Strategy to Reduce Animal Testing on Vertebrates," Futurism.com, March 15, 2018; A. Akhtar,

"The flaws and human harms of animal testing," *Cambridge Quarterly of Healthcare Ethics* 4 (2015): 407 – 19; Barnaby J. Feder, "Saving the Animals: New Ways to Test Products," *The New York Times*, September 12, 2007; Christiana Reedy, "Animal Testing Isn't Working but Better Alternatives Are on the Way," Futurism.com, July 10, 2017.

p.237 2011년 심리학자들로 구성된 한 연구팀은… : B. Bratanova, S. Loughman, and B. Bastian, "The effect of categorization as food on the perceived moral standing of animals," *Appetite* 57, no. 1 (2011): 193 – 96.

p.237 사람들은 이제 돼지가 비관적이거나… : L. Asher, M. Friel, K. Griffin, et al., "Mood and personality interact to determine cognitive biases in pigs," *Biology Letters* 12 (2016): 20160402, DOI:10.1098/rsbl.2016.0402; K. Hagen and D. Broom, "Emotional reactions to learning in cattle," *Applied Animal Behavior Science* 85 (2004): 203 – 13; Emma Young, "Only Hungry Chickens Heed the Dinner Call," *New Scientist*, November 15, 2006; B. Yang, P. Zhang, K. Huang, et al., "Daytime birth and postbirth behavior of *wild Rhinopithecus roxellana* in the Qinling Mountains of China," *Primates* 57 (2016): 155 – 60; Emily Underwood, "Watch These Ticklish Rats Laugh and Jump for Joy," *Science*, November 10, 2016.

p.237 한 중요한 연구에 따르면… : D. Small, G. Lowenstein, and P. Slovic, "Can Insight Breed Callousness? The Impact of Learning about Identifiable Victim Effect on Sympathy," University of Pennsylvania, 2005.

p.238 연구에 따르면, 사람들이 동물의 개성을… : J. Kunst and S. Hohle, "Meat eaters by disassociation: How we present, prepare and talk about meat increases willingness to eat meat by reducing empathy and disgust," *Appetite* 105 (2016): 758 – 74.

p.241 미국 농무부에 따르면 단순히… : United States Department of Agriculture, Meat and Poultry Labeling Terms, https://www.fsis.usda.gov/wps/wcm/connect/e2853601-3edb-45d3-90dc-1bef17b7f277/Meat_and_Poultry_Labeling_Terms.pdf?MOD=AJPERES, accessed December 15, 2017.

p.241 여기서 '외부'나 '접근'이… : Francis Lam, "What Do 'Free Range,' 'Organic' and Other Chicken Labels Really Mean?" Salon, January 20, 2011.

p.241 '유기농'이라는 용어는 더욱 모호하다. : Lynne Curry, "Certified 'Organic' Livestock Are Supposed to Have Outdoor Access: In Practice, They Don't," *New Food Economy*, November 9, 2017, https://newfoodeconomy.org/usda-organic-animal-welfare-rule-livestock-poultry-practices/, accessed March 13, 2018.

p.246 심리학자인 레이철 맥네어는… : Rachel MacNair, Perpetration-Induced Traumatic Stress: *The Psychological Consequences of Killing* (New York: Authors Choice Press, 2005).

p.247 2차 대전 당시 군인들에 대한 연구에 따르면… : Dave Grossman, *On Killing: The Psychological Cost of Learning to Kill in War and Society* (New York: Back Bay Books, 1995).

p.248 미국의 도살장이 문을 열고 운영한 지… : A. Fitzgerald, "A social history of the slaughterhouse: From inception to contemporary implications," *Human Ecology Review* 17 (2010): 58‑69.

p.249 도살장 직원들을 심층 인터뷰한 두 심리학자는… : K. Victor, A. Barnard, and D. Phil, "Slaughtering for a living: A hermeneutic phenomenological perspective on the well-being of slaughterhouse employees," *International Journal of Qualitative Studies on Health and Well-Being* 11 (2016): 10.3402/qhw.v11.30266.

p.249 "이 산업은 가장 소외되고 취약한 사람들을… : Jean Lian, "Silence on the Floor. The Recent Meat Recall at XL Foods, Inc. in Brooks, Alberta Is Not Wanting in Superlatives," *OHS Canada Magazine*, January 10, 2013.

p.249 템플 그랜딘에 따르면… : T. Grandin, "Commentary: Behavior of slaughter plant and auction employees toward animals," *Anthrozoos* 1 (1988): 205‑13.

p.250 도살장 직원들에게 약물 남용 같은… : J. Dillard, "A slaughterhouse nightmare: psychological harm suffered by slaughterhouse employees and the possibility of redress through legal reform," *Georgetown Journal on Poverty Law & Policy 15 (2008): 391–408; Gail Eisnitz, Slaughterhouse: The Shocking Story of Greed, Neglect, and Inhumane Treatment Inside the U.S. Meat Industry* (Amherst, NY: Prometheus Books, 1997).

p.250 거의 1000명을 대상으로 한… : C. Hutz, C. Zanon, and H. Brum Neto, "Adverse working conditions and mental illness in poultry slaughterhouses in southern Brazil," *Psicologia: Reflexão e Crítica* 26, no. 2 (2013): 296‑304.

p.250 그뿐 아니라 보호소나 실험실에서… : V. Rohlf and P. Bennett, "Perpetration-induced traumatic stress in persons who euthanize nonhuman animals in surgeries, animal shelters, and laboratories, *Society & Animals* 13 (2005): 201‑19.

p.250 비록 지난 수십 년 동안 간과해 왔지만… : Helen Kelly, "Overcoming Compassion Fatigue in the Biomedical Lab," *ALN Magazine*, August 4, 2015; Andy Coghlan, "Lab Animal Careers Suffer in Silence," New Scientist, March 29, 2008; "The Double Trauma of Animal Experimentation," *Queen's Animal Defence* blog, April 12, 2013.

p.250 그에 따라 실험실 선배들은 트라우마가 생긴… : *See Laboratory Primate Advocacy Group* blog, http://www.lpag.org.

p.252 미국 전역에서 사육되는 돼지의 97퍼센트가… : Lynne Rossetto Kasper, "Inside Factory Farms: Where 97% of Pigs Are Raised," *The Splendid Table*, podcast, May 6, 2015, https://www.splendidtable.org/story/inside-thefactory-farm-where-97-of-us-pigs-are-raised, accessed December 17, 2017.

p.255 1980년대에 사회학자들은… : L. Baron, M. Straus, and D. Jaffee, "Legitimate violence, Violent attitudes, and rape: A test of the cultural spillover theory," *Annals of the New York Academy of Sciences* 528 (1988): 79–110.

p.256 예컨대 캔자스 주 피니 카운티에서는… : Donald Stull and Michael Broadway, *Slaughterhouse Blues: The Meat and Poultry Industry in North America* (Toronto: Wadsworth, 2004), 135–42.

p.256 "나는 성질머리가 급해요. … : K. Victor, A. Barnard, and D. Phil, "Slaughtering for a living: A hermeneutic phenomenological perspective on the well-being of slaughterhouse employees," *International Journal of Qualitative Studies on Health and Well-Being* 11 (2016): 10.3402/qhw.v11.30266.

p.256 "이 일을 하는 사람들은 다들 총을 갖고 다녀요. … : Gail Eisnitz, *Slaughterhouse: The Shocking Story of Greed, Neglect, and Inhumane Treatment Inside the U.S. Meat Industry* (Amherst, NY: Prometheus Books, 1997), 88.

p.257 이 싱클레어 효과를 시험하기 위해 피츠제럴드는… : A. Fitzgerald, L. Kalof, and T. Dietz, "Slaughterhouses and increased crime rates: An empirical analysis of the spillover from 'The Jungle' into the surrounding community," *Organization & Environment* 22 (2009): 158–84.

p.258 한편 오스트레일리아의 한 최근 연구는… E. Richards, T. Signal, and N. Taylor, "A different cut? Comparing attitudes toward animals and propensity for aggression within two primary industry cohorts—farmers and meatworkers," *Society & Animals* 21 (2013): 395–413; Tory Shepherd, "Slaughterhouse Workers Are More Likely to Be Violent, Study Shows," News.com.au, January 24, 2013, http://www.news.com.au/national/slaughterhouse-workers-are-more-likely-to-be-violent-study-shows/newsstory/f16165f66f38eb04a289eb8bd7f7f273, accessed December 17, 2017.

p.262 1981년 한 심리학자는… : Aaron Reuben, "When PTSD Is Contagious," *The Atlantic*. December 14, 2015.

p.262 〈가디언〉의 조사에 따르면 인도주의적 구호운동을… : Holly Young, "Guardian Research Suggests Mental Health Crisis Among Aid Workers," *The Guardian*, November 23, 2015.

p.262 이런 간접적인 트라우마는 번아웃의 위험을 높인다. … : C. Pross, "Burnout, vicarious traumatization and its prevention," *Torture* 16 (2006): 1–9.

p.262 기자들이 대규모 지진, 자동차 폭탄… : A. Feinstein, B. Audet, and E. Waknine, "Witnessing images of extreme violence: a psychological study of journalists in the newsroom," *The Royal Society of Medicine* 5 (2013): 1 – 7.

p.263 그런데 이런 드론 조종사들도 다른 전투기 조종사들 못지않게… : James Dao, "Drone Pilots Are Found to Get Stress Disorders as Much as Those in Combat Do," *The New York Times*, February 22, 2013; Julie Watson, "Emotional Toll Taxes Military Drone Operators Too," Associated Press, September 29, 2014; Dan Gettinger, "Burdens of War: PTSD and Drone Crews," *Center for the Study of the Drone at Bard College*, April 21, 2014; Denise Chow, "Drone Wars: Pilots Reveal Debilitating Stress Beyond Virtual Battlefield," *Science*, November 5, 2013; Pratap Chatterjee, "A Chilling New Post-Traumatic Stress Disorder: Why Drone Pilots Are Quitting in Record Numbers," Salon, March 6, 2015.

p.263 도덕적 부상이란 "자신의 도덕적인 믿음이나… : Laura Copland, Staff Perspective: On moral Injury. Uniformed Services University, https://deploymentpsych.org/blog/staff-perspective-moral-injury, accessed June 10, 2018; B. Litz, N. Stein, E. Delaney, et al., "Moral injury and moral repair in war veterans: a preliminary model and intervention strategy," *Clinical Psychology Review* 29 (2009): 695 – 706.

p.263 "우리는 목표물을 관찰해 왔고… : Why Drone Pilots Are Quitting in Record Numbers," Salon, March 6, 2015.

p.264 보스턴 마라톤 폭탄 테러라든지… : E. Holman, D. Garfin, and R. Silver, "Media's role in broadcasting acute stress following the Boston Marathon bombings," *Proceedings of the National Academy of Sciences of the United States of America* 11 (2014): 93 – 98; M. Otto, A. Henin, D. Hirshfeld-Becker, et al., "Posttraumatic stress disorder symptoms following media exposure to tragic events: Impact of 9/11 on children at risk for anxiety disorders," *Journal of Anxiety Disorders* 21 (2007): 888 – 902.

PART3. 동물과 함께하는 삶

7. 동물과 조화 이루기

p.271 2004년 8월, 오마하에 자리한 네브래스카… : Mark Kawar, "Cows Make a Stand: Freedom Is Fleeting for Cattle in Plant Escape," *Omaha World Herald*, August 5, 2004.

p.272 하지만 흥미로운 점은 경찰이 총을 쏜 다음날… : Timothy Pachirat, *Every Twelve Seconds* (New Haven, CT: Yale University Press, 2011), 2.

p.278 나는 뉴욕 브루클린의 반려동물 용품점인… : James's story comes from a mixture of personal communication and excerpts from James Guiliani and Charlie Stella, *Dogfella: How an Abandoned Dog Named Bruno Turned This Mobster's Life Around* (Boston: Da Capo Press, 2015).

p.284 공감은 타인의 고통에 대한 감정적인 반응일 수 있으며… : M. Hoffman, "Empathy and Prosocial Activism," in N. Eisenberg, J. Reykowski, and E. Staub (eds.), *Social and Moral Values: Individual and Societal Perspectives* (Hillsdale, NJ: Lawrence Erlbaum Associates, Inc., 1989), 65 – 85.

p.284 예컨대 다양한 사회 문제에 공감하고… : ASU News, "Empathetic Anger Is a Motivator for Student Advocacy, May 7, 2014, http://www.news.appstate.edu/2014/05/07/empathic-anger/, accessed January 12, 2017.

p.286 하지만 이렇게 감정을 너무 심하게 자극하면… : For discussion concerning empathy, morality, and altruism, see: J. Decety and J. Cowell, "Empathy, justice, and moral behavior," *AJOB Neuroscience* 6 (2015): 3 – 14; Peter Singer, "Against Empathy," Boston Review, August 26, 2014; Caroline Mimbs Nyce, "Against Empathy, Cont.," *The Atlantic*, March 25, 2016; Nathan J. Robinson, "Empathy: Probably a Good Thing," *Current Affairs*, October 20, 2017.

p.286 이런 여러 이유들 때문에 감정과 관련한… : Peter Singer, "Against Empathy," Boston Review, August 24, 2014; and Caroline Mimbs Nyce, "Against Empathy, Cont.," *The Atlantic*, March 25, 2016.

p.290 …전직 농부였던 마쓰무라 나오토는 떠나지 않았다. : Sarah Ridley, "Last Man Standing, Fukushima Animal Lover Stayed Behind After Nuclear Disaster to Feed Abandoned Pets," *Daily Mirror* (UK), March 15, 2015.

p.290 방사능 오염 검사를 받은 결과 그는… : Kyung Lah, "Resident Defiant in Japan's Exclusion Zone," CNN, January 27, 2012.

p.290 마쓰무라가 기억하는 최악의 장면은… : Kyung Lah, "Resident Defiant in Japan's Exclusion Zone," CNN, January 27, 2012.

8. 친구

p.293 FFA는 미국 50개 주 전체와 푸에르토리코… : Future Farmers of America, https://www.ffa.org/about/media-center/ffa-fact-sheet. accessed March 3, 2018.

p.295 FFA의 목표는 '농업 교육을 통해… : Future Farmers of America, https://www.ffa.org/home, accessed March 3, 2018.

p.312 우리는 동물이 웃지도 않고… : J. Panksepp and J. Burgdorf, "'Laughing'" Rats and the Evolutionary Antecedents of Human Joy?" *Physiology and Behavior* 79 (2003): 533–47; L. Asher, M. Friel, K. Griffin, et al., "Mood and personality interact to determine cognitive biases in pigs," *Biology Letters* 12 (2016) 20160402; DOI: 10.1098/rsbl.2016.0402; Ed Yong, "Scientists Have Found Another Crow That Uses Tools," *The Atlantic*, September 14, 2016; N. Clayton, T. Bussey, and A. Dickinson, "Can animals recall the past and plan for the future?" *Nature Reviews Neuroscience* 4 (2003): 685–91; R. Rugani, L. Fontanari, E. Simoni, et al., "Arithmetic in newborn chicks," *Proceedings of the Royal Society* B 276 (2009): 2451–60; Natalie Angier, "Nut? What Nut? The Squirrel Outwits to Survive," *The New York Times*, July 5, 2010; D. Langford, S. Crager, Z. Shehzad, et al., "Social modulation of pain as evidence for empathy in mice," *Science* 312 (2006): 1967–70; Charles C. Choi, "Chimps Pass on Culture Like Humans Do," *Live Science*, June 7, 2007; Shaoni Bhattacharya, "Elephants May Pay Homage to Dead Relatives," *New Scientist*, October 26, 2005; "Voles console stressed friends," *Nature* 529 (2016): 441; Ferris Jabr, "Can Prairie Dogs Talk?" *The New York Times*, May 12, 2017.

p.312 늑대, 독수리, 쥐, 박쥐, 심지어 상어 같은… : K. George, K. Slagle, R. Wilson, et al., "Changes in attitudes toward animals in the United States from 1978 to 2014," *Biological Conservation* 201 (2016): 237–42.

동물과 함께하는 삶

초판 1쇄 발행 2021년 1월 25일
2쇄 발행 2023년 1월 10일

지은이   아이샤 아크타르
옮긴이   김아림
펴낸이   박희선
디자인   디자인 잔

발행처   도서출판 가지
등록번호   제25100-2013-000094호
주소   서울 서대문구 거북골로 154, 103-1001
전화   070-8959-1513
팩스   070-4332-1513
이메일   kindsbook@naver.com
블로그   blog.naver.com/kindsbook
페이스북   facebook.com/kindsbook
인스타그램   instagram.com/kindsbook

ISBN   979-11-86440-63-6 03300